教養
としての
財政問題

Shimasawa Manabu
島澤 諭

ウェッジ

はじめに

筆者がWedge Infinity（現在のWedge ONLINE）に「シルバー民主主義に泣く若者」という世代間格差に関する連載を持ったのは、２０１２年4月のことだった。当時はまだ「世代間格差」も「シルバー民主主義」も市民権を得た言葉ではなく、果たして、読んでくれる方はいるものだろうかと心配したものだ。そうは思いつつも、喜んで引き受けたのは、筆者に政治を動かす力はなくとも記事に賛同してくれる方が一人でも多くなり、いずれ世論が動き、政治を動かしてくれるのではないかとの期待からであった。

期待通りというか、現在ではどちらも選挙近くになればという限定条件付きではあるがテレビや新聞、ネットで日本社会が抱える数多くある懸案事項の一つとして取り上げられる機会が増した。

しかし、それは裏を返せば、この10年で「世代間格差」も「シルバー民主主義」も解決しなかったことを意味する。それどころか、実態はもっと悪化しており、バラマキ政治とクレクレ民主主義が蔓延（はびこ）ることになった。

10年前の連載中に旧民主党政権から自公連立政権へと政権再交代が起き、故安倍晋三元総理のリーダーシップのもと、アベノミクスが開始され、２０１４年と２０１９年の二度にわたって消費税が引き上げられた。一つの政権で消費税率が５％も引き上げられたのは安倍政権のほかなく、その意味では財政健全化が進んでも良かったはずなのだが、実際は違った。それはなぜか。歳出面でのバラマキが拡大したからである。

中国の古典の一つ『礼記』に「入るを量りて出ずるを制す」という財政運営の心構えがあるが、現代の日本財政は「入るを量らず出ずるを量らず」の有様である。２０１２年の予算規模（当初）は90・3兆円だったものが11年後の２０２３年では24兆円以上増加して１１４・４兆円にまで肥大化している。２０１２年は東日本大震災直後、２０２３年は新型コロナウイルス禍直後と未曾有の危機後という条件では同じであることを勘案すれば凄まじい勢いで財政拡大が進んでいることが分かるだろう。

しかし、日本の糺(ただ)すべき制度や慣習は野放図な拡大を続ける財政ばかりではない。これまでは高齢世代がバラマキのメインターゲットだったのを、全世代型社会保障の美名のもと、無党派層の現役世代を取り込むべくバラマキ対象が全世代に拡大している社会保障制度もそうだし、働かない中高年を守り「正規」「非正規」という身分制を導入し、そのツケを若者に押し付けているいわゆる日本型雇用慣行もそうだ。

そして今般の新型コロナへの対応も然り。新型コロナは新型であったが故に発生当初は手探りで対応せざるを得ず今思えば過剰であった点も仕方がないかもしれないが、ある程度データも集まり、守るべき対象が定まったにもかかわらず、相変わらず手探り状態のときの対応が墨守され、一般的に重症化しにくいとされる若者や子どもたちが犠牲にされた。

現在の財政危機の種は東京都によって蒔かれたといっても過言ではない。つまり、1973年の田中角栄内閣による「福祉元年」のもとを辿れば、美濃部達吉東京都知事（当時）の革新都政に至る。美濃部都政では、国の反対を押し切って老人医療費無償化というバラマキ策が推進され、後に全国展開されることになったが、このバラマキにより東京都も国も財政危機に陥った。そして今度は小池百合子東京都知事による少子化対策に名を借りたバラマキである。こうした小池知事の少子化対策は、「異次元の少子化対策」を打ち出した岸田文雄首相にも影響を与えることは必至だろう。国と都の少子化対策の競い合いは、老人医療費無償化と同じく財政破綻を早めることは確実だ。マルクスは「歴史は繰り返す。最初は悲劇だが、二番目は茶番だ」と語ったが、まさに歴史は繰り返されようとしている。

なぜ若者や子どもたちは経済社会全般で貧乏くじを引かされ続けるのだろうか。

本書では若者が引かされる貧乏くじとは何か、その背景や原因、対処策について論じたものである。

第1章では、貧乏くじを生み出す元凶である財政の肥大化と、それが生み出すツケの先送り（世代間格差）を取り上げる。

肥大化する一方の日本財政に対して、財政破綻しないように財政再建を進めなければならないという議論がある一方で、今現在、日本の財政は一向に破綻する兆候がないので、財政再建ではなくさらなる財政拡張を要求する正反対の声もある。世界で最も深刻な日本のツケの先送りを考えると、財政が破綻する／しないにかかわらず、財政再建を進める必要があるという点を確認する。

第2章では、財政破綻とはいったいどういう状況を指すのか、様々な例を取り上げ検討する。実際には財政破綻について一致した理解を得るのは困難なのだが、財政破綻がどういうものであれ、財政破綻ではなく財政破綻がもたらす国民生活の破綻こそ真の問題であり、貧乏くじの本丸であることを示す。さらに、一部にある財政破綻によって現在の巨額の政府債務をご破算にしようと目論む「グレートリセット」願望についても批判的検討を加える。

第3章では、日本のバラマキ財政について取り上げる。

冷戦構造の崩壊以降、日本でもイデオロギーが退潮し、無党派層が増大した。政権交代の実現を志向した小選挙区制の導入と相まって、政権の座を得るには無党派層の動向が重要となった。そこで、主に地方の有権者の票を買うには効果を発揮した公共事業から、都市部を含めたより多くの有権者から票を買うために、全世代にバラまける社会保障による「買収合戦」が与野党で繰り広げられている状況について紹介する。

第4章では、少子高齢化時代にふさわしい社会保障制度の在り方について考える。

社会保障制度とは、本来、個人で抱えきれないリスクを社会で面倒を見る仕組みである。しかし、

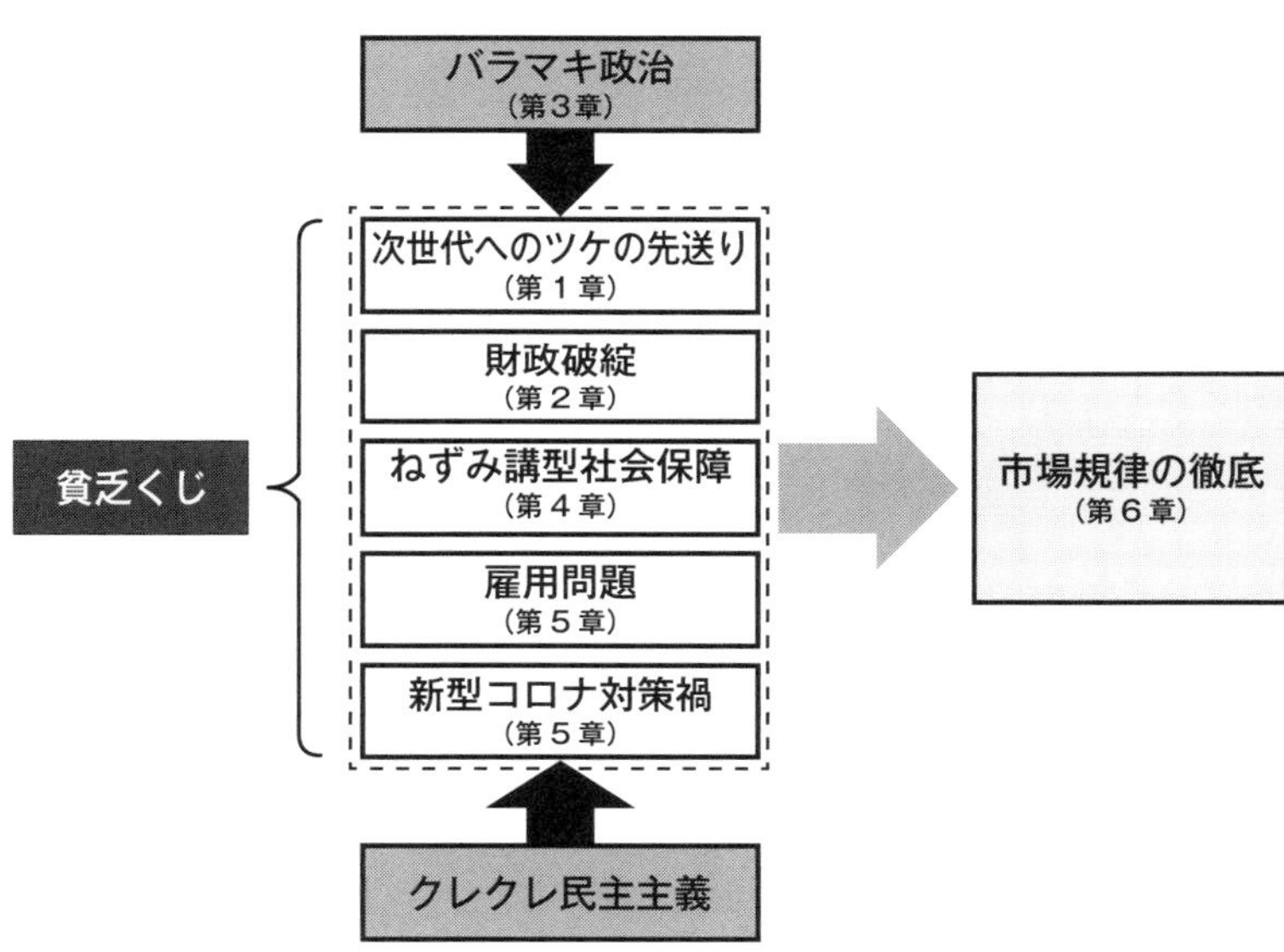

現在の日本の社会保障制度は、現役世代が稼いだ所得を、引退して所得がない高齢世代に融通する制度である。したがって、その本質は現役世代が高齢世代よりも数が多くなければ成立しない「ねずみ講」でしかない。社会保障制度がねずみ講という生物学的な制約に大きく縛られているということは、後の世代ほどより重い負担を背負わされることになり、経済が成長するわけがない。少子高齢化が進行する中で「弱い者がさらに弱い者を叩く」現在のねずみ講的な社会保障制度改革について検討する。

第5章では、雇用問題や新型コロナウイルス対策禍という財政・社会保障制度以外の若者の貧乏くじを取り上げる。

日本型雇用慣行は日本経済と人口が右肩上がりの時代に確立された。経済はよくて横ばい、人口は右肩下がりの時代にあっては、日本型雇用慣行も様々な制度疲労を起こしている。かつて日本経済の強さの秘密と言われた日本型雇用慣行も貧乏くじを生み出している。次に、新型コロナウイルス対策によって、若者や子どもたちが犠牲にされ、その影響は中長期的に及ぶことを見る。

第6章では、若者が貧乏くじを引かないための政策オプションを考察する。

日本では政治参加と言えばもっぱら投票行動を指す。しかし、少子高齢化が進行する中では、参加者数で勝る高齢者に若者が勝てるわけがない。そもそも選択肢もない。元々貧乏くじを引き当てるのが確定しているゲームに引きずり出されるだけである。勝ち目のない投票よりも、確実に日本政府の行動を変えられる選択肢が実は存在する。市場規律を財政に働かせるのである。市場の力は実に強力で、イギリスのトラス首相が在任1カ月半という異例のスピードで辞任に追い込まれたのは記憶に新しいかもしれない。看板政策として掲げた大型減税が金融市場の混乱を引き起こしたからだ。日本でも、円安とインフレを機に、日本銀行の超低金利政策への批判が高まっている。この好機を生かし、日本銀行に金融政策の変更を迫れれば、日本政府がこれまでのような赤字国債に頼る財政や社会保障政策を修正せざるを得ない。なぜなら、雪だるま式に増えゆく利払い費を賄うには、大幅な歳出削減か増税が必要になるからだ。そうなれば、自然と若者の政治参加も高まり、財政・社会保障制度の改革も進展するだろう。

とにかくカネをバラまきたがる政治と後先を考えずにカネをクレクレと欲しがる国民が跋扈する国の現状を根本から変え、できるだけの多くの国民が暮らしやすい世の中にするのは、政治家や官僚、専門家だけの責任ではなく、われわれ国民一人ひとりの責務でもある。

最後に、本書の出版にご尽力くださった株式会社ウェッジ編集部書籍編集室の木村麻衣子氏には大変お世話になった。心からお礼申し上げ感謝いたします。

教養としての財政問題　目次

第1章／財政破綻しなくても財政再建が必要な理由

第2章／財政破綻は国民生活の破綻

第3章／バラマキにNO！と言おう

第4章／少子高齢化時代にふさわしい社会保障制度

第5章／雇用、新型コロナウイルス対策でも貧乏くじを引かされる若者

第6章／若者が貧乏くじを引かないために

第1章

財政破綻しなくても財政再建が必要な理由

「借金」まみれの日本

膨張を続ける日本の財政

日本では財政の膨張が止まらない。その原因は、政治によるバラマキにある。もちろん、政治のバラマキはそれを是とする国民の側にも原因がある。バラマキは財政破綻確率を高め、バラマキのツケという貧乏くじを若者世代に押し付ける。

新型コロナ禍に対処すると称して、2020年度以降、予算の膨張が止まらない。2020年度147・6兆円、2021年度142・6兆円、2022年度139・2兆円、2023年度当初予算114・4兆円と、前年度補正後予算から25兆円削減されたものの、2019年度から5年連続で100兆円を超えるなど、11年連続で過去最大を更新した。11年連続過去最大の予算ということは、コロナ禍や景気循環には関係なく、政府の規模が膨張しているということだ。このように、日本財政は、未曽有の規模で肥大化している。

日本ではこれまでも当初予算では厳しめに予算編成を行い、財政規律を守っているようには見せるものの、年度途中に政治の求めに応じて補正予算を組むことで事後的に歳出を増やし、結果として財政規律を危うくしてきた前科がある点には留意が必要である。

実際、現在の日本経済は、景気回復途上にはあるものの、未だコロナ禍の影響からは完全に脱しきれておらず、また最近の資源価格高・円安・物価高の悪影響も考慮すれば、これまで通り年度途中で繰り返し補正予算が編成される可能性が高い。

結局のところ、たとえ当初予算を抑制気味にしたとしても、やはり2023年度もこれまで同様日本財政は拡張するリスクが高い(1)。

危機の度に肥大化してきた国の歳出

図1－1は、2023年度に至るまでの、一般会計歳出対名目GDP(国内総生産)比(%)の推移を示している。同図からは、

①バブル崩壊以降、経済危機を経験する度に財政規模は拡大している

(1) 令和4年度当初予算は107・6兆円と前年度補正後予算142・6兆円から35兆円減じた抑制気味の予算規模であったが、補正予算が編成された結果、補正後の予算規模は139・2兆円と令和4年度当初予算から32兆円膨張し、前年度補正後予算からは3兆円の小幅な縮小にとどまった。

②経済危機が去った後も、財政規模の高止まりが続き、元の水準に戻る前に次の経済危機対応のため、財政規模が拡大している

③財政規模の拡大幅は経済危機を経るごとに大きくなっている[2]

ことが分かる。このように、バブル崩壊以降、国の歳出には、大きな経済危機が生じる度に、肥大化してきた歴史がある。

図1－2は、2023年度に至るまでの、一般会計税収対名目GDP比（%）の推移を示している。同図からは、

①一貫して、一般会計歳出を下回っている

②バブル崩壊までは、一般会計歳出とほぼパラレルに推移していた

③バブル崩壊以降、一般会計税収はほぼ横ばいか微増で推移していた

④足元では、一般会計税収が急増している

ことが分かる。

（2）経済危機に対する財政出動の規模の大きさを一般会計歳出対名目GDP比で見ると、バブル崩壊時には0・8%だったものが、アジア金融危機では2・3%、リーマン・ショック5・1%、そして新型コロナ禍では15・1%となっている。

図1-1　一般会計歳出対名目GDP比（%）の推移

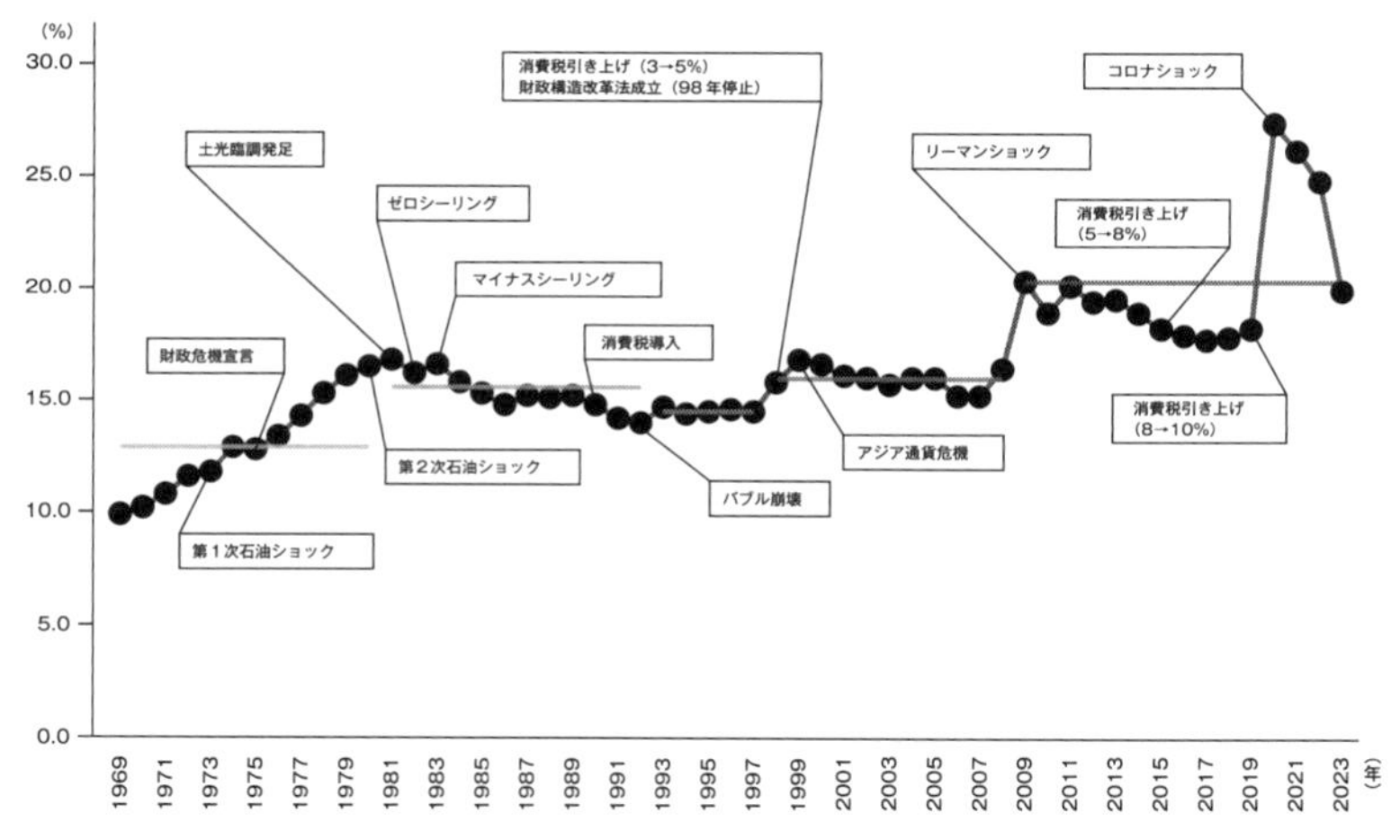

（出所）財務省資料により著者作成

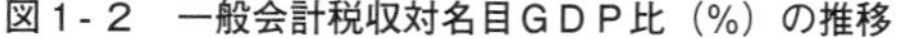

図1-2　一般会計税収対名目GDP比（%）の推移

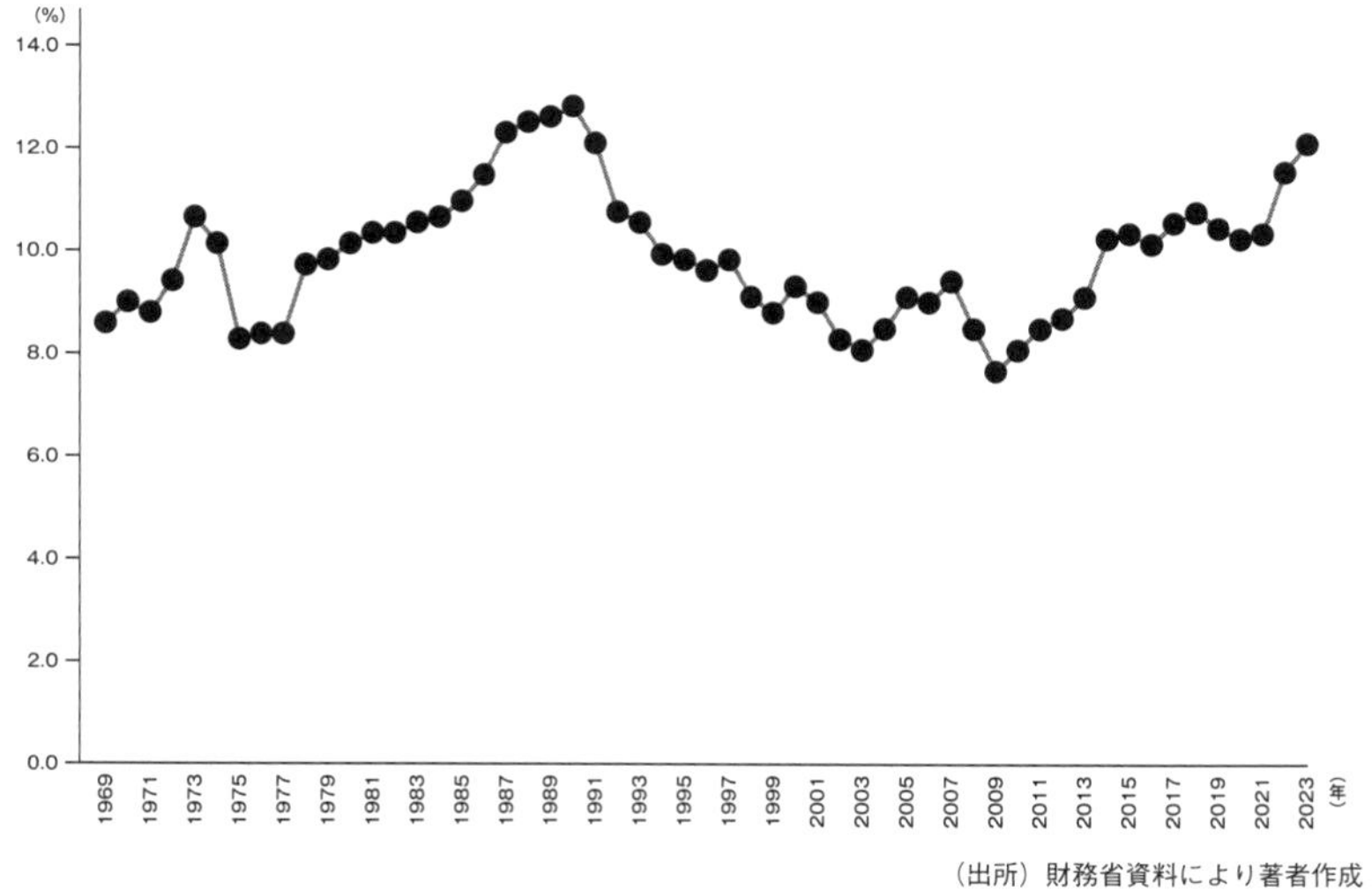

（出所）財務省資料により著者作成

図1-3　政府債務残高対名目GDP比（%）の推移

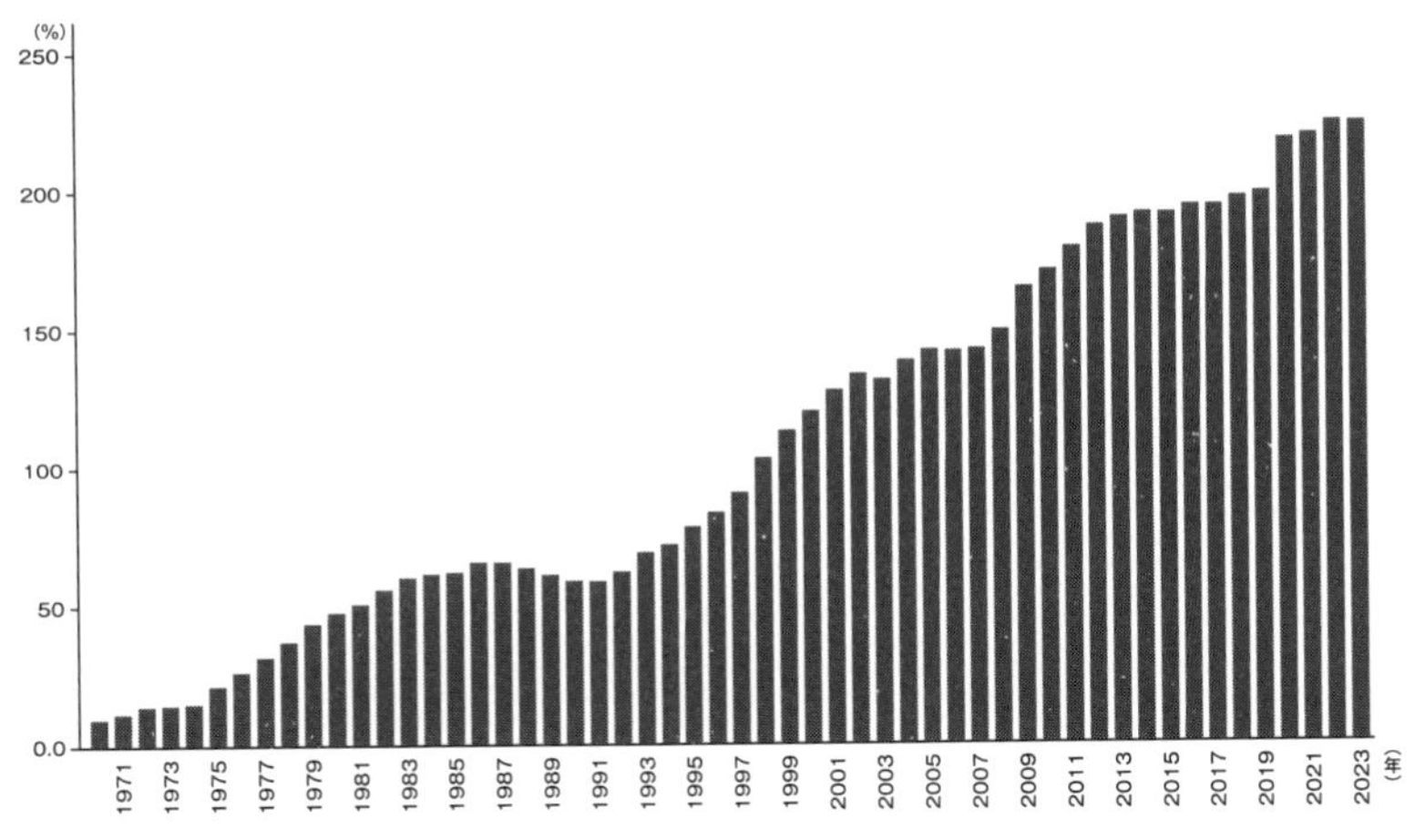

（出所）財務省資料により著者作成

累増する国債残高

一般会計歳出と税収のこれまでの推移を見ると、歳出が税収を上回って推移しており、一貫して財政赤字が発生している。財政赤字は経済成長を続ける経済にあっては合理的である。なぜなら、将来のGDPが現在よりも増加することが見込めるのであれば、将来の経済成長による所得増加分を担保に財政赤字という「借金」で現在の歳出に必要な財源の一部を賄えば、現在と将来の歳出の水準を平準化することができるからである。逆に、将来のGDPが現在よりも低下することが見込まれるのであれば、財政赤字という「借金」ではなく、将来の財源減少に備えて財政黒字という「貯蓄」をし、将来の支出に備えるのが合理的となる。

バブル崩壊以降の日本経済はそれ以前の高度成長はもとより安定成長径路からも大きく外れ、2010年以降の平均経済成長率は名目0・7%、実質0・6%となるなど、近年の日本経済は低迷を続けている。つまり、現代の日本は、かつてのような高い経済成長が見込めないため、緊急事態への対応により発生した財政赤字という「借金」を経済成長による税の自然増収で「返済」するのが非常に困難な状況に陥っている。

この結果、図1－3のように、国の債務は累増し、日本財政の持続可能性が危惧される事態となっている。

なぜ予算の膨張が続くのか

「風が吹けば桶屋が儲かる」カラクリ

ではなぜ、予算の膨張が続くのだろうか?

読者の皆さんは「風が吹けば桶屋が儲かる」という諺を御存じだろう。

風が吹けば砂塵が舞って、砂塵が目に入ったため目が悪くなる人が増え、そのため三味線弾きで生計を立てる人が増えるので三味線が売れる。三味線には猫の皮を使うためあちこちで猫が捕まえられてしまい、ネズミが増殖し、増えたネズミによって桶がかじられてしまう。そこで、桶の買い替え需要が生じ、したがって、桶屋が儲かるという内容だ。

予算(政府支出と呼び変えても構わない)については、乗数効果が働くことが知られている。例えば、予算を1兆円増やすと、1兆円以上の国内総生産が生み出されるというのが、乗数効果の意味するところである。では、どのようなメカニズムでこのようなことが起きるのだろうか。

理屈は簡単だ。政府が1兆円使うと、それと同額だけGDPが生まれることになる。政府に財を売却した企業は、その見返りに対価1兆円を政府から受け取ることになる。そしてその企業で働いている従業員は、政府に財を納入するために働いて得たお金で、スマホを買い替えたり、レストランで食事をしたりするだろう。

こうした金額は消費として新たにGDPに付け加えられる。さらに、スマホの販売会社やレストランの従業員の給料も増えることになり、彼らもどこかで買い物をするはずだ。

このように、1兆円の政府支出の増加は、GDPを直接的に1兆円増やすだけではなく、間接的にもGDPを増やすことになるので、直接・間接の効果を含めればトータルで1兆円以上GDPを増やすことになる。要するに、政府が使うお金を増やすと、風が吹いたかの如く、経済のあちこちに支出と購買の連鎖反応が起きて、結果的にGDPが増える。

GDPは増えても金額が小さい

内閣府によれば、公共投資の乗数効果は1・08なので、公共投資の予算を1兆円増やせば、乗数効果でGDPは1・08兆円増えることになる。ただし、1・08兆円の乗数効果のうち1兆円は公共投資の増加分であり、派生的に増えたGDPは800億円に過ぎないことには留意が必要だ。

つまり、政府が総需要を増やせば、それが呼び水となって民需も誘発されることが期待できるものの、その額は小さいのが現状なのだ。

政府予算の乗数効果が発揮されるには、前年度よりも予算規模が大きくなければならない。

今、乗数効果が2あるとき、前年度の予算規模が100だったとする。今年度は緊縮予算が組まれ予算規模が80になったとする。このとき、今年度の予算規模は前年度より20だけ縮小しているので、乗数2×予算縮小額20＝40だけマイナスの乗数効果が働き、同額だけGDPが前年度より縮小するマイナス成長に陥ってしまう。

つまり、次の年度の当初予算が前年度の予算総額を超えない限り、マイナスの乗数効果が働いてしまい、GDPが縮小してしまう。

このように、当初予算では厳しめに査定されたとしても（それでも過去最大を更新し続けてはいるが）、政府支出がマクロ経済に与える効果を見る際に重要になるのは、前年度の当初予算に補正予算を加えた総予算額に対する今年度予算の規模である。より大きな乗数効果を生むためには、当初予算だけでは力不足なため、ブーストをかけるためにも補正予算の編成が必須であり、しかも前年度の補正予算規模を上回らない限り、乗数効果が発揮されなくなってしまう。

年中行事化する補正予算

まとめると、予算の乗数効果がきちんと発揮されるためには、いったん引き上げられた予算総額をそれ以降も維持するか、拡大させていく必要がある。

もちろん、予算の乗数効果により、景気がいったん上向き順調に力強く回復していけば、それ以降は予算総額を少し絞ったぐらいでは景気回復の足を大きく引っ張ることもない。だが、近年の日本のように民間消費や企業の設備投資に力強さを欠く場合、予算総額を元の水準に戻したり、削減したりすると、またたく間に景気が失速し、予算はむしろ景気の押し下げ要因になってしまう。

そうであるからこそ、予算規模は毎年過去最大を記録し続けなければならず、年度途中に補正予算が組まれるのが年中行事化しているのだ。

乗数効果を押し下げる高齢化の進行

しかも、高齢化の進行が予算の乗数効果を押し下げてしまうので、予算の乗数効果を維持するには、予算規模を年々拡大していかざるを得ない側面もある。

なぜ、高齢化の進行が乗数効果を抑制するのかについては、先ほどの乗数効果の説明で挙げたような政府による総需要の増加が民需を誘発して所得を増加させるという流れが保てないからだ。高齢化の進行は、景気の良し悪しにかかわらず固定された所得（年金）で生活している者の割合を高めることに他ならず、所得の増加が消費を増やし、さらに別の人の所得を増やしさらに消費を増やすという乗数効果の好循環の勢いを削いでしまうからだ。

例えば、若者の消費は所得に依存し、高齢者の消費は所得ではなく年金に依存するとしよう。そして年金は一定の水準で変化しないものとする。

今、GDPが800で若者と高齢者の消費の総額（マクロの消費額）が500、若者は全人口の80％、高齢者が残りの20％である経済を考える。このとき、若者の消費は400となり、一定の条件の下では若者の所得が1円増えた場合に何円消費に回るかを示す限界消費性向が0・5となる(3)。乗数効果は1から限界消費性向を引いた数の逆数で表されるため、経済全体での乗数効果は2［＝1／（1－0・5）］と計算される。つまり、政府が1兆円支出を増額すれば、2兆円GDPが増加することになる。

次に、高齢化が進行して若者の人口が総人口の40％、高齢者が60％となったとすると、若者の消費は200、そして経済全体の限界消費性向は0・25に低下するため乗数効果も4／3≒1・3［＝1／（1－0・25）］と小さくなってしまう。つまり、高齢化が進行する前と同様に政府が1兆円支出を増額させたとしても乗数効果は1・3兆円に過ぎず6700億円も効果が減じてしまっている。

実際、宮本弘曉東京都立大学経済経営学部教授・吉野直行慶應義塾大学名誉教授『高齢化が財政政策の効果に与える影響』（財務省財務総合政策研究所『フィナンシャル・レビュー』第145号、2021年）では、経済協力開発機構（OECD）諸国を、高齢化が進んでいるグループと高齢化が進んでいないグループとに分けて乗数効果を推計している。高齢化が進むと財政拡大に対して個人消費と雇用の反応が低下するため、高齢化は財政政策の景気浮揚効果を弱めることを明らかにしている。

このように、高齢化の進行により乗数効果が落ちてしまうため、景気浮揚もしくは下支え効果を高めるには、予算規模を大きくする以外手がなくなってしまう。こうして予算は、マイナスの乗数効果と高齢化の押し下げ阻止のため、バラマキと揶揄（やゆ）されるレベルにまで肥大化してしまったのだ。

（3）今、ケインズ型の長期消費関数C＝cY（C：マクロの消費水準、c：限界消費性向、Y：GDP）を考えると、限界消費性向c＝マクロの消費水準C÷GDP、Y＝400÷800＝0・5と求められる。

もはやバラマキでも税収増をもたらさない状態

一方で、バラマキだろうとなんだろうと予算を増やせば景気が回復してその分税収も増えるから、問題はないという立場もある。しかし、乗数効果をもってしても、他の条件が一定ならば、予算の増加額を上回る税収増をもたらすことはない。もし、政府が追加的に使った金額以上に税収が増え続けるのであれば、財政再建など随分前に終了しているはずだ。現実は異なる。

しかも、日本の場合、財政赤字のうち、景気変動による財政赤字（循環的財政赤字）よりも構造的な財政赤字（構造的財政赤字）が圧倒的に大きいのが現状であり[4]、財政や社会保障の歳出・歳入構造の改革なくして、景気が少しばかり良くなったからといって、財政赤字が自然に解消されることはあり得ない。

確かに、今般のコロナ禍のような緊急事態には、機動的な財政運営が必要なのだとしても、危機が去った後もなおエンジンをフルスロットルでふかしバラマキ続ければ、いずれガス欠に直面することになるかもしれないし、場合によってはエンジン自体が破損してしまうかもしれない。しかも、そのツケを負わされるのは、あとで世代会計という手法を用いて明らかにするように、私たちの子や孫であることも肝に銘じておきたい。

（4）ＩＭＦ（国際通貨基金）「World Economic Outlook Database」（2022年10月）によれば、循環的財政赤字▲0.5％であるのに対して、構造的財政赤字▲7・3％と推計している。

国の債務残高対名目ＧＤＰ比急増の原因を探る

４つの要因に分解

国の債務残高対名目ＧＤＰ比急増の原因を探るため、１９７０年度以降の国の債務残高対名目ＧＤＰ比の変動を、プライマリーバランス要因、実質経済成長要因、名目金利要因、インフレ要因に分解したのが、表１－１である。なお、各要因が債務残高対名目ＧＤＰ比に与える影響は、プライマリーバランス要因については、歳出が歳入を下回る黒字であれば減らす方向、逆に歳出が歳入を上回る赤字であれば増やす方向に働く。実質経済成長要因はプラス成長であれば債務残高対名目ＧＤＰ比を減らす方向に働き、マイナス成長であれば増やす方向に働く。名目金利要因に関しては、通常、債務残高対名目ＧＤＰ比を増やす方向に働く。物価要因は、物価変化率がプラスの場合（インフレ）は債務残高対名目ＧＤＰ比を減らし、マイナスの場合、つまりデフレの場合は、増やす方向に働く。

表１－１によれば、プライマリーバランス要因は一貫して債務残高を増加させる方向に働いてい

表1－1　国の債務残高対名目ＧＤＰ比（％）の要因分解

	債務残高	プライマリーバランス			実質経済成長	名目金利	物価
			歳出	税収			
1970年代	2.2	4.2	17.3	-13.1	-0.6	0.6	-0.8
80年代	1.5	2.4	16.9	-14.5	-1.4	2.2	-0.8
90年代	2.2	3.8	15.1	-11.3	-0.7	1.4	-0.3
2000年代	5.1	6.7	15.3	-8.7	-0.6	1.2	1.0
10年代	4.4	8.3	18.7	-10.4	-1.3	0.5	0.1

（出所）内閣府、財務省資料により作成

る。これは、プライマリーバランスがバブル期を除き赤字で推移してきたことを意味する。特に、２０００年代以降は、その特徴が顕著になっている。内訳を見ると、歳出要因は１９７０年代以降１９９０年代に至るまで、債務残高対名目ＧＤＰ比を増やす寄与を下げていたものの、２０００年代以降寄与が増加している。一方、税収要因は１９８０年代をピークに債務残高対名目ＧＤＰ比を減らす寄与が小さくなり、２０００年代でもっとも小さくなった後、２０１０年代は回復している。

インフレや経済成長では力不足

財政再建は、増税や歳出削減を行わずともインフレや経済成長によって達成できると主張する向きもあるが、実際には、実質経済成長要因や物価要因の債務残高を減らす方向での寄与を見ると、債務残高対名目ＧＤＰ比を大きく減少させるには力不足であることが指摘できる。しかも、２０００年代以降のデフレ期においては、物価要因は逆に債務残高を増やす方向に寄与している。

名目金利要因に関しては、一貫して債務残高対名目ＧＤＰ比を増やす方向に作用しているものの、１９８０年代をピークにその寄与は低下し、特に足元では政府債務残高の増加にもかかわらず、債務残高対名目ＧＤＰ比の増加にはほとんど寄与していない(5)。

このように、債務残高対名目ＧＤＰ比を減らそうと思えば、経済成長やインフレに頼るだけでは全く不十分であり、プライマリーバランスの改善、つまり、歳出削減か税収増、あるいはその両方を行うことで、プライマリーバランスを黒字化することが喫緊の課題である。さらに言えば、金利ボーナスが作用している間に財政健全化を進めた方が、財政健全化に伴う国民の「痛み」が利払い費負担の減少分だけ小さくなるので、合理的である。

(5) ちなみに、このような債務残高の増加にもかかわらず利払い費が増えない現象は「金利ボーナス」と呼ばれている。これは、日本銀行による金融政策などによって金利が低く抑えられていることによるものであり、財政運営を楽にするプラス面がある一方で、財政規律がうまく働かなくなり財政再建の必要性を忘れさせるマイナス面も指摘されている。

国民的合意が得られない財政健全化

現実には、近年は毎年200兆円超もの国債が安定的に消化され、その発行金利も低下を続けている。その結果、利払い費やインフレ率も低位で推移するなど、政府債務を取り巻く環境は安定している。一部専門家の懸念をよそに、現在までのところ、財政が破綻する兆候は示されていない。

このため、消費税の引き上げや歳出削減などさらなる財政健全化への国民的な合意は得られていない。こうした「国民の声」を意識してか、岸田文雄総理は、安倍晋三元首相や菅義偉前首相と同様、「消費税は当面引き上げることはしない」と発言している。

しかし、今世紀中も継続する「高齢者の高齢化(6)」は社会保障給付を増加させ、他の事情が一定であるならば、大きな歳出増加圧力になると見込まれる(7)(8)。こうした将来の歳出増加圧力に備え、また、今般の新型コロナ禍のような「緊急事態」に備え、政府が財政制約を気にせず大胆に機動的に対処できる余力を残しておくためにも、これ以上の政府債務残高の積み上がりを避け、可能であるならば削減しておくことは、財政の自由度を確保し、財政破綻を避けるためにも、喫緊の課題であることには疑いの余地はない。

（6）「高齢者の高齢化」とは65歳以上の高齢者全体に占める後期高齢者のウェイトが上昇を続けることを指す。1955年には65歳以上人口に占める75歳以上の比率は29・2％だったものが、2018年には51・5％（65歳以上の高齢者3558万人のうち、65歳から74歳1760万人、75歳以上1798万人）と初めて75歳以上人口が過半数を超え、2065年には66・5％に達する見込み。

（7）内閣官房・内閣府・財務省・厚生労働省が2018年5月に公表した「2040年を見据えた社会保障の将来見通し（議論の素材）」によると、社会保障給付費の対GDP比は、2018年度の21・5％から2040年度には23～24％程度になると見込まれている。

（8）財務省の試算によれば、2019年時点で、一人当たり国民医療費の国庫負担額は、65～74歳 8・0万円に対して75歳以上 32・4万円と約4倍、一人当たり介護費の国庫負担ではそれぞれ1・3万円、12・7万円と約10倍になっている。

財政破綻確率シミュレーション

現状の歳出歳入構造が続くという前提

このように、新型コロナウイルス対策により、国の財政が悪化したことを受けて、国の「財政破綻確率」を、経済理論との整合性が極めて高く、経済構造と政策やショックの波及経路が明示される動学的確率的一般均衡モデルを用いて、現在の一般会計の歳出歳入構造が今後も継続するものとした場合、日本財政が将来的にも持続可能なのか否か、シミュレーション分析を行い、「財政破綻確率」を推計した。

具体的には、5000回実行したシミュレーションにおいて、2022年度から10年後の2032年度と20年後の2042年度までに、国の債務残高対名目GDP比が、トレンドから乖離して、一定値を超えた回数を「財政破綻確率」とみなして計算した。

ここでは、10年後（20年後）の国の債務残高対名目GDP比が、足元時点（2022年度）の184％の2倍超に相当する400％を判定基準1に設定し、さらに財政破綻判定をより緩やかに行

図1－4　財政破綻確率

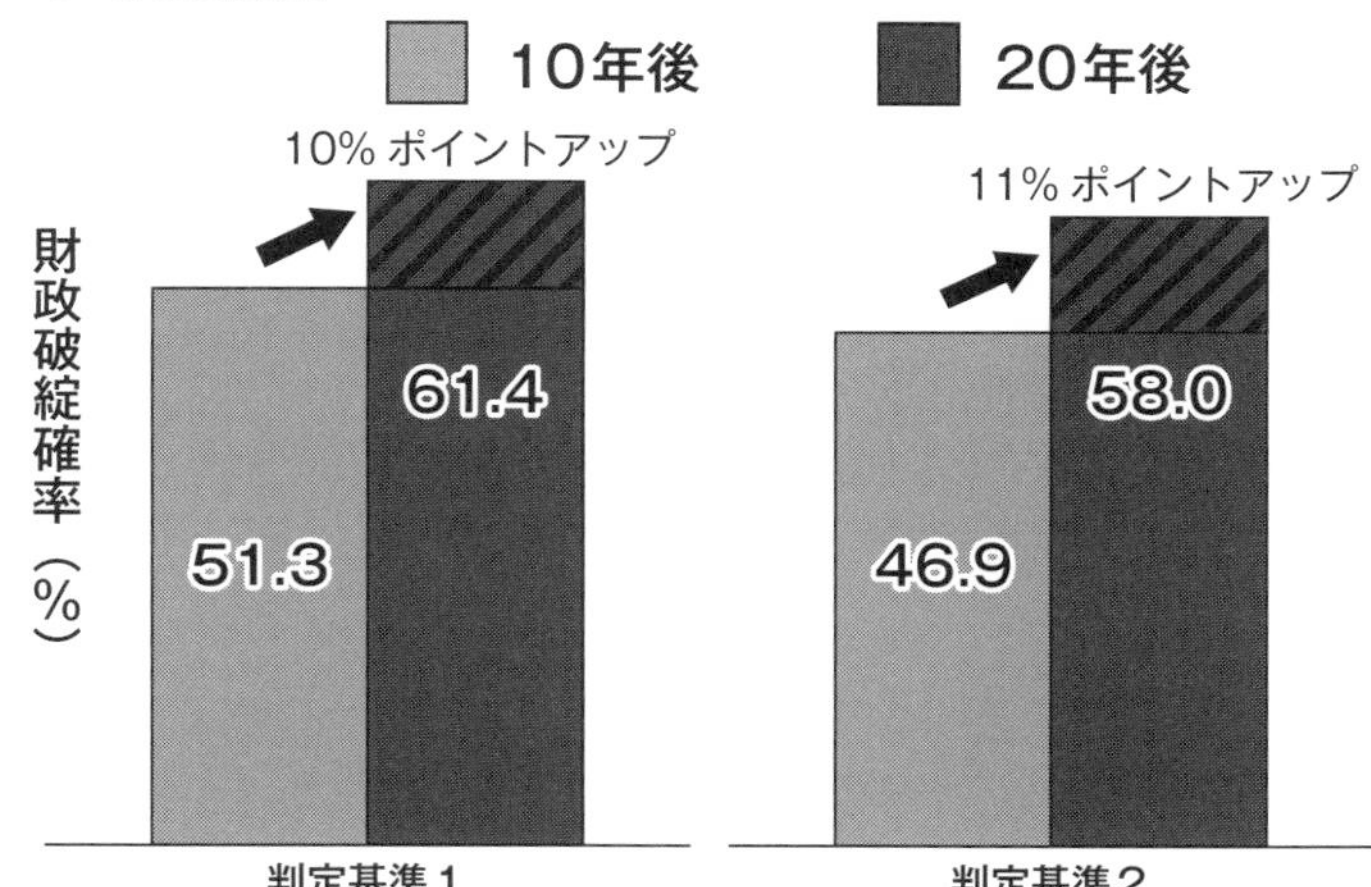

（出所）筆者試算

うケースとして、国の債務残高対名目GDP比500％を判定基準2と想定した。

10年後に破綻する確率は51・3％

シミュレーション結果によれば、現状の歳出歳入構造を維持したままであれば、国の財政が10年後に破綻する確率は51・3％（判定基準1）と試算された。より緩やかな判定基準2では46・9％となっている（図1－4）。

いずれの判定基準によっても、財政破綻確率が50％程度となっており、税財源の裏付けもなく歳出拡大に走っている日本財政は、丁半博打のようなギャンブルをしているのと同じである。

さらに、20年後に国の財政が破綻する確率は61・4％（判定基準1）、58・0％（判定基

図1－5　財政破綻確率の国際比較

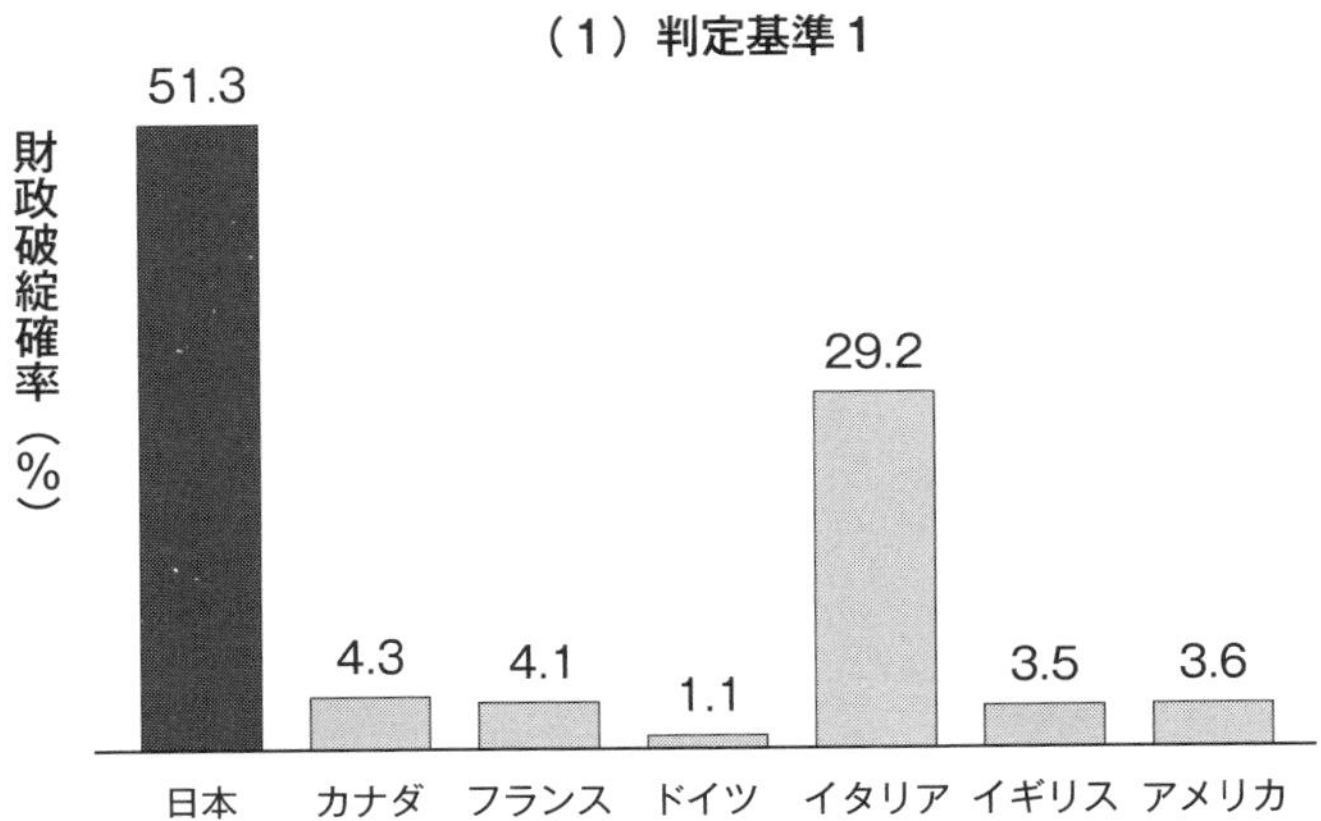

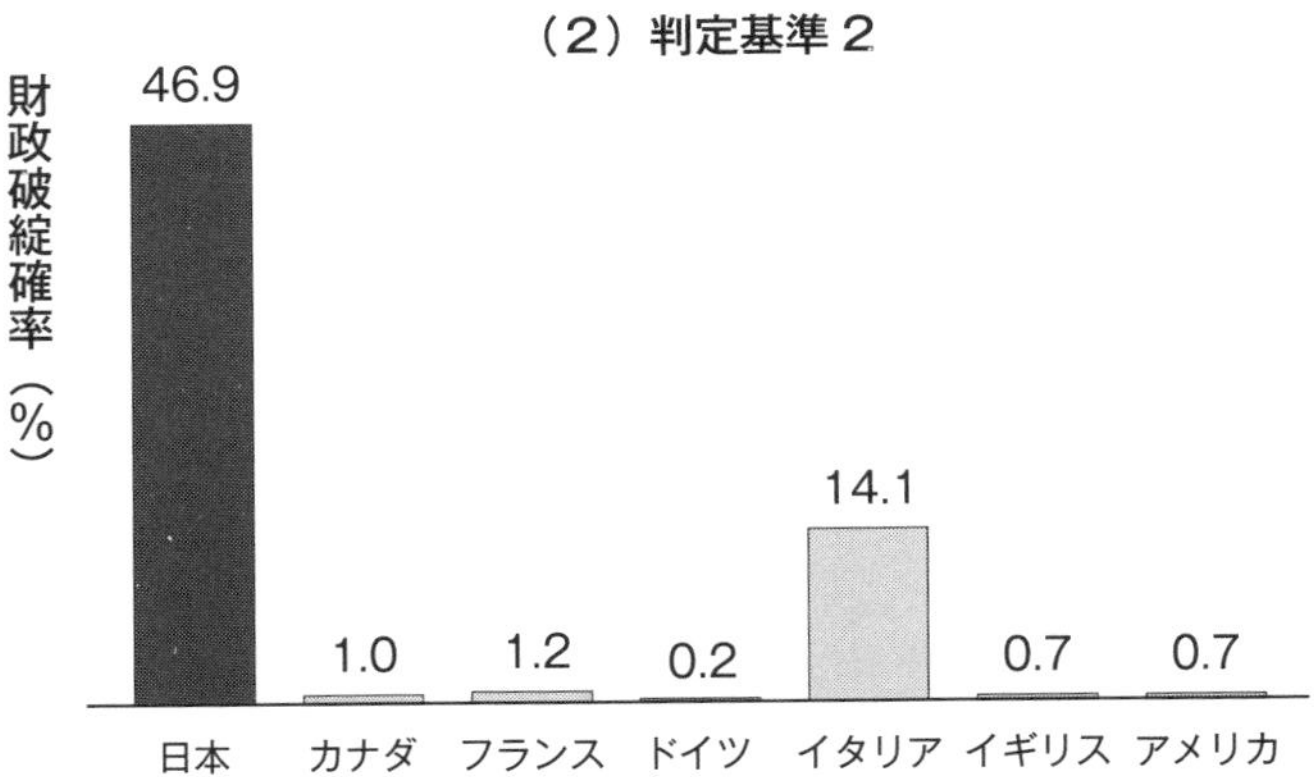

（出所）筆者試算

準2）と、より緩やかな判定基準でも60％程度となっている。

10年後の財政破綻確率と20年後の財政破綻確率を比較すると、いずれの判定基準においても、10年後の財政破綻確率よりも20年後の財政破綻確率の方が大きくなっていることから、何らの対策も施さずに財政を現状のまま放置しておけば、時間の経過とともに状況が悪化することが分かる。財政破綻を避けるには、一刻も早く財政健全化に舵を切らなければならない。

日本以外の他のＧ７諸国についても、10年後の財政破綻確率を試算したところ、日本以外のＧ７諸国の財政破綻確率の平均値は、判定基準１では７・６％、判定基準２では３・０％と日本の財政破綻確率と比べて極めて低い水準となっている。

抜本的な改善には消費税率20％以上への大幅引き上げが必要

日本の財政破綻確率を軽減するために実施される財政健全化の措置としては、消費税の引き上げにより財政の持続可能性を回復させるものとする。シミュレーション結果は図１－６、図１－７の通りである。

今、消費税率を２０２４年４－６月期に5ポイント引き上げた場合（現行の消費税率10％から同15％への引き上げ）、財政破綻確率は28・２％（判定基準１）、24・７％（判定基準２）と、いずれのケースでもほぼ財政破綻リスクは半減する。

消費税率を10ポイント引き上げた場合（現行の消費税率10％から同20％への引き上げ）、財政破綻確率は13・4％（判定基準1）、10・2％（判定基準2）と財政破綻リスクはほぼ四分の一まで低下する。

消費税率を15ポイント引き上げた場合（現行の消費税率10％から同25％への引き上げ）には、財政破綻確率は5・1％（判定基準1）、3・2％（判定基準2）と、財政破綻リスクは、判定基準1と判定基準2で、現状の財政破綻確率のほぼ十分の一以下にまで低下し、財政破綻リスクは大きく軽減される。

消費税率を20ポイント引き上げた場合（現行の消費税率10％から同30％への引き上げ）には、財政破綻確率は2・5％（判定基準1）、0・6％（判定基準2）と、財政破綻リスクは、ともにイタリアを除く他のG7諸国並みにまで改善される。

消費税率を25ポイント引き上げた場合（現行の消費税率10％から同35％への引き上げ）には、財政破綻確率は1・9％（判定基準1）、0・3％（判定基準2）と、G7諸国では財政状況が最も健全であるドイツ並みにまで改善される。

以上から、歳出削減を行わず、他の税目による増税も考えず、消費税の引き上げのみによって財政破綻確率を引き下げようとすれば、消費税率5～10ポイントの引き上げでは、財政破綻確率は

図1－6　消費税率引き上げによる１０年後財政破綻確率への影響

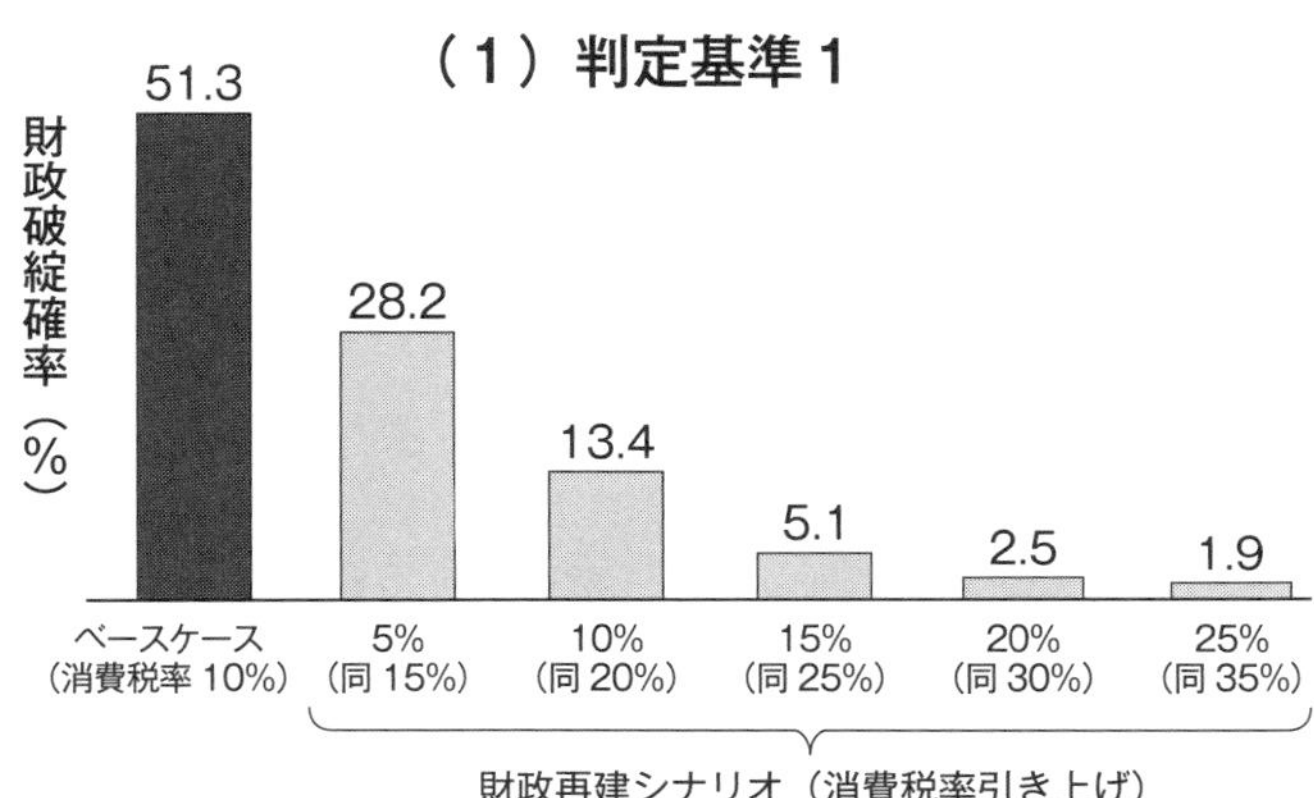

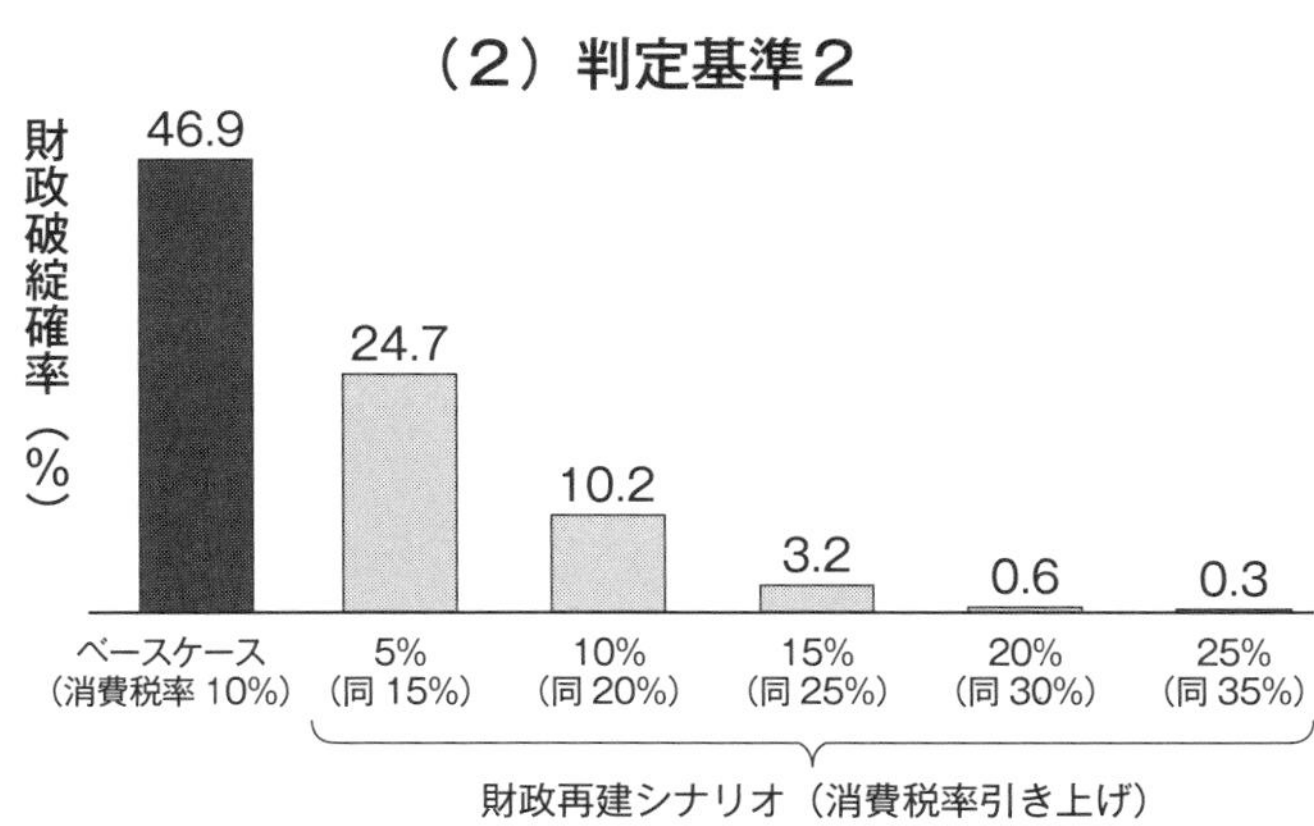

（出所）筆者試算

図１－７　消費税率引き上げによる２０年後財政破綻確率への影響

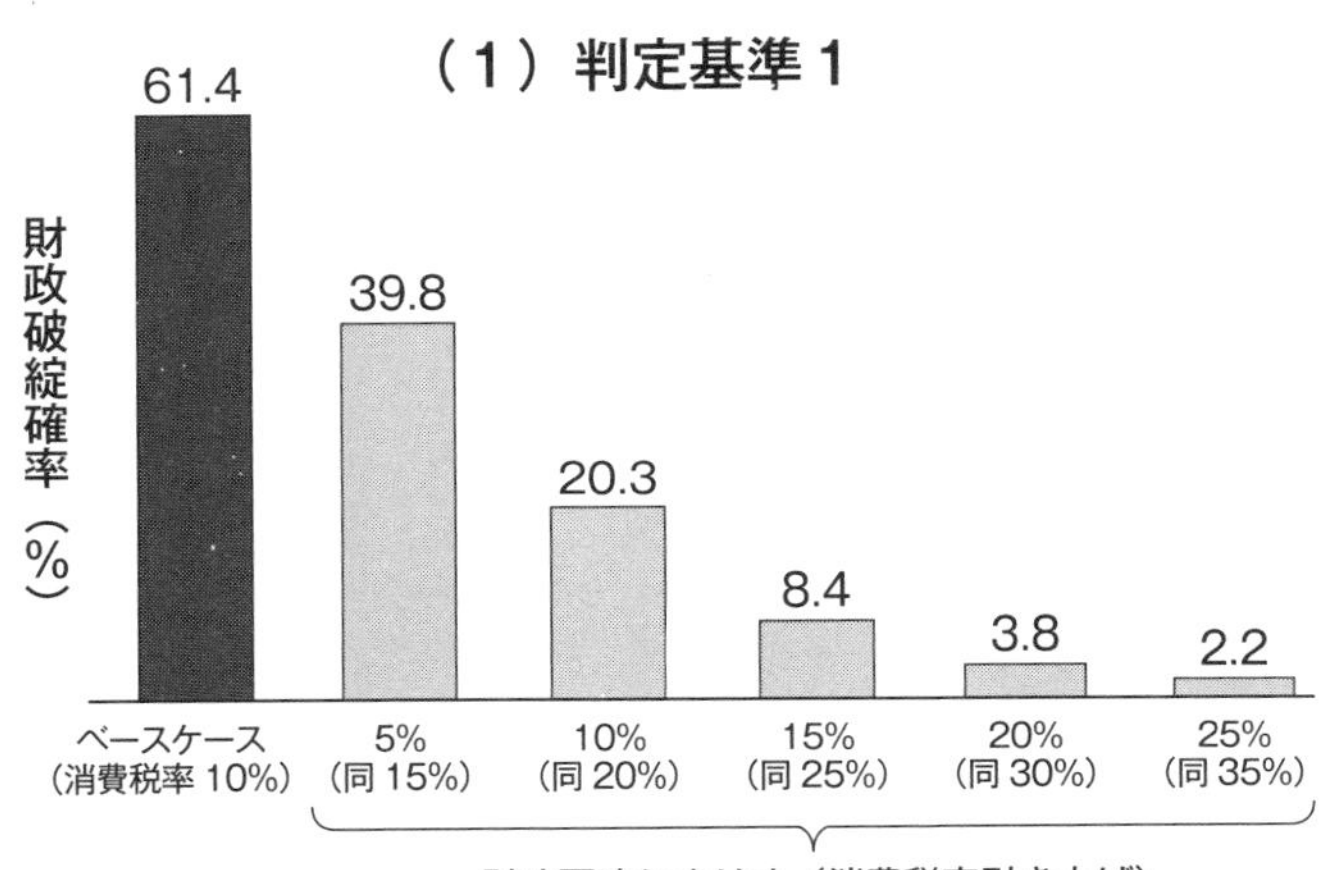

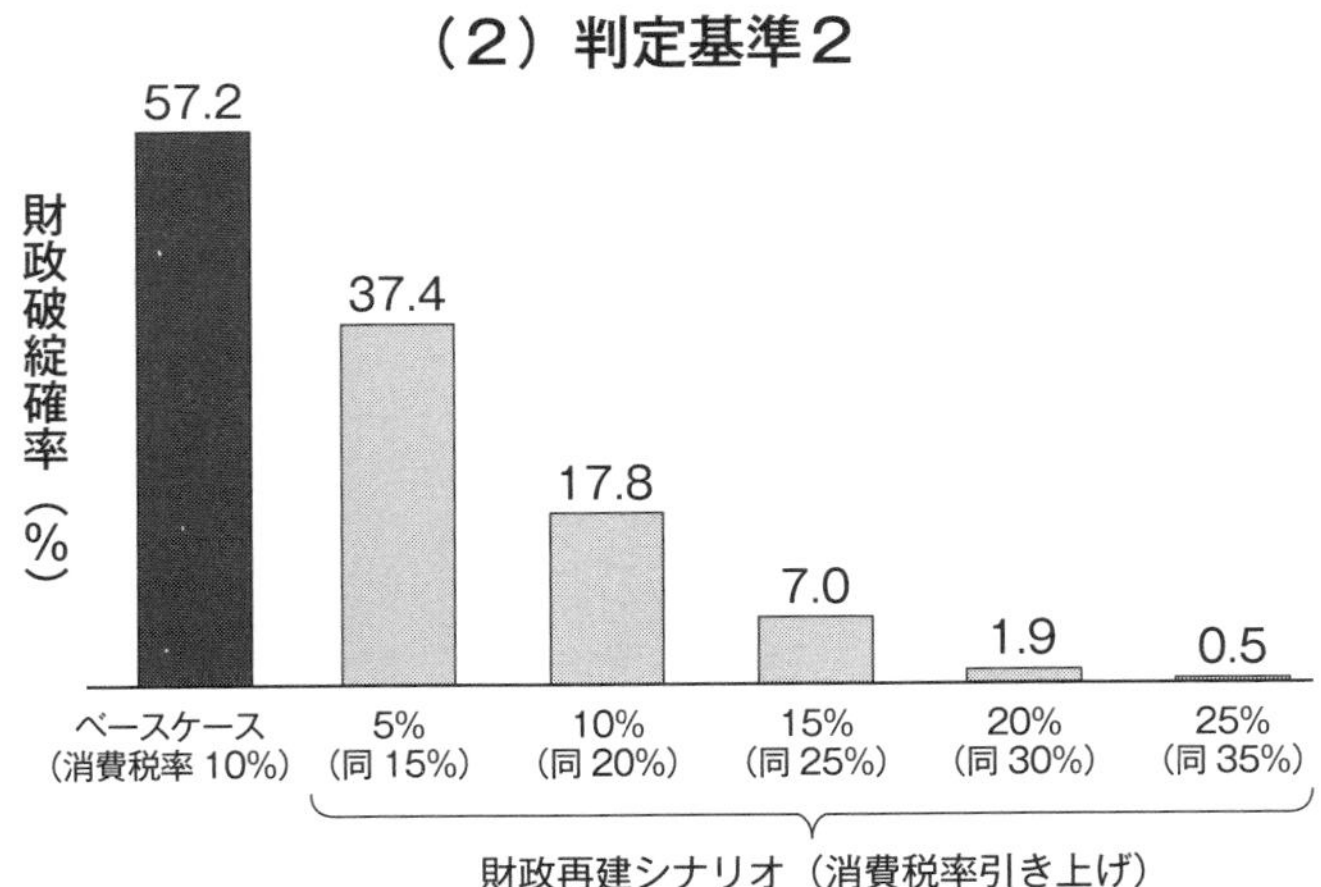

（出所）筆者試算

13・4～28・2％にまでの低下にとどまり、財政破綻の危機が抜本的に回避されるとは言い難い。

一方、消費税率を現行の10％から15ポイント引き上げ、消費税率20～25％にまで大幅に引き上げられるのであれば、財政破綻確率が2・5～5・1％にまで大きく改善されることとなる。

消費税率を20ポイント引き上げ30％にすることで、財政破綻確率は1・9％にまで低下するため、イタリアを除く他のG7諸国平均の10年後財政破綻確率の水準3・3％を1ポイント強下回るまで国の財政破綻確率を引き下げることが可能となる。

財政破綻はいつ起こる？

抜き打ちテストのパラドクス

ある金曜日のホームルームで、教師は生徒たちに向かって、「来週、抜き打ちテストをするぞ」と宣告した。それを聞いた生徒たちは、次のように推論した。

もし、木曜日までにテストが行われなければ、金曜日にテストがあると分かってしまうので金曜日には抜き打ちテストはない。

金曜日に抜き打ちテストがないということは、水曜日までに抜き打ちテストが行われなければ木曜日にあると分かってしまうのでやはり木曜日にも抜き打ちテストはない。

木曜日に抜き打ちテストがないということは、火曜日までに抜き打ちテストが行われなければ水曜日にあると分かってしまうので水曜日にも抜き打ちテストはない。

生徒たちは、以下同様の推論を繰り返し、「先生は抜き打ちテストできない」との結論に達し、安心してテスト勉強を一切することなく週末を過ごした。

すると、教師はなんと水曜日に抜き打ちテストを行ったのだ。

これは「抜き打ちテストのパラドクス」として知られるものだが、実は日本財政に対する国民の対応も、この生徒たちと似たり寄ったりだと言えば驚くだろうか。

財政再建論議を忌避する日本

新型コロナウイルス禍に対処するため、過去に例を見ない規模の財政出動を繰り返した結果、日本の財政は悪化の一途をたどっている。現在の困難な経済的苦境を乗り越えるため、今はまだ財政再建を議論する時機ではないとの声が政治家にも有識者にも強く、深刻化する一方の日本財政を前にしても財政再建の青写真はいまだに一切示されていない。

もちろん、一部の財政学者が、いくら「財政は危機的状況にある」と叫んだところで、政府債務残高対GDP比率は上昇を続けていると言っても、国債金利が制御不能なまでに急騰しているわけでもなく、国債消化が目に見えて悪化しているわけでもない。それどころか、2023年度の国債発行予定額（当初）は205兆円超となっているにもかかわらず、財政は不気味なほど落ち着いている。

こうした状況下では、かえって財政再建を主張して、コロナ禍に苦しむ国民に増税や歳出削減を押し付ける方が、困難な状況下にある人たちに追い打ちをかける人非人との謗りは免れないのも止む無しなのかもしれない。

しかし、政府といえども打ち出の小槌を持っているわけではないのだから、無尽蔵にお金を使えるわけはない。そもそも、古代ギリシャの哲学者パルメニデスが喝破したように「無から有は生じない」のは世の摂理なのだから、打ち出の小槌なんてこの世には存在しない（経済学では「ノーフリーランチの定理」と呼ばれている）。政府だけがこの真理から自由になれると考えるのは正しくない。

政府が打ち出の小槌を持っておらず、無から有を生み出せないという厳粛な真理を経済学的に翻訳し政府に応用したものが「政府の異時点間の予算制約式」というものだ。ここで言う政府は、一般政府でも、一般政府と中央銀行からなる「統合政府」でも、本質的な違いはない。

財政破綻が予見された時点で、財政は破綻する

問題は、日本財政がこのままの状態を続ければ、いつか財政が危機的な状況に直面することは確実なのだが、誰にもこうした事態がいつ生じるのか、予見できないことにある。なぜなら、ある時点で破綻することが確実に分かっているのならば、それより以前に必ず取り付け騒ぎが発生し、破綻予定時点を待つまでもなく、その予定が示された時点で財政が破綻してしまうからである。

つまり、財政破綻がある時点で起こることが確実に予見できるのであれば、結局、たった今財政

が破綻してしまう。逆に言えば、財政が今現在破綻していないという事実をもって将来も財政が破綻しないのだと、「抜き打ちテストのパラドクス」の生徒たちのように誤解して何らの対応も取らないでいれば、将来痛い目を見るのは確実なのだ。

では、財政が破綻していないのであれば、財政再建は一切必要ないのだろうか。実は、財政が破綻してもしなくても財政再建を実行しなければならないシンプルな理由がある。それは、私たちが作った借金は次世代の選択肢を狭めてしまうからなのだ。

世代会計で見える「ツケの先送り」の実態

前世代に負わされた借金に苦しむ将来世代

今般のコロナ禍への対処のように財政を拡大するのが正当な場面はあるものの、危機が去った後には拡大した財政が空けた穴を何らかの形で埋めておかないと、次の世代の負担が大きく増えてしまう。

次の世代が、公的私的問わず、何らかの支出をしたいと思ったとき、われわれ前の世代によって負わされた借金を返済するのに自分たちのお金を回さなければならないから、自分たちが望む支出を実行できないという意味で次世代の選択肢が制限されてしまうのである。

こうした次世代の選択肢が、政府や政治家、それを支持する民主主義によって、前の世代の選択肢よりどの程度狭められているのかを、金銭的に評価するのが世代会計という手法である。

政府は、われわれ国民や企業から税金や社会保険料を徴収し、場合によっては「借金」することで、様々な行政サービスを提供している。そして行政サービスは、年金や医療等主に社会保障給付

図1-8　世代会計

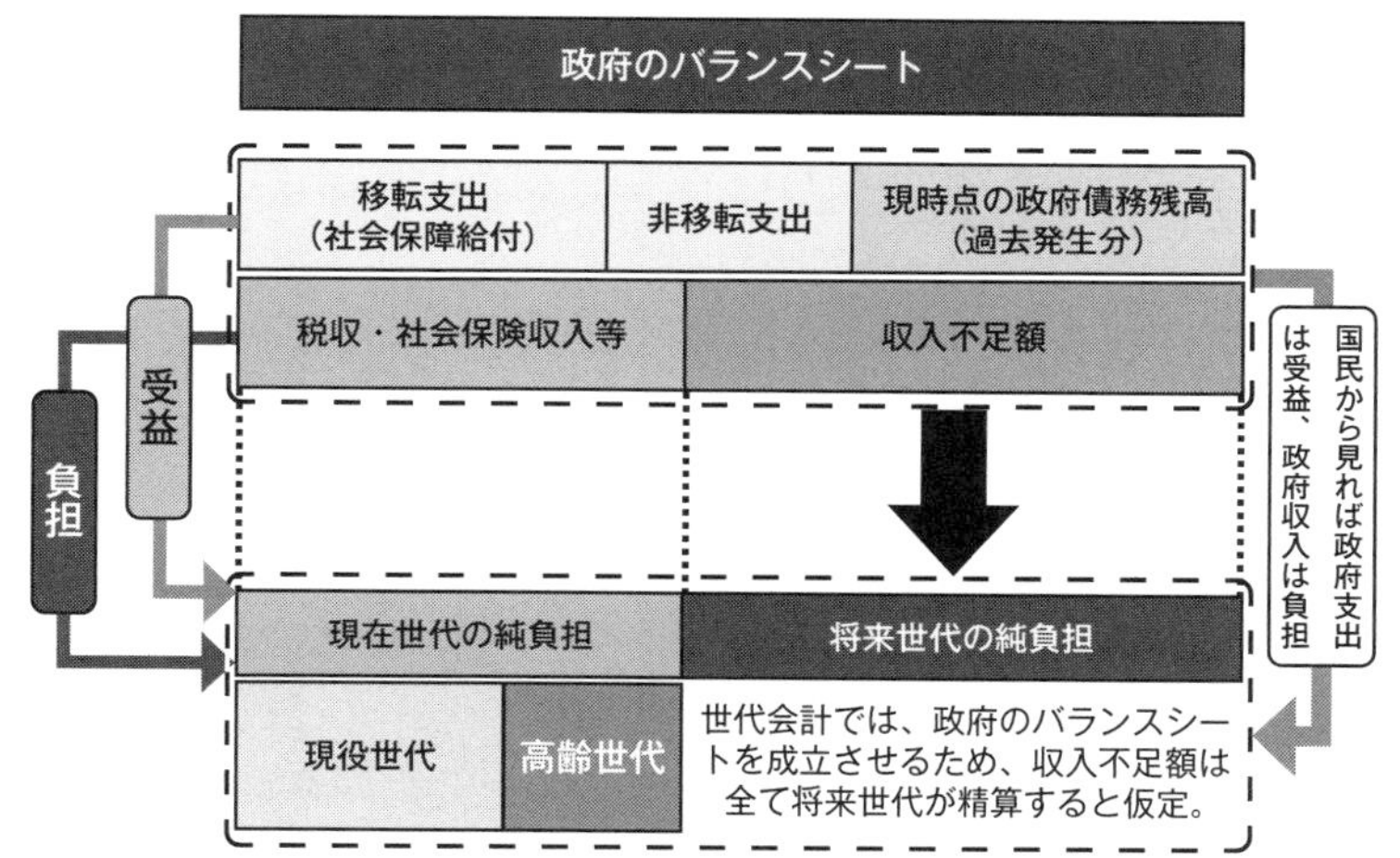

（出所）筆者作成

からなる移転支出と、外交や国防、警察、司法、産業振興等の非移転支出に分けられる。

こうした政府の支出や収入をわれわれ国民の側からの受け払いとして見れば、政府支出はわれわれの受益、政府収入はわれわれの負担となる。

世代会計は、このような政府と国民の間の金銭のやり取りを、国民の側から見て、一定のルールに従って年齢別に割り振り、国民一人当たりの受益・負担として記録したものである。

将来世代が政府収支をバランスさせる

政府の「借金」は、社会資本や将来の税収、信用力を担保に行われる。つまり、将来の税収や信用力を担保にする「借金」はいずれ誰かによって返済されるという保証（安心感）がなければ、政府は今現在「借金」できず、予算が組めなくなる。世代会計では政府の長期的な収支のアンバランスを将来世代が全て解消するものと機械的に仮定している。要するに、仮に政府が清算されるとした場合、清算時点で、政府に債務が残らないように現時点では未出生の将来世代がその債務残高を必ず全額精算することで政府の予算制約式が保証されるものとしている。そして、その必要総清算額である政府の債務残高を将来世代の人口で割った値が将来世代一人当たりの負担額として計上される。さらに、その生涯純負担額を生涯所得で除したものが生涯純負担率となる。したがって、生涯純負担額（率）がプラス＝負担超過、生涯純負担率がマイナス＝受益超過を表す。

コラム1　世代間格差の評価基準

世代間格差を生涯純負担額で評価するか、生涯純負担額を生涯所得で割った生涯純負担率で評価するかについては、実は正解があるわけではない。筆者なりの解釈を示しておくと、生涯純負担額は日本のような税や社会保険料に累進構造がある場合、所得水準が高い世代ほど生涯純負担額は大きくなるため、後に生まれる世代ほど高い成長の恩恵を受ける場合にはもっともらしい。しかし、日本の現状を見ると、必ずしも後に生まれる世代ほど豊かになっている証拠はなく、それどころか貧しくなっている可能性もある。このとき、例えば、20歳世代の生涯純負担額が２０００万円で、60歳世代の生涯純負担額が３０００万円であるからといっても60歳世代の方がより重い負担を負っているかは分からない。なぜなら、生涯所得が60歳世代の方が高かった結果だからかもしれないからである。つまり、20歳世代の生涯所得が1億円、60歳世代のそれが2億円であるとすれば、累進構造を持つ税・社会保障のもとでは、60歳世代の負担額が大きくなるのは当然だからであり、20世代の負担の少なさを批判するのは適切ではないだろう。このとき、問題とすべきは純負担額の大小ではなく、生涯所得に対してどれだけの負担をなしたかである。今の場合、20歳世代は20%、60歳世代は15%の生涯純負担率となり、対生涯所得比で見れば20歳世代の方が重い負担をなしていると評価できる。要するに、世代間格差を、政府を介した世代間の所得再分配の結果生じる他の世代への（ネットで見た）拠出額そのもので評価するのか、それとも負担可能額（所得）に対してどれだけ応分の負担ができているかを（ネットで見た）税率の大小で評価するかの違いだと言える。筆者は個人的には生涯純負担率で評価するのがより実態に則していると考えるが、必ずしもそれが絶対の尺度とはいえないことには留意が必要である。

図1-9　ゼロサムゲームとしての世代会計

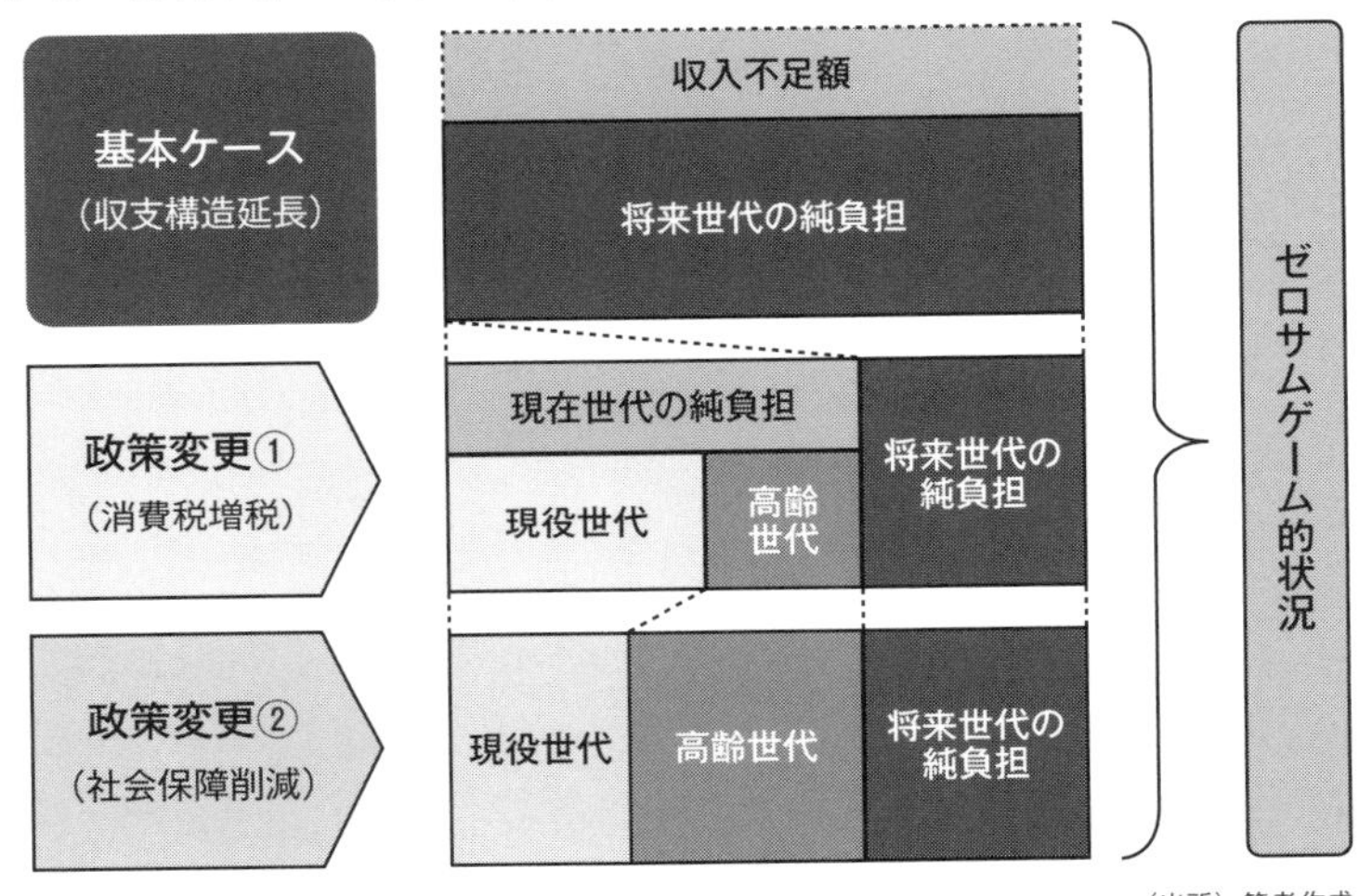

（出所）筆者作成

世代会計のゼロサムゲーム的状況

世代会計では、現在の政府の支出収入構造を延長した場合、仮に政府を清算するという仮想的な状況を考えたとして、その結果生じる債務を全て解消する役割を負わされたのが将来世代であった。

したがって、これまでの財政政策が変更されるなどして増税や歳出削減等が実施されれば、将来世代が清算すべき政府の「借金」は減るが、その減った分だけ現在世代の負担分が増えることになる。このような、政府の「借金」総額を現在世代と将来世代が負担し合っている構造をゼロサムゲーム的状況と呼んでいる。要するに、現在世代の負担分が減れば将来世代の負担分が増え、逆に現在世代の負担分が増えれば将来世代の負担分が減ることになる。同様のゼロサムゲーム的状況は現在世代内、つまり現役世代と引退世代の間でも生じる。

このような状況をまとめたものが図1－9である。

誰が一番損をする？

現状維持か、財政破綻か、財政健全化か

シミュレーションケースについては、表１－２のように設定した。

現状維持ケースは、現状の歳出歳入構造はそのまま維持され、消費税率も10％のままで維持される。

財政破綻ケースは、２０３２年に財政が「破綻」する。財政破綻に伴い、同年時点で存在する政府債務残高は現在世代によって全て清算される。それに加えて、年金、医療、介護、子ども・子育てなどの社会保障給付を一律25％削減する(9)。

財政健全化ケースは、次の３つのケースに場合分けされる。まず、ケース１では、財政破綻の前年である２０３１年に消費税率を現行の10％から10ポイント引き上げて20％にする。これにより、日本の財政破綻確率は13・４％にまで軽減される。次に、ケース２では、同じく財政破綻の前年である２０３１年に消費税率を現行の10％から15ポイント引き上げて25％にする。これにより、日本

表1-2　シミュレーションケース

ケース名		政策内容
現状維持ケース		現状の歳出歳入構造維持。 消費税率は10%。
財政破綻ケース		2032年に財政破綻。 その時点で存在する政府債務を現在世代が全て精算。 社会保障給付27%削減。 消費税率は10%。
財政健全化ケース		歳出削減は行わない。
	ケース1	2031年に消費税率を10%から20%に引き上げ。
	ケース2	2031年に消費税率を10%から25%に引き上げ。
	ケース3	2031年に消費税率を10%から30%に引き上げ。

の財政破綻確率は5・1%にまで軽減され、他のG7諸国平均7・6%より引き下げられる。最後に、ケース3では、同じく2031年に消費税率を現行の10%から20ポイント引き上げて30%にする。日本の財政破綻確率は2・5%となり、財政破綻リスクは大きく軽減される。これにより、イタリアを除く他のG7諸国平均3・3%より小さくなり、ドイツ（1・1%）に次ぐ低さとなる。

（9）2019年度現在の社会保障財源の内訳を見ると、総額132・4兆円のうち公費負担（税・赤字国債による負担）は51・9兆円である。そのうち、社会保障目的税である消費税収は18・4兆円であり、残りの33・4兆円が赤字国債による負担分とみなすことができ、全体の25%を占めている。そこで、財政破綻とともに社会保障への赤字国債負担による公費投入を廃止し、保険料と消費税収の範囲内で財源を調達することにするものと想定した。

なお、財政健全化の各ケースとも、財政健全化は消費増税のみによって行い、歳出削減は一切行わないものと想定している(10)。こうした想定は、例えば、防衛費や次元の異なる少子化対策等追加的な財政需要が生じた場合、他の歳出の削減によるビルドアンドスクラップではなく、増税などの収入増に財源を求めるいまの政府のスタンスを反映している。

(10) 財政健全化の規模を同じくした場合、消費増税、所得増税、社会保障給付削減が各世代の生涯純税負担(率)に与える影響にはほとんど違いは見られない。

現状維持では、年齢が若いほど負担増

試算結果は以下の通りである。

(1) 現状維持ケース

現状維持ケースの生涯純税負担率の試算結果は表1－3の通りである。

試算結果によれば、少子化、高齢化の進行により、若い世代ほど少ない人数で相対的に人数の多い高齢世代の給付を賄う必要があるため、年齢が若くなるほど生涯純税負担率が大きくなっている。例えば、2020年に出生した0歳世代の生涯純税負担率は25・8%であるのに対して、その親に相当する世代である30歳世代では16・7%、さらにその親に相当する世代の60歳世代では12・2%

表1－3　生涯純税負担率の試算結果（現状維持ケース）

年齢	生涯純負担額（万円）	生涯負担（万円）	生涯便益（万円）	生涯純負担率（%）
0	3,737	12,945	9,208	25.8
5	3,515	12,750	9,235	23.3
10	3,579	12,814	9,235	22.8
15	3,208	12,512	9,304	19.7
20	3,263	12,524	9,261	19.3
25	3,389	12,923	9,534	19.5
30	3,001	12,673	9,672	16.7
35	2,956	12,559	9,603	16.0
40	3,000	12,577	9,577	15.5
45	3,333	13,283	9,950	16.7
50	3,288	14,081	10,792	15.3
55	3,238	14,842	11,604	14.1
60	2,976	14,957	11,982	12.2
65	1,644	14,522	12,878	6.5
70	652	14,775	14,123	2.5
75	-671	14,147	14,817	-2.6
80	-2,269	13,694	15,963	-9.2
85	-3,728	12,944	16,673	-16.3
90	-5,517	11,853	17,370	-28.4
将来世代	13,367	－	－	93.0

（出所）筆者試算

に過ぎない（11）。これは、現在の日本の財政・社会保障制度においては、少子化、高齢化が進行する中で、負担が勤労期に集中し、引退期に受益が集中する構造となっていることに原因がある。

2020年時点では未出生の将来世代の生涯純税負担率は93・0％と、生涯を通じて稼得する所得の9割に相当する純負担を生まれる前から背負わされており、現在世代のどの世代よりも重い負担を負う運命にあることになる。これは、現在の政府債務残高や毎年毎年の財政赤字などの解消を全て将来世代に先

（11）厚生労働省「人口動態統計」によると、2020年の第一子出生時の父母の平均年齢はそれぞれ34歳、32歳であり、2020年に30代の者が生まれた時点に近い1990年での第一子平均出産年齢が27歳である。

送りしていることの裏返しである。

つまり、財政が破綻するしないにかかわらず、前の世代から後の世代へのツケの先送りを止めるのためにも、年齢別に歪な受益負担構造や財政赤字依存体質を改善するためにも、財政健全化は実行すべきなのである。

財政破綻すると、社会保障給付も削減

(2) 財政破綻ケース

財政破綻ケースの生涯純税負担率の試算結果は表1－4の通りである。

2031年に51・3%の確率を引いて財政が破綻するとした場合、財政破綻しない現状維持ケースと比べて、財政破綻時に生存している現在世代（2020年現在で0歳から80歳世代まで）の生涯純税負担率は大幅に増加する。例えば、0歳世代では生涯純税負担率が25・8%から50・2%に24・4ポイントと増加幅が大きく、30歳世代は16・7%から33・5%と16・8ポイント増、60歳世代では12・2%から22・2%と10ポイント増にとどまっている。

この理由は、仮定によって、財政破綻により、それまでに積み上がっていた全ての政府債務の解消は、現在世代の均等負担となるものの、同時に、社会保障給付の一律25%削減により、毎年生じていた財政赤字も大幅に削減されるが、財政破綻時点での残りの人生が短い世代の方が、給付削減

表1－4　生涯純税負担率の試算結果（財政破綻ケース）

年齢	生涯純負担額（万円）	生涯負担（万円）	生涯便益（万円）	生涯純負担率（%）
0	7,023	13,799	6,776	50.2
5	6,778	13,604	6,827	46.3
10	6,817	13,668	6,851	44.6
15	6,398	13,366	6,968	40.1
20	6,391	13,378	6,987	38.5
25	6,444	13,777	7,332	37.5
30	5,973	13,528	7,554	33.5
35	5,842	13,413	7,570	31.9
40	5,812	13,431	7,619	30.2
45	6,118	14,137	8,019	30.7
50	6,079	14,935	8,856	28.4
55	5,973	15,696	9,723	26.0
60	5,413	15,811	10,398	22.2
65	3,752	15,376	11,624	14.7
70	2,585	15,629	13,044	10.0
75	1,028	15,001	13,972	4.0
80	-946	14,548	15,494	-3.8
85	-3,728	12,944	16,673	-16.3
90	-5,517	11,853	17,370	-28.4
将来世代	9,132	—	—	61.3

（出所）筆者試算

期間がより短く社会保障給付削減総額が小さくなるので高齢になるほど負担増加幅が小さくなり、逆に、財政破綻時点での残りの人生が長い世代の方が、給付削減期間がより長く社会保障給付削減総額が大きくなるので、年齢が若くなるほど負担増加幅が大きくなるからである。

財政破綻により、これまで将来世代に先送りしていた負担を、現在世代が強制的に負わされることになるので、将来世代に先送りされていた債務は大きく減少する。将来世代の生涯純負担率は93・0％から61・3％へと、マイナス31・7ポイント減の大幅な低下となる。その結果、0歳世代の生涯純税負担率は将来世代のそれを11ポイント（2000万円強）下回ることになり、生涯純税負担率で評価すれば67・2ポイント（4200万円強）もの将来世代に属する資源を現在世代が食いつぶしている現状からはやや改善される(12)。つまり、財政破綻は、現在世代が自らのニーズを満たすために将来世代の資源に手を付けるのを止めさせることで、将来世代がそのニーズを満たす能力を増強させているのに等しい。つまり、前の世代から後の世代へのツケの先送りが強制的に禁止されるに等しい。

（12）財政破綻に伴い経済成長率や利子率、さらには出生率等が想定から乖離する可能性が高いとも考えられるが、どのように乖離するのか予測が困難なこともあり、ここでは便宜的に変化はしないものと想定した。なお、これら変数の下振れは、現在世代、将来世代の生涯純税負担率を悪化させる方向に働くことには留意が必要である。

財政健全化と消費税率の引き上げ幅

（3）財政健全化ケース

財政破綻を避けるべく消費税率を引き上げて財政健全化を実行する場合、現状維持ケースと比べると消費増税による負担増が各世代を直撃するため、現在世代の生涯純税負担率は当然増加するが、その増加幅は消費税率の引き上げ幅によって異なってくる。

将来世代の生涯純税負担率については、世代会計のゼロサムゲーム的な性質から、消費税の引き上げにより現在世代の負担が増すため、軽減されることになる。

表1－5　生涯純税負担率の試算結果（財政健全化ケース1）

年齢	生涯純負担額（万円）	生涯負担（万円）	生涯便益（万円）	生涯純負担率（%）
0	4,797	14,005	9,208	33.7
5	4,538	13,773	9,235	30.5
10	4,637	13,872	9,235	29.9
15	4,157	13,460	9,304	25.7
20	4,184	13,446	9,261	25.0
25	4,299	13,833	9,534	24.8
30	3,755	13,427	9,672	20.9
35	3,581	13,184	9,603	19.5
40	3,450	13,027	9,577	17.8
45	3,720	13,670	9,950	18.6
50	3,642	14,434	10,792	17.0
55	3,578	15,181	11,604	15.6
60	3,227	15,209	11,982	13.2
65	1,783	14,661	12,878	7.0
70	788	14,911	14,123	3.0
75	-593	14,224	14,817	-2.3
80	-2,233	13,730	15,963	-9.0
85	-3,728	12,944	16,673	-16.3
90	-5,517	11,853	17,370	-28.4
将来世代	12,723	－	－	88.2

（出所）筆者試算

①財政健全化ケース1

財政破綻を避けるべく消費税率を20％に引き上げる財政健全化ケース1の生涯純税負担率の試算結果は、表1－5の通りである。0歳世代では生涯純税負担率が25・8％から33・7％と7・9ポイント増、30歳世代は16・7％から20・9％と4・2ポイント増、60歳世代では12・2％から13・2％と1・0ポイント増となる。

②財政健全化ケース2

財政健全化ケース2の生涯純税負担率の試算結果は、表1－6の通りである。0歳世代では生涯純税負担率が25・8％から40・4％と14・6ポイント増、30歳世代は16・7％か

表1－6　生涯純税負担率の試算結果（財政健全化ケース2）

年齢	生涯純負担額（万円）	生涯負担（万円）	生涯便益（万円）	生涯純負担率（%）
0	5,712	14,920	9,208	40.4
5	5,419	14,655	9,235	36.7
10	5,550	14,785	9,235	36.0
15	4,975	14,279	9,304	31.0
20	4,979	14,240	9,261	29.9
25	5,084	14,618	9,534	29.5
30	4,405	14,078	9,672	24.6
35	4,120	13,722	9,603	22.5
40	3,837	13,415	9,577	19.9
45	4,054	14,003	9,950	20.3
50	3,947	14,739	10,792	18.4
55	3,870	15,474	11,604	16.9
60	3,443	15,425	11,982	14.1
65	1,903	14,781	12,878	7.5
70	905	15,028	14,123	3.5
75	-527	14,290	14,817	-2.0
80	-2,202	13,761	15,963	-8.9
85	-3,728	12,944	16,673	-16.3
90	-5,517	11,853	17,370	-28.4
将来世代	12,168	－	－	84.1

（出所）筆者試算

表1－7　生涯純税負担率の試算結果（財政健全化ケース3）

年齢	生涯純負担額（万円）	生涯負担（万円）	生涯便益（万円）	生涯純負担率（%）
0	6,626	15,834	9,208	47.2
5	6,301	15,536	9,235	43.0
10	6,462	15,697	9,235	42.2
15	5,793	15,097	9,304	36.2
20	5,774	15,035	9,261	34.7
25	5,869	15,403	9,534	34.1
30	5,056	14,728	9,672	28.3
35	4,658	14,261	9,603	25.4
40	4,225	13,802	9,577	21.9
45	4,387	14,337	9,950	22.0
50	4,252	15,044	10,792	19.9
55	4,162	15,766	11,604	18.1
60	3,660	15,642	11,982	15.0
65	2,023	14,901	12,878	8.0
70	1,023	15,146	14,123	3.9
75	-461	14,357	14,817	-1.8
80	-2,171	13,792	15,963	-8.8
85	-3,728	12,944	16,673	-16.3
90	-5,517	11,853	17,370	-28.4
将来世代	11,612	－	－	79.9

（出所）筆者試算

ら24・6％と7・9ポイント増、60歳世代では12・2％から14・1％と1・9ポイント増となる。

③財政健全化ケース3

財政健全化ケース3の生涯純税負担率の試算結果は、表1－7の通りである。0歳世代では生涯純税負担率が25・8％から47・2％と21・4ポイント増、30歳世代は16・7％から28・3％と11・6ポイント増、60歳世代では12・2％から15・0％と2・8ポイント増となる。

各ケースとも、より若い世代ほど生涯純負担率の増加幅が大きく、より年長の世代ほど増加幅が小幅にとどまっているのは、消費増税による負担増加額は、消費増税時点での残りの人生の長さ、つまり残りの消費期間の長さに比例するため、高齢になるほど負担増加総額は小さくなるからである。

しばしば、消費税率は「現役世代など特定の世代に負担が偏らず、国民全体で広く負担を分かち合うことができる税」とされるが、各人の人生の途中で消費税率が変更される場合は、残りの人生が長い世代ほど消費税負担期間が長くそれ故負担増加総額が大きくなるため、必ずしも世代間で見て公平な負担とはならない。

つまり、消費増税の場合若者世代は、前の世代がこしらえた「借金」を自分たちが返済しなければばならないという貧乏くじを引かされることになる。

財政健全化を拒否する心理

前節の試算結果からは、政策変更時点では死亡している世代（85歳以上の世代）を除いて、財政破綻ケース＞財政健全化ケース1・2・3＞現状維持ケースの順で、生涯純税負担率が大きくなっている（負担が重い）ことから、明らかに財政破綻による負担増の方が、財政破綻に至る前に財政健全化に着手することで生じる負担増よりも大きいことが分かる。逆に言えば、財政健全化の利益は財政破綻の不利益をはるかに上回る。したがって、国民の多くは財政健全化を指向するはずである。しかし、現実には、国民の多くは更なる財政健全化を望んではいない。これはなぜか。

私たちの多くは、財政破綻確率を客観的に定量的に認識できるわけではない。つまり、財政健全化を行わなくとも、現在の財政を取り巻く環境や残りの人生の長さなどから判断して、高い確率で逃げ切れると考えている（逃げ切り仮説）、また、財政が破綻した場合、どの程度の処理コストがかかり、それが自分にとってどのように降りかかってくるのか、皆目見当もつかないので、そもそも利害計算ができないからではないか（コスト計算不能仮説）などの仮説が考えられる。

さらに、行動経済学の「プロスペクト理論」を使えば、財政再建が忌避される理由がとても明快になる。プロスペクト理論によれば、私たちは、「参照点」（＝現在）を境に、利益を得るときはより確実性を好み、不利益を被るときには、損失を確定させるよりも状況が改善する可能性に賭けるという。つまり、利益を前にすると私たちはリスク回避的にふるまうのに対して、損失を前にするとリスク愛好的にふるまう。

例えば、あなたが株式投資を行っているとして、その株を買った時より値上がりしているならば、さらなる値上がりを期待して株を持ち続けるのではなく早々に利益を確定するために売却するのに対して、株が値下がりしているときは、売却して損失を確定するより、株価が回復する可能性に賭けて損切りをしないということになる。

プロスペクト理論を応用すれば、財政赤字ファイナンスに支えられた財政状況、つまり、負担が小さく受益が大きい状況を出発点（「参照点」）とし、昨今の財政状況に鑑みれば財政再建は必要なのは認識しつつも、増税や歳出カットは私たちにとっては「損失」なので、経済が好転する可能性に賭けて現状維持を選択してしまうということになる。こうした解釈は、増税に反対する人たちが使う「いずれ増税が必要だとしてもそれは今ではない」という発言から説得力を得る。

このように、財政破綻に関して、その発生確率とその処理コストをわれわれ国民が明示的に定量的に認識できていない結果、財政破綻や財政健全化に伴う追加負担を負うことなく「逃げ切れる」現状維持ケースを「参照点」として、財政が破綻しないように事前に消費税を引き上げたり、歳出削減を行うことで財政再建を実行する財政健全化ケースによる「損失」を比較することで、財政健全化に伴う「損失」を確定するのではなく、経済が好転し財政再建が達成される「ギャンブル」を選択しているものと考えられる。

このように、財政破綻確率と財政破綻処理コストを意識せず、消費税率を現行の10％のまま据え置くベースケースと消費税率を20％から30％に引き上げる財政健全化ケースを比べれば、当然、財政健全化を拒否するのが「合理的」となる。

財政破綻から「逃げ切れる」確率は49％弱

しかし、本章の試算によれば、現状の歳出歳入構造を続けるならば、今後10年の間に51・3％の確率で財政は破綻することになるため、何らの追加的な負担を一切負わずに逃げ切れる確率は48・7％でしかなく、100％逃げ切れるわけではまったくない。つまり、財政健全化を拒否して現状維持を望む国民は、まるで勝つ確率が49％もないギャンブルに興じているのに等しい。

このように、「逃げ切れる世界」と「逃げ切りに失敗した世界」のどちらの世界が今後実現するか分からないにもかかわらず、財政健全化を選択しない状況を、本章では、あたかも国民がギャンブルにでも興じているかのようだとの意味を込めてギャンブル財政と呼ぶことにする。

不確実性の下での意思決定

実は、「逃げ切れる世界」と「逃げ切りに失敗した世界」のどちらが実現するか分からない状況下では、これまで見てきたような、「逃げ切れる世界」「逃げ切りに失敗した世界」というどちらかの世界が100％確実に実現する世界で通用した確実性下の意思決定理論は役に立たない。例えば、晴れの確率が100％であれば外出の際に傘を持っていく必要はないだろうが、雨の確率が30％、50％、70％であればどうだろうか？　このように、どの状態が実現するのか確率的にしか分からない世界では、それぞれ世界の発生確率と結果として生じる状態を考慮する「不確実性下での意思決定理論」が必要となる。

不確実性下での意思決定理論に従えば、財政が現状維持のままでの各世代の生涯純税負担率を正当に評価しようと思えば、財政が破綻しない場合に実現する生涯純税負担率にその発生確率をかけ合わせたものと、財政が破綻した場合に実現する生涯純税負担率にその発生確率をかけ合わせたものによって合成される期待生涯純税負担率を参照値としなければならない(13)。つまり、ギャンブル財政のもとでの期待生涯純税負担率を出発点とし、財政健全化を実施した場合の期待生涯純税負担率との比較において、財政政策の変化のコスト負担の大小を評価すべきなのである(14)。

具体的には、現状維持ケースと財政破綻ケースの生涯純税負担率を各々の発生確率でリンクしたギャンブル財政ケースの期待生涯純税負担率をベースラインとし、健全財政ケース1は、財政健全化ケース1（消費税率20％）と財政破綻ケースを各々の発生確率でリンク、健全財政ケース2は、財政健全化ケース2（消費税率25％）と財政破綻ケースを各々の発生確率でリンク、健全財政ケース3は、財政健全化ケース3（消費税率30％）と財政破綻ケースを各々の発生確率でリンクした期待生涯純税負担率を用いる。

（13）今、財政破綻しない確率をP1、財政破綻する確率をP2、あるケースの第i世代の生涯純税負担率GAi（ケース名）とすると、このとき、ギャンブル財政をする場合の第i世代の期待生涯純税負担率EiはEi＝P1×GAi（ベースケース）＋P2×GAi（財政破綻ケース）と表すことができる。財政健全化を実行することによって実現される財政破綻確率をP3、財政健全化を実行しても破綻する確率をP4とすると、このときの第i世代の期待生涯純税負担率FiはFi＝P3×GAi（財政健全化ケース）＋P4×GAi（財政破綻ケース）と表すことができる。また、当然、P1＋P2＝1、P3＋P4＝1である。なお、数学的には期待値（確率を考慮した加重平均値）と同じである。

（14）理論的には、われわれのリスクに対する選好（危険愛好的、危険回避的、危険中立的）にも依存する。

「ギャンブル財政」と財政健全化

①ギャンブル財政ケース1

ギャンブル財政ケースと健全財政ケース1とを比較した表1-8によれば、現在世代では全ての世代で、消費税率を20％に引き上げて財政を健全化する方がギャンブル財政を続けるよりも期待生涯純税負担率が低くなっている。つまり、われわれが損得計算を財政破綻率を正確に把握したうえで合理的に行うことができるとすれば、健全財政を選んだ方が「得」であり、現在世代は全ての世代で財政健全化を選択することが分かる(15)。

(15) ただし、将来世代に関しては、財政破綻に伴い、(将来世代から見れば) われわれ先人たちが自ら受益を得るために残した政府債務解消の抜本的な政策が取られなくなることもあり、期待生涯純税負担率は増加する。財政健全化を選択することでギャンブル財政に比べて将来世代の期待生涯純税負担率が上昇することは、全ての財政健全化ケースに共通する。

②健全財政ケース2

ギャンブル財政ケースと健全財政ケース2とを比較した表1-9によれば、30歳以上の世代にとっては、ギャンブル財政を続けるよりは堅実に財政健全化路線を選択した方が期待生涯純税負担率が小さくなるため「得」になる。

一方、25歳以下の若い世代では、財政健全化を実行した場合の方がギャンブル財政を選択するよりも期待生涯純税負担率が大きくなるので、財政健全化は「損」であり、したがって、財政健全化を拒否しギャンブル財政を選択し続けるのが合理的となる。

政ケース1		(3)(=(2)−(1))乖離幅			
生涯便益(万円)	生涯純負担率(%)	生涯純負担額(万円)	生涯負担(万円)	生涯便益(万円)	生涯純負担率(%)
8,881	35.9	-326	594	921	-2.4
8,912	32.6	-350	562	912	-2.5
8,914	31.9	-310	593	903	-2.1
8,990	27.7	-386	498	884	-2.5
8,956	26.8	-386	474	861	-2.4
9,238	26.5	-369	465	834	-2.2
9,387	22.6	-472	329	802	-2.7
9,330	21.2	-552	218	769	-3.0
9,314	19.5	-675	66	741	-3.5
9,690	20.3	-719	12	731	-3.6
10,532	18.5	-751	-17	733	-3.5
11,351	17.0	-742	-30	712	-3.2
11,769	14.4	-705	-106	600	-2.9
12,709	8.0	-678	-203	475	-2.7
13,978	4.0	-614	-205	409	-2.4
14,704	-1.4	-577	-257	320	-2.2
15,900	-8.3	-470	-292	177	-1.9
16,673	-16.3	0	0	0	0.0
17,370	-28.4	0	0	0	0.0
—	84.6	1,046	—	—	7.8

(出所)筆者試算

表1－8　ギャンブル財政ケースと健全財政ケース１の期待生涯純税負担率の比較（万円）

	（1）ギャンブル財政ケース				（2）健全財	
	生涯純負担額（万円）	生涯負担（万円）	生涯便益（万円）	生涯純負担率（%）	生涯純負担額（万円）	生涯負担（万円）
0	5,423	13,383	7,960.6	38.3	5,097	13,978
5	5,189	13,189	7,999.7	35.1	4,839	13,750
10	5,240	13,252	8,011.9	34.0	4,930	13,845
15	4,844	12,950	8,105.4	30.1	4,458	13,448
20	4,867	12,962	8,094.8	29.2	4,481	13,437
25	4,956	13,361	8,404.3	28.7	4,587	13,825
30	4,526	13,112	8,585.7	25.3	4,053	13,441
35	4,437	12,997	8,560.1	24.2	3,885	13,215
40	4,443	13,015	8,572.7	23.0	3,767	13,081
45	4,762	13,721	8,959.1	23.9	4,042	13,733
50	4,720	14,519	9,798.8	22.0	3,970	14,502
55	4,642	15,280	10,638.7	20.2	3,900	15,250
60	4,226	15,395	11,169.3	17.3	3,521	15,290
65	2,725	14,960	12,234.3	10.7	2,048	14,757
70	1,643	15,213	13,569.3	6.3	1,029	15,007
75	201	14,585	14,383.8	0.8	-375	14,328
80	-1,590	14,132	15,722.5	-6.4	-2,060	13,840
85	-3,728	12,944	16,672.5	-16.3	-3,728	12,944
90	-5,517	11,853	17,369.8	-28.4	-5,517	11,853
将来世代	11,195	—	—	76.8	12,240	—

政ケース２		（3）（＝（2）－（1））乖離幅			
生涯便益（万円）	生涯純負担率（%）	生涯純負担額（万円）	生涯負担（万円）	生涯便益（万円）	生涯純負担率（%）
9,083	40.9	356	1,479	1,123	2.6
9,112	37.2	300	1,412	1,112	2.1
9,113	36.5	375	1,475	1,101	2.5
9,184	31.4	203	1,282	1,079	1.3
9,145	30.3	184	1,234	1,050	1.1
9,421	29.9	197	1,214	1,017	1.2
9,563	25.1	-40	938	978	-0.2
9,498	22.9	-229	710	938	-1.3
9,477	20.4	-504	400	904	-2.6
9,851	20.9	-602	289	891	-3.0
10,693	18.9	-664	230	894	-3.1
11,507	17.3	-664	205	868	-2.9
11,900	14.5	-682	49	731	-2.8
12,813	7.9	-727	-149	579	-2.9
14,068	3.8	-652	-154	498	-2.5
14,774	-1.7	-648	-258	390	-2.5
15,939	-8.6	-547	-331	216	-2.2
16,673	-16.3	0	0	0	0.0
17,370	-28.4	0	0	0	0.0
—	82.9	817	—	—	6.1

（出所）筆者試算

表1－９　ギャンブル財政ケースと健全財政ケース２の期待生涯純税負担率の比較（万円）

	（1）ギャンブル財政ケース				（2）健全財	
	生涯純負担額（万円）	生涯負担（万円）	生涯便益（万円）	生涯純負担率（%）	生涯純負担額（万円）	生涯負担（万円）
0	5,423	13,383	7,961	38.3	5,779	14,862
5	5,189	13,189	8,000	35.1	5,489	14,601
10	5,240	13,252	8,012	34.0	5,615	14,727
15	4,844	12,950	8,105	30.1	5,048	14,232
20	4,867	12,962	8,095	29.2	5,051	14,196
25	4,956	13,361	8,404	28.7	5,154	14,575
30	4,526	13,112	8,586	25.3	4,486	14,049
35	4,437	12,997	8,560	24.2	4,208	13,707
40	4,443	13,015	8,573	23.0	3,939	13,415
45	4,762	13,721	8,959	23.9	4,160	14,010
50	4,720	14,519	9,799	22.0	4,056	14,749
55	4,642	15,280	10,639	20.2	3,978	15,485
60	4,226	15,395	11,169	17.3	3,544	15,445
65	2,725	14,960	12,234	10.7	1,998	14,811
70	1,643	15,213	13,569	6.3	992	15,059
75	201	14,585	14,384	0.8	-447	14,327
80	-1,590	14,132	15,722	-6.4	-2,137	13,802
85	-3,728	12,944	16,673	-16.3	-3,728	12,944
90	-5,517	11,853	17,370	-28.4	-5,517	11,853
将来世代	11,195	—	—	76.8	12,012	—

（3）健全財政ケース3

ギャンブル財政ケース3と健全財政ケース3とを比較した表1－10によれば、40歳世代以上の年長の世代にとっては、ギャンブル財政を続けるよりは堅実に財政健全化路線を選択した方が、期待生涯純税負担率が軽くなるため「得」になる。

一方、35歳世代以下の若い世代では、財政健全化を実行した場合の方がギャンブル財政を選択するよりも期待生涯純税負担率が大きくなるので、財政健全化は「損」であり、したがって、財政健全化を拒否しギャンブル財政を選択し続けるのが合理的となる。

このように、より年長の世代（30歳世代以上（健全財政ケース2）、40歳世代以上（健全財政ケース3））は、消費税率の引き上げ幅にかかわらず常に財政健全化を選択し、より若い世代に多くの負担を負わせるインセンティブを持つのに対して、若い世代（25歳世代以下（健全財政ケース2）、35歳世代以下（健全財政ケース3））は、ギャンブル財政に賭けるインセンティブを持つ場合もあることが明らかになった。つまり、当該世代にとっては、高齢期に手厚い社会保障給付を今削減する方が年長世代により多くの負担を負わせることができるので、財政破綻によって社会保障給付の削減にまで踏み込んだ改革を実行せざるを得なくなるギャンブル財政の方を選択し続けた方が合理的ということが分かった。これは「グレートリセット願望」が若い世代ほど根強いのと整合的である。

世代会計では、財政の持続可能性を維持するための負担の在り方に関する仮定のもと、各世代は、ゼロサムゲームをプレイすることになる。つまり、各世代にとって望ましい政策というのは、他の世代により多くの負担を押し付けることができる政策（反対に言えば、自分の負担が可能な限り小さくなる政策）ということになる。

財政健全化で緊急時への備えを万全に

世代会計の試算結果からは、年齢が若い世代ほどより重い純負担を負っていることが明らかになった。若年世代では、政府を介した世代間所得再分配によって年長世代への拠出分が多くなり、その結果、自分たちが自由に使えるお金が減ってしまって、選択肢が限定されてしまっている。

しかも、財政破綻は現在の延長線上に必ずしも生じるものではない。首都直下地震などの自然災害や戦争をきっかけとして非連続的に突発的に生じるかもしれないのである。

例えば、ロシアによるウクライナ侵略の戦費については、欧州の調査研究機関などによれば、人的被害の影響などを含めた1日当たりのコストが2兆5000億円ほど（200億ドル、機械的に計算すれば1カ月当たり75兆円の戦費負担となるとの試算を行っている。もちろん、侵略戦争と防衛戦争とを同列に論じることはできないが、財政への負担は膨大になることは明らかである。

政ケース3		(3)（=(2)−(1)）乖離幅			
生涯便益（万円）	生涯純負担率（%）	生涯純負担額（万円）	生涯負担（万円）	生涯便益（万円）	生涯純負担率（%）
9,148	47.3	1,213	2,400	1,188	9.0
9,176	43.0	1,124	2,300	1,176	7.9
9,176	42.2	1,231	2,395	1,164	8.3
9,246	36.3	963	2,104	1,141	6.2
9,205	34.8	922	2,032	1,111	5.7
9,480	34.2	927	2,002	1,075	5.5
9,620	28.4	552	1,586	1,034	3.1
9,553	25.6	251	1,243	993	1.4
9,529	22.1	-178	778	956	-0.9
9,902	22.2	-332	611	943	-1.7
10,745	20.1	-424	522	946	-2.0
11,557	18.3	-435	484	919	-1.9
11,943	15.2	-523	250	773	-2.1
12,847	8.1	-660	-47	612	-2.6
14,096	4.1	-582	-55	527	-2.2
14,796	-1.6	-625	-212	413	-2.4
15,951	-8.6	-550	-321	229	-2.2
16,673	-16.3	0	0	0	0.0
17,370	-28.4	0	0	0	0.0
—	79.4	356	—	—	2.7

（出所）筆者試算

表1－10　ギャンブル財政ケースと健全財政ケース３の期待生涯純税負担率の比較（万円）

	（1）ギャンブル財政ケース				（2）健全財	
	生涯純負担額（万円）	生涯負担（万円）	生涯便益（万円）	生涯純負担率（%）	生涯純負担額（万円）	生涯負担（万円）
0	5,423	13,383	7,961	38.3	6,635	15,784
5	5,189	13,189	8,000	35.1	6,313	15,489
10	5,240	13,252	8,012	34.0	6,471	15,647
15	4,844	12,950	8,105	30.1	5,808	15,054
20	4,867	12,962	8,095	29.2	5,789	14,994
25	4,956	13,361	8,404	28.7	5,883	15,362
30	4,526	13,112	8,586	25.3	5,078	14,698
35	4,437	12,997	8,560	24.2	4,688	14,240
40	4,443	13,015	8,573	23.0	4,264	13,793
45	4,762	13,721	8,959	23.9	4,430	14,332
50	4,720	14,519	9,799	22.0	4,297	15,041
55	4,642	15,280	10,639	20.2	4,207	15,764
60	4,226	15,395	11,169	17.3	3,703	15,646
65	2,725	14,960	12,234	10.7	2,066	14,912
70	1,643	15,213	13,569	6.3	1,061	15,158
75	201	14,585	14,384	0.8	-424	14,373
80	-1,590	14,132	15,722	-6.4	-2,140	13,811
85	-3,728	12,944	16,673	-16.3	-3,728	12,944
90	-5,517	11,853	17,370	-28.4	-5,517	11,853
将来世代	11,195	—	—	76.8	11,551	—

また、首都直下地震による経済被害は直接・間接合わせて112兆円と推計されており、復興費用はほぼ同じ規模の資金が必要となるだろう。

仮に、こうした費用を国債発行で賄おうとすれば、2023年現在新規国債と借換債など合わせて総額205兆円超の国債をすでに発行している中、さらに100兆円ほどの国債を追加発行し、それを全て市中消化するのは極めて困難であるのは自明だ。だからといって、現在のように日本銀行に引き受けてもらうならば、防衛戦争や復興に資源を割かなければならず、少子化、高齢化も相まって生産余力が限られる中、インフレ圧力がかつてないほど高まり、国民生活は極めて厳しいものとなるだろう。一方、資金調達を海外に頼るとなれば、現在の財政状況に鑑みれば、当然、海外投資家からは高金利を要求され、財政をさらに悪化させるリスクが高い。

要するに、平時から財政状況を健全化しておくことで、緊急時への備えを万全にすることは、国民生活の側面からも国防上の側面からも非常に重要だ。今、問題ないからといって、将来も問題ないとはならない。

このように、日本財政が破綻するしないにかかわらず、国民の安全を保障するためにも、世界で最も深刻な日本の世代間格差を是正するためにも、財政再建は実行されなければならないのだ。

次章では、「財政破綻」とはどういう状態なのか、それが一体私たちの生活にどのような影響を与えるのかについて検討する。

第2章

財政破綻は国民生活の破綻

「財政破綻」4つの状況

「財政破綻」の定義は難しい

2020年から続く新型コロナウイルス禍に対処するため前例のない規模での経済対策が打ち出された。その結果、財務省推計によれば、2023年度では国と地方合わせた長期債務残高対名目GDP比は224％（当初予算）に達する見込みとなるなど、財政状況は極度に悪化し、「財政破綻」が懸念されている。

しかし、2022年7月10日に行われた第26回参議院議員通常選挙に際して有権者が重視する政策で見ても、各政党の公約で見ても、財政再建の優先順位は低位であった。そもそも、財政再建が必要だと感じている国民の間でも、増税や歳出削減など痛みを伴う改革をできるだけ回避したい、もしくは回避できるとの考えもある。そして、国民が先進国でも最悪水準の財政状況を前にしても、財政再建に熱心ではない最大の要因は、「財政破綻」とはどういう状況なのか経済学者の間でも国民の間でも一致した見解がないこと、そして「財政破綻」によって何が起きるのか国民が実感できないことにある。

そもそも、「財政破綻」とはどういう状況なのか、統一的な理解を得るのはとても困難な状況にある。一般的に、「財政破綻」を実生活に落とし込んで考えてみると、次の4つの状況が想起されることが多い。

「債務残高の発散」――「借金」がどれぐらいになったら「破綻」なのか

一つは、債務残高を基にした考え方である。確かに、債務残高は、一般の家庭との対比で考えればとても分かりやすく、説得力もある。

しかし、一般的に、借金が増え続けるにしても、それが返済可能であれば問題とはならない。政府の借金はいずれ税収によって返済されなければならないが、税収は経済力、つまりGDPに依存する。そこで、現在の政府債務残高が「国内総生産（GDP）の何倍になっている」「1年分の税収の何倍だから税金では返しきれない」という目安で判断するのである。こうした指標は、一国経済における政府債務の許容額を示すもので非常に分かりやすいものの、それが何倍だったら「破綻」なのかということに関しては、明確な経済学的根拠は存在しない。

2023年度の現時点で、債務残高は1279兆円とGDPの2倍以上に到達し、税収69兆円を全額充当したとしても18年かからなければ返済できない状態となっているが、「財政破綻」はして

図2-1　ドーマーの条件

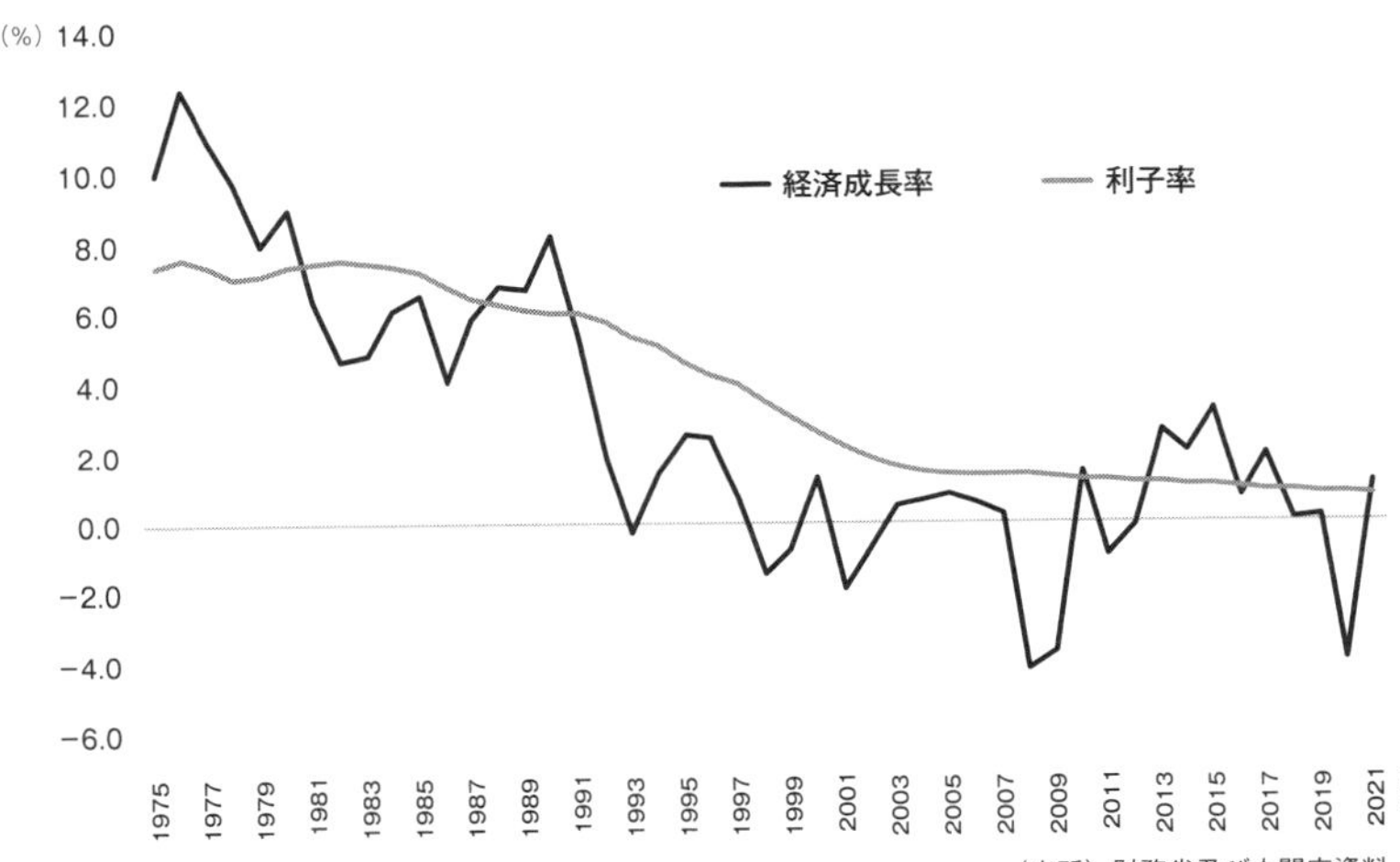

(出所) 財務省及び内閣府資料

いない。

経済学的に問題なのはあくまでも水準ではなく、政府債務残高が経済規模より大きなスピードで増加するか否かであって、「政府債務残高対GDP比率が発散パスにある(上昇を続けている)」ならば、財政はいずれ「破綻」する。

政府債務残高が経済規模より早く成長しているか否かについては、利子率と経済成長率を比較することで検証可能だ。つまり、経済成長率が利子率を上回っていれば、財政赤字が続いているとしても、政府債務残高は発散せず、「財政破綻」はとりあえず心配する必要がない(16)。問題は、経済成長率が利子率を常に上回る保証がないことだ。実際、1975年度以降の経済成長率と利子率の関係を見ると、経済成長率が利子率を上回ったのは47期間中15期間に過ぎず、ドーマーの条件は満たされることの方が少ない(17)。

ただし、日本銀行がさらなる金融緩和を実行して利子率をゼロに限りなく近付けるならば、経済成長がマイナスに陥らない限り、ドーマーの条件は満たされることになるので、日本銀行がどのような行動を取るかが「財政破綻」を避ける上では重要になってくる。

---

(16)ドーマーの条件という。Domar, E.D. 1944. The Burden of Debt and the National Income. American Economic Review,34(4):798-827.

(17)なお、ドーマーの条件が満たされない場合(利子率が経済成長率を上回る場合)に「財政破綻」を避けるためには、利子率と成長率の差に応じた一定の基礎的財政収支黒字が必要となる。つまり、現在の政府債務残高を将来のプライマリーバランスの黒字で返済していくイメージだ。このように、ドーマーの条件が成り立たない世界では、「財政破綻」を回避するには基礎的財政収支が重要な指標となる。ちなみに、政府債務残高比率を現状の水準で固定するには基礎的財政収支黒字2・25%必要となる。これを実現するには、基礎的財政収支の改善幅は名目GDP比で5・6ポイント必要で金額に換算すると26兆円弱、消費税に換算すると12%に相当と、かなり思い切った財政再建が必要になる。

コラム2　ドーマーの命題

アメリカの経済学者ドーマーは、「名目GDP成長率がプラスの一定値のとき、財政赤字を出し続けても、財政赤字対名目GDP比率が一定の値であるならば、債務残高対名目GDP比率は一定値に収束する」ので、財政は持続可能であることを示した。これをドーマーの命題という。

ドーマーの命題によれば、最終的な政府債務残高対名目GDP比率の水準は、初期時点の政府債務残高対名目GDP比率には依存せず、財政赤字対名目GDP比率と名目経済成長率の値のみで決まる。

例えば、内閣府「中長期の経済財政に関する試算」における現実的な見通しによれば、中期的な財政赤字対名目GDP比率、名目経済成長率はそれぞれ1・8%、0・5%であるので、最終的な政府債務残高対名目GDP比率は360%となる。

また、ドーマーの命題によれば、最終的な政府債務残高対名目GDP比率は、利子率には依存しないものの、財政赤字対名目GDP比率が1・8%でとどまっている限り、現在の224%から次第に上昇しながら、高い水準で安定する。しかし、プライマリーバランスで見ると、厳しい財政運営を強いられている可能性が高い。例えば、名目利子率が内閣府の試算では0・9%なので、このときの利払い費対名目GDP比率は3・2%となり、財政赤字対名目GDP比率を1・6%にとどめておくには、プライマリーバランスは1・6%の黒字であり続けることが要求される。内閣府の試算によれば2023年度のプライマリーバランスは4・0%の赤字なので、7ポイント超の改善を要請される。

つまり、ドーマーの命題からは、最終的な政府債務残高対名目GDP比率が一定の値に収束するとしても、楽観的な財政運営が保証されるわけではないことに注意が必要となる。もし、プライマリーバランスを黒字化できなければ、債務残高は発散するため、財政は「破綻」するからだ。

「債務超過状態」――政府に信用があれば直ちに破綻するわけではない

二つは、政府が債務超過になった場合を「財政破綻」とする見方である。

しかし、もし政府部門のバランスシートが債務超過になり、正味資産がマイナスになったとしても、「将来の税収」や「対外資産の売却」などなんらかの返済手段が存在し、政府に信用がある場合には直ちに破綻するわけではない。

国のバランスシートを見ると、国（一般会計及び特別会計）単体で見ても、「国の業務と関連する事務・事業を行っている特殊法人等」を含めても、それぞれ655・2兆円、540・3兆円とほぼGDPに匹敵する金額の債務超過となっているものの、実際には「破綻」していない(18)。

しかも、政府と日本銀行を統合することで、国債を借金として抱える政府と国債を資産として保

表2-1　令和２年度現在の国のバランスシート（兆円）

	国の財務書類	連結財務書類	差 額
＜資産の部＞			
現金・預金	69.5	166.3	96.8
有価証券	119.7	440.2	320.5
たな卸資産	4.1	5.0	0.9
未収金等	12.7	15.1	2.4
貸付金	120.1	166.3	46.2
運用寄託金	112.6	-	▲ 112.6
貸倒引当金等	▲ 1.6	▲ 3.7	▲ 2.0
有形固定資産	191.3	280.2	89.0
無形固定資産	0.4	1.4	1.0
出資金	83.4	19.3	▲ 64.1
支払承諾見返等	-	2.4	2.4
その他の資産	8.8	28.4	19.6
資産合計	720.8	1,121.0	400.2

	国の財務書類	連結財務書類	差 額
＜負債の部＞			
未払金等	12.1	15.8	3.7
政府短期証券	92.8	92.8	-
公債	1,083.9	986.9	▲ 97.0
独立行政法人等債券	-	57.6	57.6
借入金	32.9	40.4	7.5
預託金	7.1	2.2	▲ 4.8
郵便貯金	-	187.9	187.9
責任準備金	9.5	90.0	80.5
公的年金預り金	121.8	126.0	4.2
退職給付引当金等	6.1	10.9	4.8
支払承諾等	-	2.4	2.4
その他の負債	9.8	48.3	38.4
負債合計	1,376.0	1,661.2	285.3
＜資産・負債差額の部＞			
資産・負債差額	▲ 655.2	▲ 540.3	114.9
負債及び資産・負債差額合計	720.8	1,121.0	400.2

（出所）財務省「令和２年度国の財務書類」

有する日本銀行がお互いの国債をキャンセルアウトすれば、国の負債の大部分を占める国債が消えてなくなるので国のバランスシートが著しく改善されるとの見方もある（19）。

（18）令和2年度の連結対象法人は201法人となっており、代表的な連結対象法人としては、日本郵政（株）、年金積立金管理運用（独）、（独）日本高速道路保有・債務返済機構、（独）住宅金融支援機構、（株）日本政策金融公庫、（株）国際協力銀行、（株）日本政策投資銀行、全国健康保険協会などがある。なお、日本銀行については、国の監督権限が限定されていること、政府出資額は僅少であり、補助金等も一切支出していないことから、連結対象とはされていない。

（19）ただし、実際には、日本銀行が資産として保有する国債の反対側で日本銀行は日銀当座預金という負債を抱えている。統合政府から国債が消えても日銀当座預金という負債が残ること、そして現在日銀当座預金には付利されているため、日銀当座預金への利子を廃止しない限り、統合政府のバランスシートは改善しないという指摘もある。

「利払いの停止」——利払いも含めて借金すればよい？

三つは、利払いを今年の税収で支払えず、「借金」で工面するようになったら「財政破綻」という考え方である。つまり、政府に、利払いに充当できるキャッシュフローがあるうちは、どんなに債務残高が高くても問題はないという考え方である。普通の企業で言えば、1年間の収入で利払いができないと、銀行取引停止処分になり、事業継続が極めて困難になる。こうした状態が「財政破綻」ではないかというものだが、「利払いも含めて借金すればいい」との反論に対しては、返答に窮してしまう。

「国債の市中消化不能」——誰も日本政府が発行する国債を購入しない

四つは、「新たに発行する国債を市中で消化できない」、つまり、誰も日本政府が発行する国債を購入しようとはしない状態である。何らかの原因で国の信用力が暴落して、国債の買い手が市場からいなくなってしまう状況であり、日本財政の重大な行き詰まりを示す現象と言える。

今日の財政運営では、歳入不足を賄うための新規国債発行だけではなく、過去に発行した国債の満期返済資金をさらに国債発行で調達する「借り換え」も恒常化している(20)。こうした借り換えが滞ると、国債の償還を現金で行うことができなくなり債務不履行となる。当然、新規国債発行も困難となり、財源不足に陥ってしまい、財政運営は混迷を極めることとなる。

しかし、この場合にも「新発債や借換債が市中で売れなくなったのならば、日銀が直接引き受ければよい」という反論が予想される。


このように、公債発行機関としての政府の行き詰まりだけで「財政破綻」を定義しようとしても、万人の納得を得るのは非常に難しい。なぜなら、「政府の銀行」でもある日本銀行が政府に必要な資金を供給すれば、政府は、形式上、存続し続けられるからだ。つまり、「財政破綻」を考えるならば、政府だけでなく日本銀行の動向についても考えなければならないのだ。


今、信用力を債務返済の確実性と定義すれば、一国経済の中でもっとも信用力のある経済主体は国（及び中央銀行）であり、順に地方政府、民間企業、個人となる。国の信用力が一番高く位置付けられるのは、国が徴税権と通貨発行権を持っているからに他ならない。

ただし、債務の返済のため、通貨を増発する事態に陥れば、やがてインフレが生じる。

第二次世界大戦直後の混乱期においても、政府は日本銀行による国債の日銀引き受けにより政府機能を維持することができた。

だが、その副作用として生じたのは、１９３４～３６年を基準とすれば１９４９年までに、卸売物価指数では208・8倍、小売物価指数では243・3倍というハイパーインフレであり、国民生活の破綻であった。

(20) 2023年度(当初予算)では国債発行予定総額205兆円のうち借換債は158兆円弱となっている。

ハイパーインフレと経済破綻のメカニズム

真の問題は財政危機が引き起こす「経済破綻」

「財政破綻」がどのように定義されるかは、言うならば専門家内での一種の「言葉遊び」に過ぎず、国民から見れば定義の違いは大した問題ではない。「財政破綻」はそれが惹起する「経済破綻」こそが真の問題なのだと言える。

ここでは、財政危機が経済破綻を引き起こすメカニズムと、経済破綻が現実となったとき、実際に何が起きるのか、そして、経済破綻を避けるために今からできる処方箋を示していきたい。

放置すれば財政危機をもたらす財政赤字とは、歳出が税収を上回る状態を指す。ただし、財政赤字の全てが悪いわけではない。将来のＧＤＰが現在のＧＤＰよりも高くなることが確実に見込めるのであれば、将来の経済成長による税の増収分を担保に、財政赤字という借金で現在の歳出に必要な財源を賄うのは合理的だからだ。

貸し手側から見ても、右肩上がり経済の場合、政府に貸した元本が償還期限が来ても借換債に乗り換えることで実質的に償還が先送りされる「塩漬け」になったとしても、最終的に貸したお金の償還が担保されているならば、経済成長による所得増により新たな資金が確保でき、かつ利払いを確実に受け取れることで、特に問題は生じなかった。

実際、1970年代半ば以降の国債発行が一般化した後、財政収支が黒字化したことがない、つまり、マクロ経済的に見れば、借金を新たな借金で返済しているのと同値であるので、国債の現金償還はゼロであり、国債償還の「塩漬け」が続いている。

しかし、現在の日本の場合、経済は右肩下がりもしくはせいぜい横ばいで、安定的に税の増収が見込める状況にはない。しかも、財政赤字を原資として調達されている資金は年金や医療などの社会保障支出であり、歳出削減は容易ではなく、借金に見合いの資産が国には残らない。

近年では平均すると、毎年150兆円超もの国債が安定的に消化されていたし、コロナ禍で国債発行が急増し、2020年度263・1兆円（3次補正後）、2021年度224・4兆円（補正後）、2022年度227・5兆円（2次補正後）、今年度の国債発行予定額は205兆円超にも上るなど、今後も、引き続き、国債発行に頼らざるを得ない局面が続く。

安定的な国債の市中消化が可能な日本

このような大量の国債発行と膨大な債務残高の存在にかかわらず、依然として日本国債には一定の信用があるのも事実である。この理由の一つして、民間部門（貯蓄投資バランス）の黒字と経常収支黒字の存在が挙げられる。

今、一国の資金バランスを式で表すと、

貯蓄投資バランス＝経常収支＋政府収支

と書くことができる。つまり、家計の貯蓄が企業の投資を上回っているならば、民間部門は金融資産を新たに保有することになる。民間部門に金融資産を供給できるのは、政府部門と海外部門である。もし民間部門が日本政府が発行した国債を購入すれば、民間部門が政府の財政赤字を資金的に補ったことになる。同様に、民間部門が海外の企業や政府の発行した債券などを購入するのならば、日本の民間部門が海外の企業や政府の資金不足を補ったことになる。

現在の日本のように、貯蓄投資バランスが黒字であり、経常収支も黒字であるということは、日本国内で政府の資金不足を十分賄うことができており、海外からの資金を受け入れる必要がないどころか、海外に資金を供給しているということを示している(21)。

（21）ISバランス論は事後的に成り立つ関係であり、因果関係を示すものではないことに留意する必要がある。つまり、

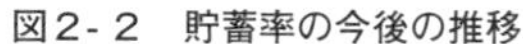
図2-2　貯蓄率の今後の推移

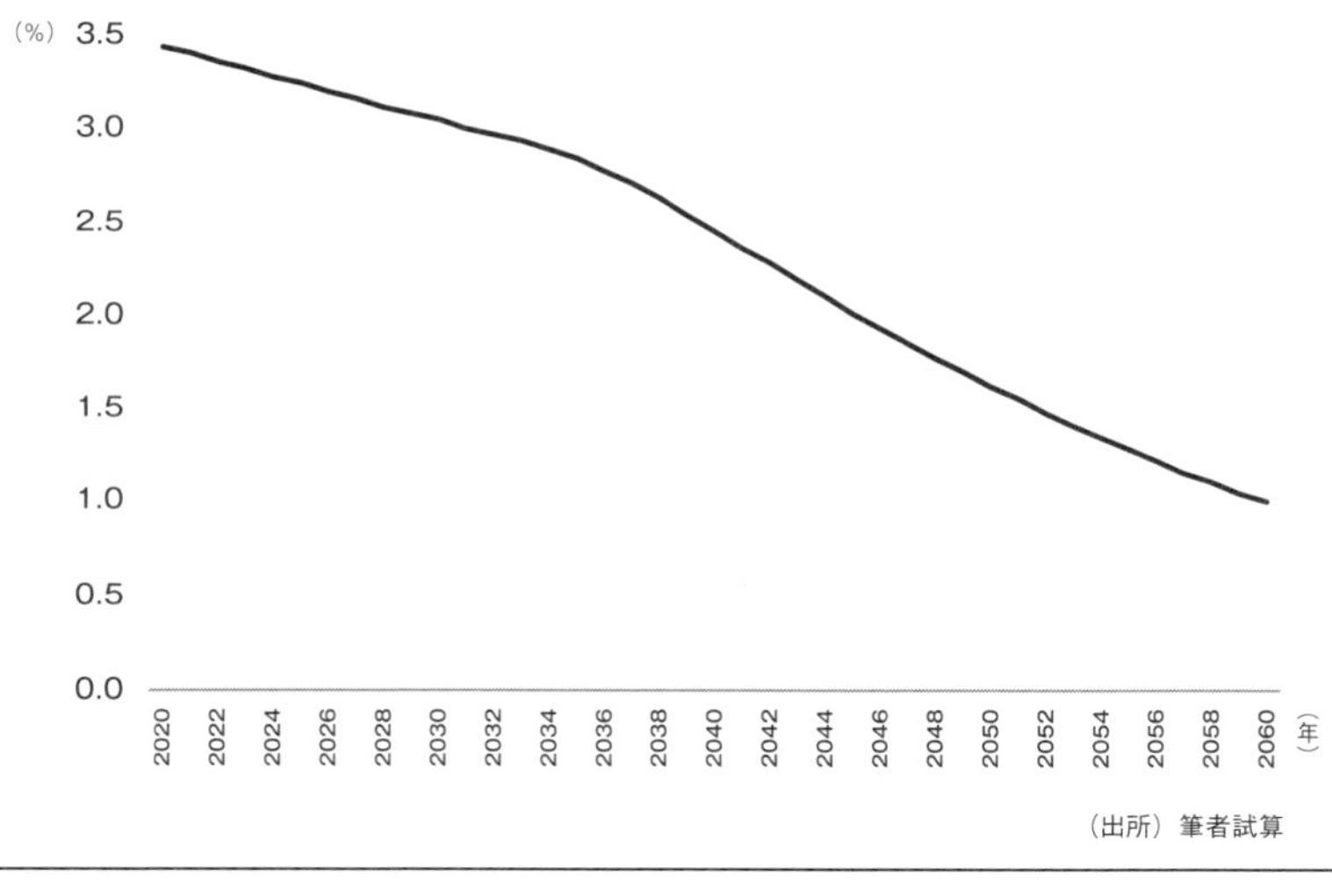

（出所）筆者試算

ここで示した民間部門の貯蓄超過が政府赤字と経常収支赤字を支えているというのは一般的な見方であるが、政府赤字の存在を起点に考えることもできる。こうした考え方については、「コラム3　【試論】日本経済の低迷は財政赤字が原因」を参照のこと。

下がる貯蓄率、進む経常収支赤字化

ただし、今まで問題なく日本国内で国債消化を続けられたからといって今後もそうだという保証はどこにもない。

まず、少子・高齢化の進行により、日本の貯蓄率が低下しているため、他の事情が一定であれば、早晩、民間部門は現在の資金余剰から一転資金不足に転じる可能性が高い。

また、これまで日本の経常収支は黒字傾向で推移してきたものの、中国や韓国、台湾企業などの技術力や製品開発力向上による日本企業の国際競争力の低下、足元の原油価格上昇や円安などによって、少しずつ赤字化傾向が定着しつつある。

日本の少子化、高齢化の進行、現在のマクロ経済・財政状況を前提とした場合、貯蓄率や経常収支対GDP比率がどのように推移するのか、少子化・高齢化の進行や、様々な政策の変更が、マクロ経済、財政、社会保障にどのような影響を及ぼすのかについて、内外の研究者が一般的に使っている世代重複シミュレーションモデルを用いて、筆者がシミュレーションした結果、貯蓄率は今後も傾向的に低下を続け2060年には1%程度となる。

この結果、政府の赤字を支えるため、海外からの資金流入に頼らざるを得ず、経常収支対GDP比率は赤字で推移し、2060年にはマイナス1・7%の赤字となる。

こうした国内における資金不足と、海外からの資金受け入れに伴って利子率は上昇し、足元の1%弱から2060年には3%にまで上昇する。

図2-3　経常収支の今後の推移

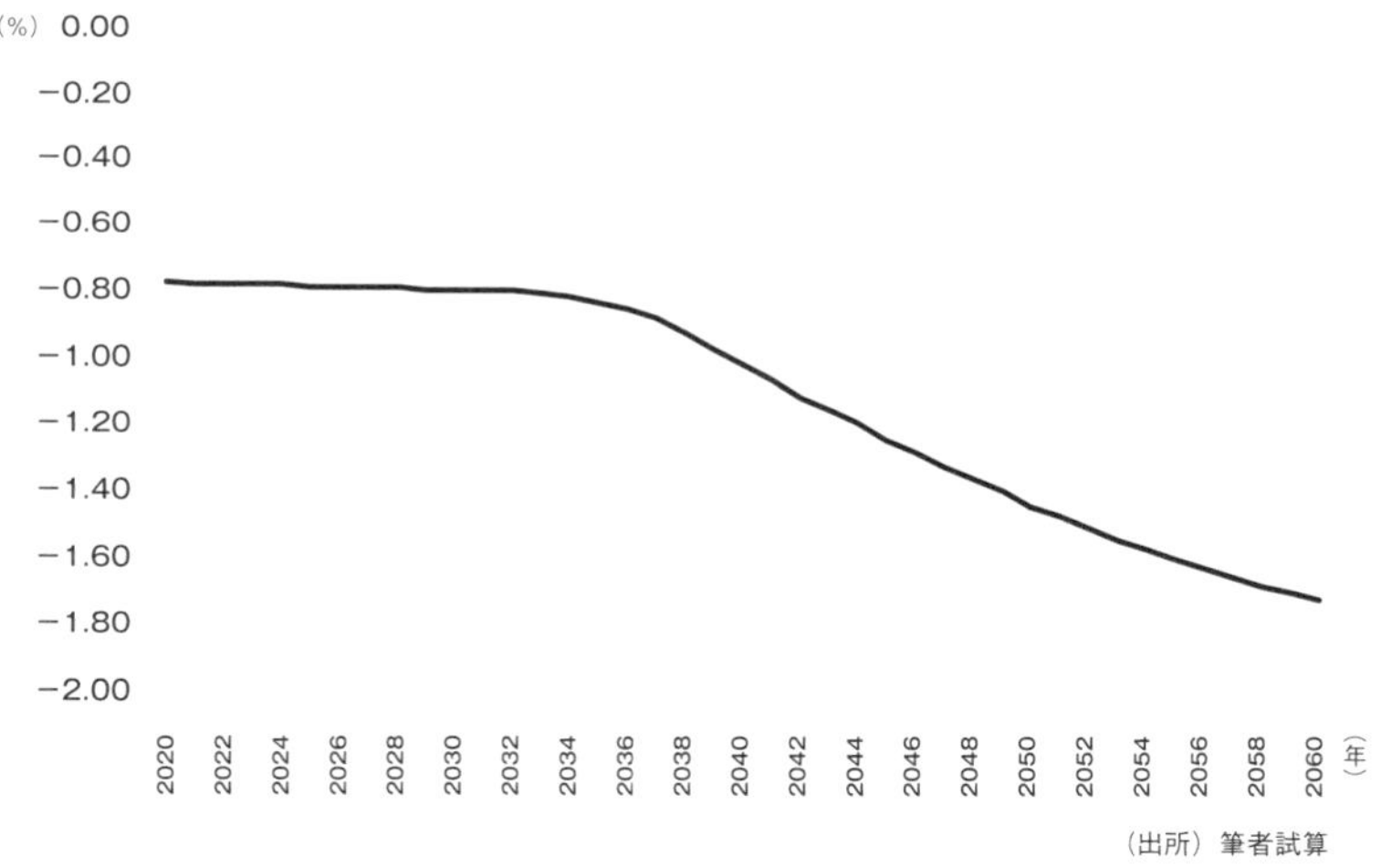

（出所）筆者試算

図2-4　利子率の今後の推移

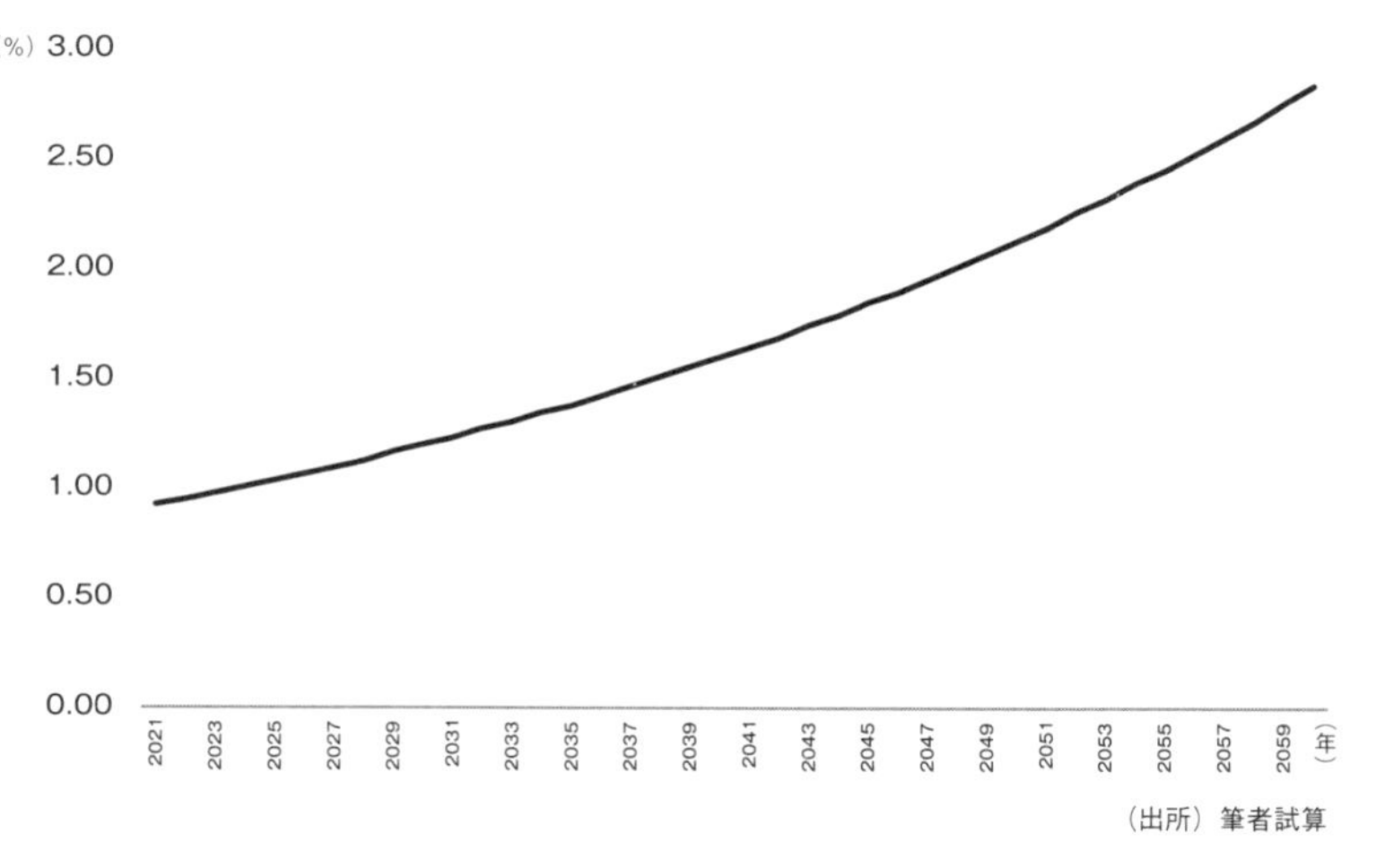

（出所）筆者試算

コラム3 【試論】日本経済の低迷は財政赤字が原因

図は、1980年からの制度部門別（家計・企業・政府・海外）の純貸出／純借入（以前は、貯蓄投資差額と呼ばれていた。純貸出が貯蓄超過、純借入が投資超過に対応）の推移である。このグラフからは、①家計部門の純貸出が2000年代初め以降、大幅に縮小したこと、②バブル崩壊以降、企業部門がそれまでの純借入から純貸出になったこと、③バブル崩壊以降、政府部門の純借入が拡大していること、が確認できる。

通常のＩＳバランス論によれば、Ｘ－Ｍ＝Ｓ－Ｉ＋Ｔ－Ｇ…①を方程式と見て、「国内の資金バランスに対応して為替レートが反応して海外からの資金バランスが決まる（つまり、国内の資金過不足に応じて海外に資金供給するか海外から資金を受け取るかが決まる）」と解釈される。

しかし、①式はＧ－Ｔ＝Ｓ－Ｉ＋Ｍ－Ｘ・・・②と変形することもできる。なぜなら、政府支出Ｇ、税収Ｔ、貯蓄Ｓ、投資Ｉ、輸入Ｍ、輸出Ｘのうち、民間なり、政府なり、海外が主体的に水準を決定できるのは政府支出Ｇしかないので、まず政府が予算などで政府支出Ｇの水準を決め、政府部門の資金過不足が決まる。そして、この政府部門における資金不足額を前提に、民間部門の資金過不足と海外部門の資金過不足が同時決定されると考えるのである。この

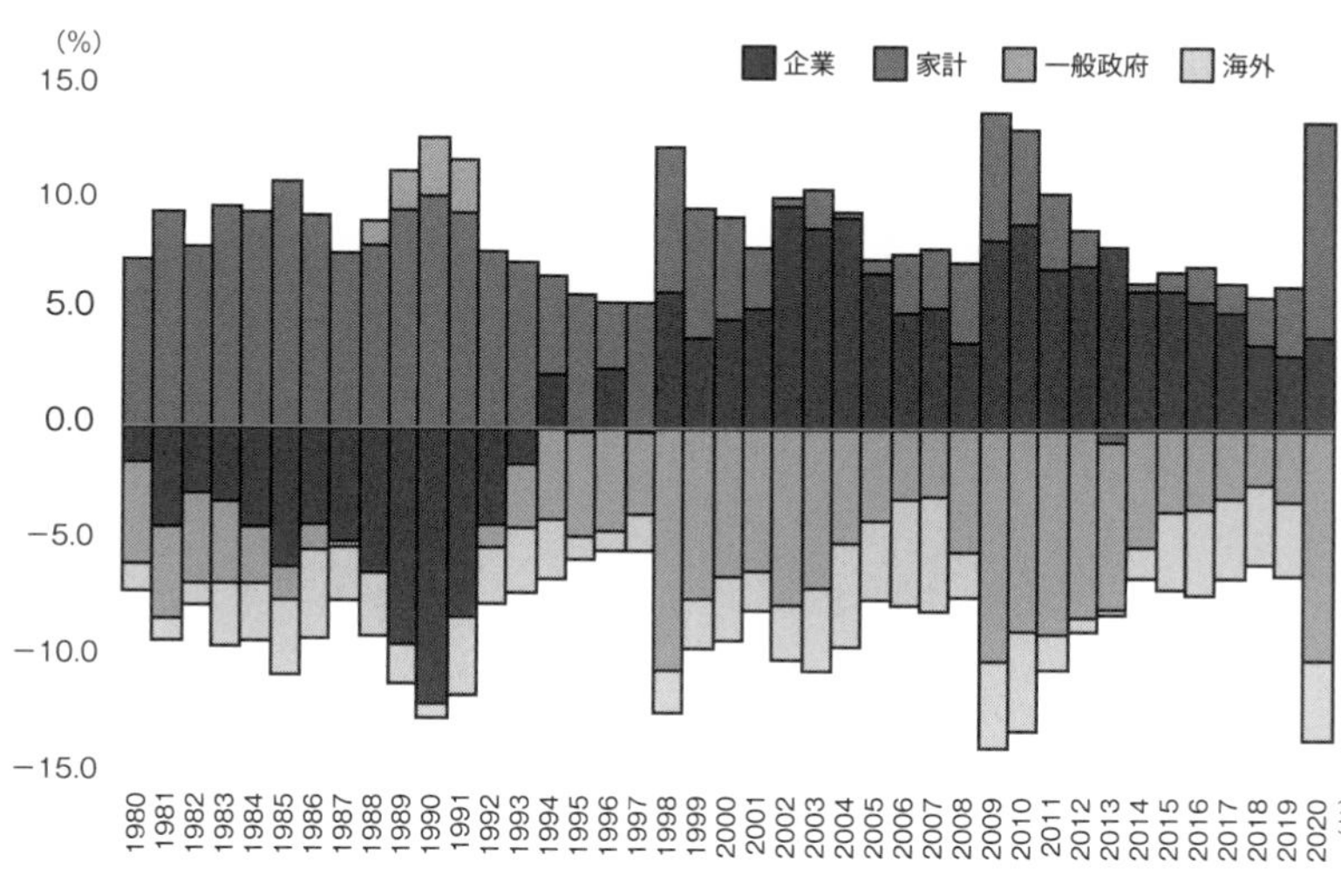

とき、国内で政府の資金不足を十分賄えるのならば海外から資金の提供を受ける必要がないのだから、海外部門は赤字つまり輸出超過となる。

ここで再び図に戻って、家計部門と企業部門からなる民間部門の資金過不足の動きを見ると、政府部門の資金過不足の拡大と家計部門の純貸出の縮小に対応して、企業部門で純借入から純貸出に、要するに投資を手控えていると読むことができる。ただし、現在のところ、民間部門の資金供給（貯蓄超過）で政府部門の資金過不足を十分に賄えているので、海外部門に資金を提供している。

つまり、ゼロ金利下においても、企業が投資に積極的にならない理由の一つに、財政赤字の存在が挙げられる。さらに、設備投資は資本ストック、生産性の向上を通じて経済成長にプラスの影響を与えるはずなのだが、財政赤字の存在により設備投資がクラウディングアウトされることで、経済成長率が低迷してしまっている。要するに、低迷する経済成長の元凶の一つが財政赤字なのだと言える。

もちろん、こうした議論に対しては、「企業が投資をしない分、政府が財政赤字を出すことで国内の資金バランスを取っている」との批判は、これまでのＩＳバランス論からすれば当然あり得る。しかし、この批判には、政府は果たして民間部門の資金バランスを見定めた上で事後的に財政規模を決定しているのだろうか？という疑問もある。

こうした認識のもと、例えば、次のようなシナリオをも現実味を持つ。今後、高齢化がいっそう進行することで、家計部門の貯蓄超過が投資超過（資金不足）に転じ、企業部門においても（更新投資の存在などにより）投資を減らせない限界が来ると、国内の民間部門だけでは政府の資金不足（財政赤字）を賄えないので、海外部門からの資金提供（裏側での経常収支赤字）が必要になるというシナリオだ（これは企業の設備投資意欲が旺盛になった場合も同様である）。

この場合、現在のような低金利で大量の国債が発行されているのでは、海外から国債の買い手がつかないので（リスクプレミアム込みで）高金利とならざるを得ず、高金利はさらなる財政赤字の拡大を促してしまい、財政の持続可能性への懸念が現在より一層増すことになるはずだ。

もちろん、こうしたISバランス論の組換えは現段階では仮説に過ぎないので、「低迷する経済成長の元凶の一つが財政赤字だ」と安易に断定することはできないかもしれない。しかし、財政赤字の存在が日本経済のけん引役である企業の設備投資をクラウディングアウトし、日本の経済成長の低迷をもたらした元凶であるとの指摘に対して、政府や一部専門家は需要不足だと断定して累次にわたって経済対策を講じることで需要を積み増してきたにもかかわらず、結局、日本経済は停滞を続けてきた経験に鑑みれば、無下に否定できる根拠もないはずだ。

筆者は、日本経済を安定的な成長軌道に乗せるためにも、財政赤字の削減と政府規模のスリム化は不可避であるとの立場であり、政府や与党は、新型コロナウイルス対策の次は、少子化対策と称して国民へのバラマキ路線を転換する考えがないのが、とても気がかりである。

日本銀行の国債買い支えが引き起こすインフレ

こうしたシミュレーションに示されるように、もし、日本の貯蓄率低下と経常収支赤字化によって、これまでのような安定的な国債の市中消化ができなくなってしまうと、国債金利の高騰を防ぐためにも、現在でも国債発行額の50％超を保有する日本銀行にさらに買い支えてもらうしかほかに選択肢がなくなる(22)(23)。

しかし、日本銀行が市場からの信認が失われてしまった国債を買い支えれば買い支えるほど、日本銀行が発行する日本銀行券の価値が将来的に維持されるとはとても考えにくい。つまり、通貨価値が毀損され、結局、インフレが昂進し、最終的にはハイパーインフレが発生することになる。

極端な話、終戦直後並みの１００％のハイパーインフレが発生するとすれば、これまで１００円だった商品が1万円になってしまう。物価がこれだけ大きく跳ね上がることになれば、毎月の給与では生活を賄えなくなる状況が訪れる。厚生労働省「毎月勤労統計調査（令和3年度）」で見ると、平均的な勤労者の月間給与（事業所規模5人以上）は32・0万円となっている。インフレと給与の改定のスピードの違いにもよるが、物価上昇に賃金上昇が追い付かないとすれば、一時的であるにせよ、実質所得は現在の３２００円程度の肌感覚となってしまう(24)。

さらに、ハイパーインフレの発生により日本銀行券の価値が落ちることで、外国通貨との取引条件が極度に悪化するため、極端な円安となる。激しい円安は、輸入の際に強烈な価格上昇が起きることを意味する。特に、食料やエネルギーの大部分を輸入に頼る日本にとっては、食費、光熱費にも大きな影響を及ぼすことになる。実質所得の下落と物価の上昇で国民生活はままならなくなる。

このように、ひとたび「経済破綻」が起こると、われわれは、われわれが必要としているものをいかなる手段によっても必要なだけ調達できなくなる状況が発生してしまう。

債務不履行（デフォルト）は政府の破綻に過ぎない。しかし、ハイパーインフレは中央銀行を基盤とする信用の崩壊であり、民間も含めた日本全体の崩壊につながるのだ。

（22）日銀の国債保有額は2022年12月末時点で564兆1667億円であり、発行残高に占める割合は5割超となっている。

（23）一般的に、国債金利が上昇局面に入っても国債を買い続けるとすれば、国債価格が下落することで、国債を保有する主体の含み損を膨らませることになる。日本で最大の国債保有主体は日銀であり、日本経済新聞の報道によれば、金利上昇圧力が高まった6月の日銀政策決定会合前の15日に、野村証券は日銀が2000億円の含み損に、三菱UFJモルガン・スタンレー証券は日銀が6000億円の含み損に陥ったと試算している。もちろん、日銀は売買目的ではなく満期まで国債を保有する目的であるため、国債購入後は定められた利子収入を受け取り、満期が到来すれば額面金額が支払われる仕組みとなっている。このため、日本国政府が債務不履行（デフォルト）に陥らない限り、日銀が損失を被ることはない。ただし、本格的な金利上昇の到来にもかかわらず、日本銀行が国債を買い支えることで債務超過に陥るとすれば、市場が「日銀の財務の信認が揺らいだ」と判断し、さらなる金利上昇とインフレや為替レートの下落が進行する可能性がある。

（24）厚生労働省「毎月勤労統計調査」によると、物価変動の影響を除いた実質賃金は、2022年4月から11月まで8カ月連続でマイナスとなっている。実質賃金の減少は、物価の伸びに賃金の上昇が追い付いていない状況を映し出しており、一般的に、賃上げは物価上昇に遅れることが多い。

経済破綻で国民生活が破綻

ハイパーインフレは富の海外流出をもたらす

こうしたハイパーインフレによる円安の進行と資源高は、日本の交易条件を悪化させることで、日本から海外への所得移転、つまり富の流出をもたらす。

交易条件とは、具体的には、輸出物価指数と輸入物価指数の比で表され、輸出品1単位と交換で獲得できる輸入品の量を示す、貿易での稼ぎやすさを示す指標とも言える。輸出物価が上昇したり輸入物価が下落したりして交易条件が改善すれば（大きくなれば）、安く輸入して高く輸出することが可能となるので、貿易条件は改善する。一方、輸出価格の下落や輸入価格の上昇で交易条件が悪化すれば（小さくなれば）、貿易条件は悪化している。

つまり、原材料や海外に比較優位のある製品を安く輸入でき、日本製品をなるべく高く輸出できれば国内に資金が入りやすくなり、日本国内に富が蓄積される。逆に輸入価格が上昇すれば、これまでと同じ量の原材料や海外製品の輸入に対してより多くの資金を支払わなければならず、日本の

図2-5　交易条件の推移

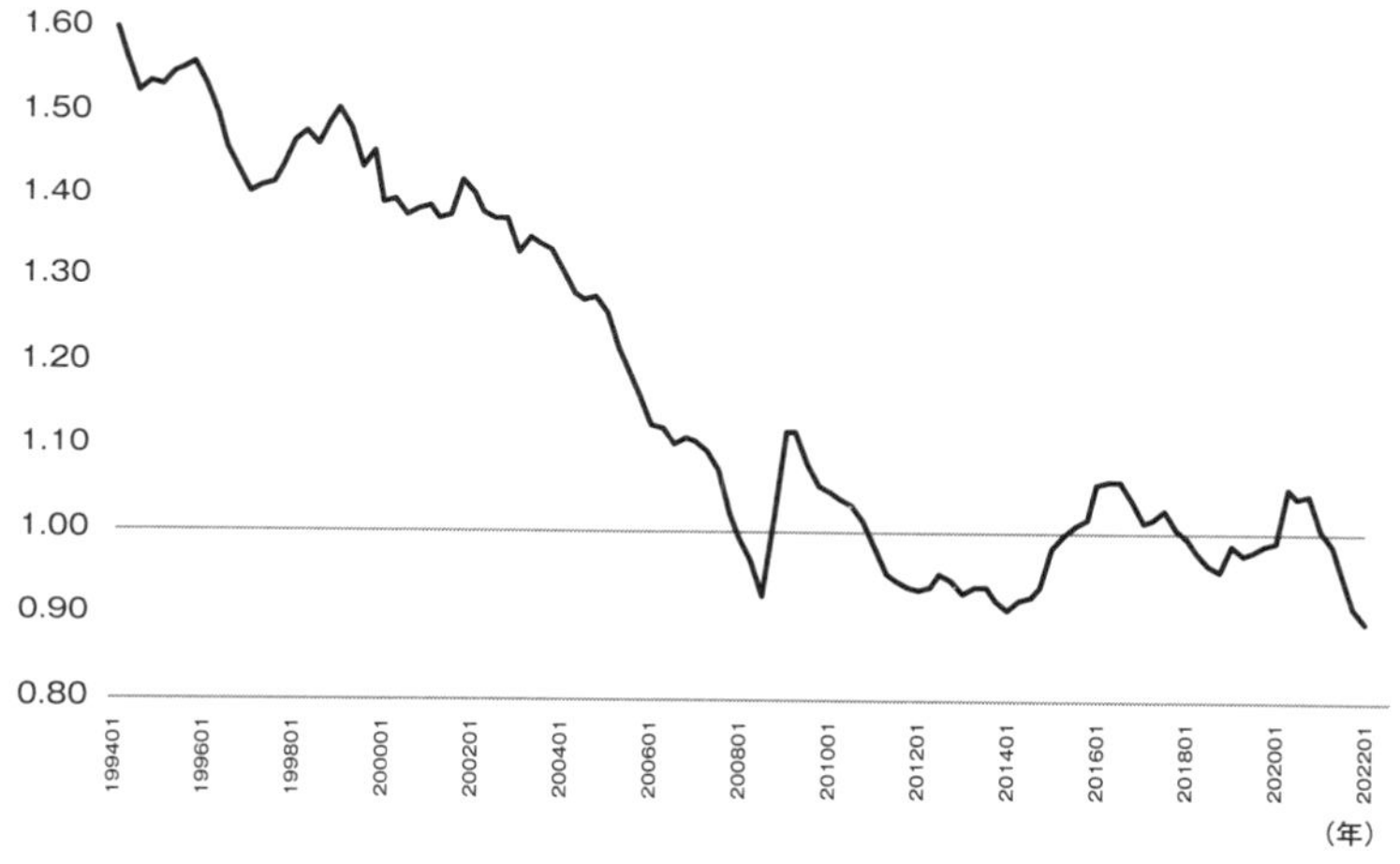

（出所）内閣府経済社会総合研究所「国民経済計算」

図2-6　交易利得・損失の推移

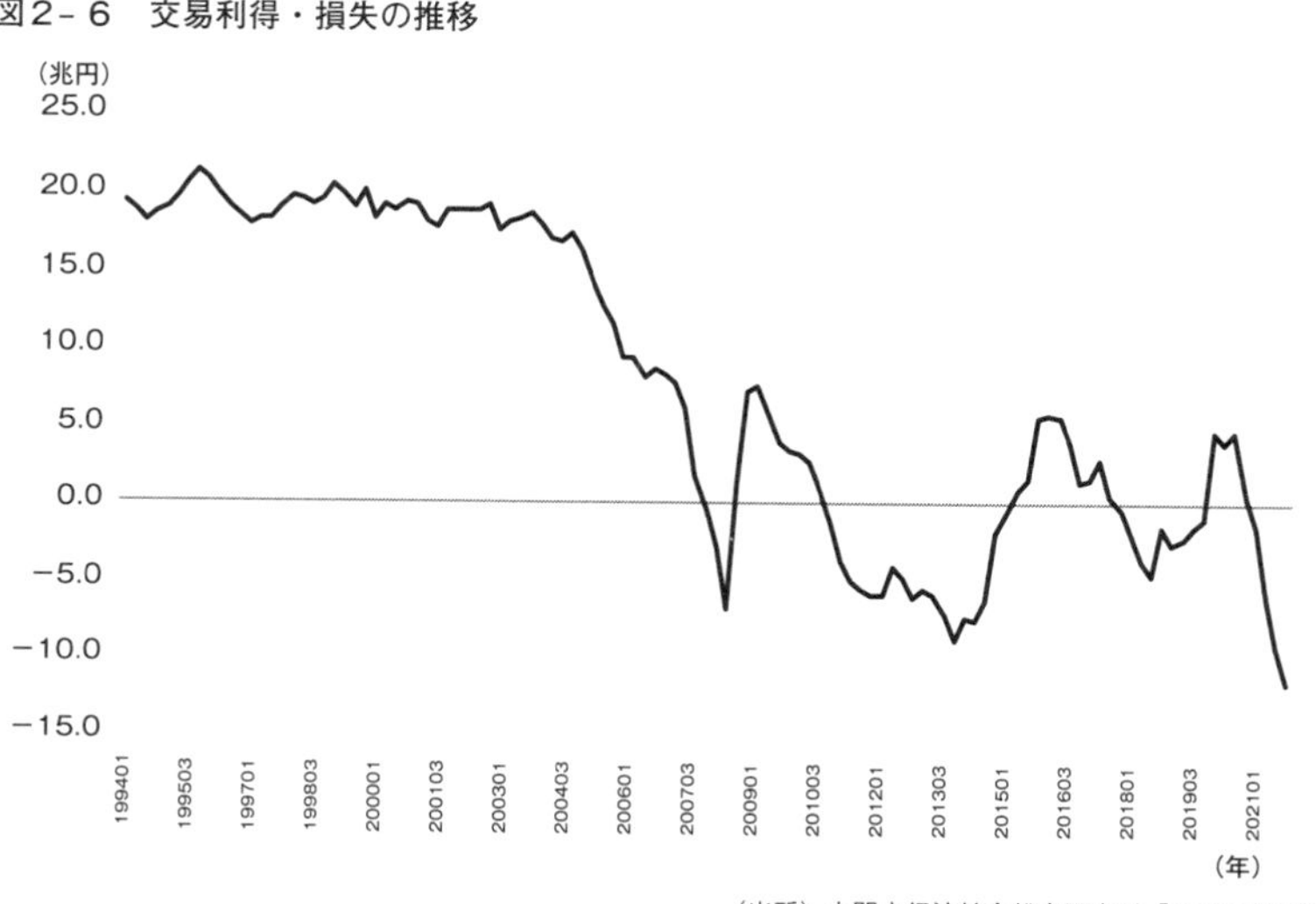

（出所）内閣府経済社会総合研究所「国民経済計算」

資金が海外に流出してしまう。

交易条件の推移を見ると、足元では急速に悪化し、しかも1を割っているので、輸出量1単位と交換して獲得できる輸入量は1単位未満となっている。

このことを、交易利得（損失）で確認してみる(25)。交易利得（損失）とは、交易条件が変化することで、ある国の国民の実質購買力が海外へ流出しているのか、あるいは海外から流入しているのかを表す。海外から購買力が流入している場合は交易利得、海外へ流出している場合は交易損失という。

交易利得の動きを見ると、足元ではコロナ危機最中の2021年4～6月期以降、交易損失が発生している。確かに、日本から海外へ日本の富が流出している。つまり、現在の円安局面においては、円安のメリットが発生しておらず、かえって日本は貧乏になっている。これは円安のデメリットを強調する昨今の論調にも合致する。つまり、円安によっても日本の競争力は急速に低下し、日本の富が海外に流出しているのだが、ハイパーインフレになれば、海外への富の流出がさらに加速する。

また、こうした自国通貨価値の下落や輸入物価の上昇に起因する質の悪いインフレーションは、終戦直後の経験と同じく、国債保有者の資産を実質的に無価値と化してしまう。つまり、現在発行されている日本国債の大部分はインフレインデックス債ではないので、元本の実質価値が100分の1になってしまい、国債で運用されている預貯金の実質価値も同様となる。収入の実質価値が激減してしまい必要な物資を購入できないので貯えを取り崩して対応しようにも、預貯金の実質価値も目減りしているので、二進も三進もいかない状況になってしまう。

（25）交易条件は、商品価格や為替レートの変動がマクロ経済に与える影響を価格面からとらえた指標であるのに対して、商品価格や為替レートの変動がマクロ経済に与える影響を所得面からとらえた指標が交易利得・交易損失である。例えば、商品価格の上昇や自国通貨価値の下落は、これまでと同じ量を輸入するためにより多くの代金が必要となり損失が発生する。一方、商品価格の下落や自国通貨価値の上昇は、これまでと同じ量を輸入するためにはより少ない代金で十分となり利益が発生する。こうした海外取引の価格や為替変動に伴う所得移転をとらえる概念が、交易利得・交易損失である。

「グレートリセット」は起きない

円安になれば、輸出製造業を多く擁する日本経済にとっては良い効果を与えるのではないかと考える読者もいると思う。残念ながら、国内物価を原因とした円安は、国際競争力に関係する実質為替レートに影響を与えないので、国際競争力を向上させない。

その結果、円安は輸出には有利にならず、輸入を一方的に不利にするので、輸出で稼いだお金で手に入れられる輸入品が大幅に減少してしまう。これまで当然のように手に入っていたものが購入できない、手に入らないという経済破綻が現実となり、大多数の国民生活は極度に困窮することとなる。

ハイパーインフレは一度テイクオフしてしまったら、止めるのは非常に困難である(26)。終戦直後には、公定価格による物価統制は闇市が生まれただけで全く効果がなく、預金封鎖、新円への切り替え、さらに最高税率90%にも及ぶ財産税、そしてドッジラインによる強力なデフレ政策によってようやく収束した。

このように、終戦直後に相次いで実施されたハイパーインフレを止めるための政策は、強烈な累進性を有していたために、金融資産であれ実物資産であれ、資産を多く保有する富裕層が没落するなど、莫大な政府債務の実質的な解消とともに、社会階層がいったんリセットされる「グレートリセット」が発生した(27)。

(26) ハイパーインフレの昂進を防ぐためには利上げと市中からのマネーの引き上げが必須となるが、それは更なる景気の低迷と国債価格の暴落を惹起し、国債離れに拍車がかかる。魅力が下がった国債を安定して消化するには日銀が買い進めるしかないが(そうしなければ財政資金が手に入らず日本政府が行き詰まってしまうだろう)、それは国債と引き換えにマネーを市中に放出してしまうことを意味するのだから、インフレを促進してしまう。このように、更なるインフレを防ぎ国債の安定消化を続けるには、日銀の役割は大きいのだが、実体経済への悪影響を覚悟しない限り、実は日銀は無力なのだ。

(27) ただし、財産税は地主や華族といった旧来の資産家を没落させたにすぎないとの説もある(鈴木武雄『現代日本財政史第1巻』1952年東京大学出版会)。

表2－2　ハイパーインフレで消えた政府債務負担

（億円）

年	長期政府債務残高	GNP	卸売物価指数	対GNP比	実質政府債務残高
1944	1,076	745	2.319	144.5	464
1945	1,408	－	3.503	－	402
1946	1,731	4,740	16.27	36.5	106
1947	2,094	13,087	48.15	16.0	43
1948	2,804	26,661	127.9	10.5	22
1949	3,914	33,752	208.8	11.6	19
1950	3,414	39,467	246.8	8.7	14

（出所）大蔵省財政史室「昭和財政史　終戦から講和まで」第19巻

表2－3　ハイパーインフレで失われた預貯金残高

（億円）

年	預貯金残高			GNP	卸売物価指数	対GNP比	実質預貯金残高
		銀行預金残高	郵便貯金残高				
1944	1,083	779	304	745	2.319	145.4	467
1945	1,670	1,198	472	－	3.503	－	477
1946	1,981	1,448	533	4,740	16.27	41.8	122
1947	2,878	2,343	535	13,087	48.15	22.0	60
1948	5,858	5,053	805	26,661	127.9	22.0	46
1949	9,140	7,920	1,220	33,752	208.8	27.1	44
1950	12,032	10,485	1,547	39,467	246.8	30.5	49

（出所）大蔵省財政史室「昭和財政史　終戦から講和まで」第19巻

こうした終戦直後の「グレートリセット」を引き合いに、今般の財政危機に関しても「グレートリセット」を望む若者世代が存在するのも現実だ。確かに、終戦直後のハイパーインフレでは、戦時中に蓄積された政府債務が事実上解消された実績もあり、若者世代の債務負担は実質的に軽減されるだろう。

しかし、その一方で、ハイパーインフレの昂進の結果、国民の預貯金資産の実質的価値も同時に喪失してしまった事実も見逃せない。

しかも、敗戦により連合国軍最高司令官総司令部（ＧＨＱ）の占領下にあった当時とは異なり、今次局面では、ＧＨＱのような日本国憲法を上回る「超法規的な権威」が存在しないため、私有財産制度を無視するかのような政策は採用されないし、採用されたとしても違憲とされるだろう。

このように、ハイパーインフレが発生すれば、インフレに弱い預貯金が資産の大半である一般庶民が大きな損害を受ける一方、実物資産を多く保有したり、金融資産を海外に逃避させることができる富裕層ほど影響は受けない。

結局、今次局面においてハイパーインフレが生じたとしても、グレートリセットは起こらず、持てる者はさらに富み、持たざる者はさらに失うため、貧富の格差は一層拡大することが懸念される。

ハイパーインフレで破壊される高齢者の暮らし

ハイパーインフレの発生は年金受給世代の生活を直撃する。日本の公的年金制度は、高齢者の年金給付に現役世代の年金保険料を充てる賦課方式で運営されている。一般的には、賦課方式は、高齢者が現役時代に支払った保険料を運用することで年金を賄う積立方式よりインフレへの耐性が強いのだが、日本の現在の公的年金制度は、実はインフレに弱い構造となっている。

なぜ、現行の公的年金制度が、インフレに弱い構造になってしまったのかについては、少々説明が必要だろう。

日本の公的年金は元々は積立方式で運営される予定であった。積立方式とは、その名の通り、勤労期に自分が支払った年金保険料が引退したときに利子がついて年金として受け取れる仕組みのことだ。そのため、高齢者の中には今自分が受け取っている年金は自分が若い時に支払った保険料が戻ってきていると勘違いしている者も多い。しかし、実際には賦課方式で運営されている。賦課方式は、現役世代が拠出した保険料が、高齢世代への給付の財源として、そのまま横流しされる仕組みである。

現在の日本のように少子化、高齢化が進行する場合、年金保険料を負担する現役世代が減り、年金を受け取る高齢世代が増えてしまい、現役世代の負担が重くなってしまう。

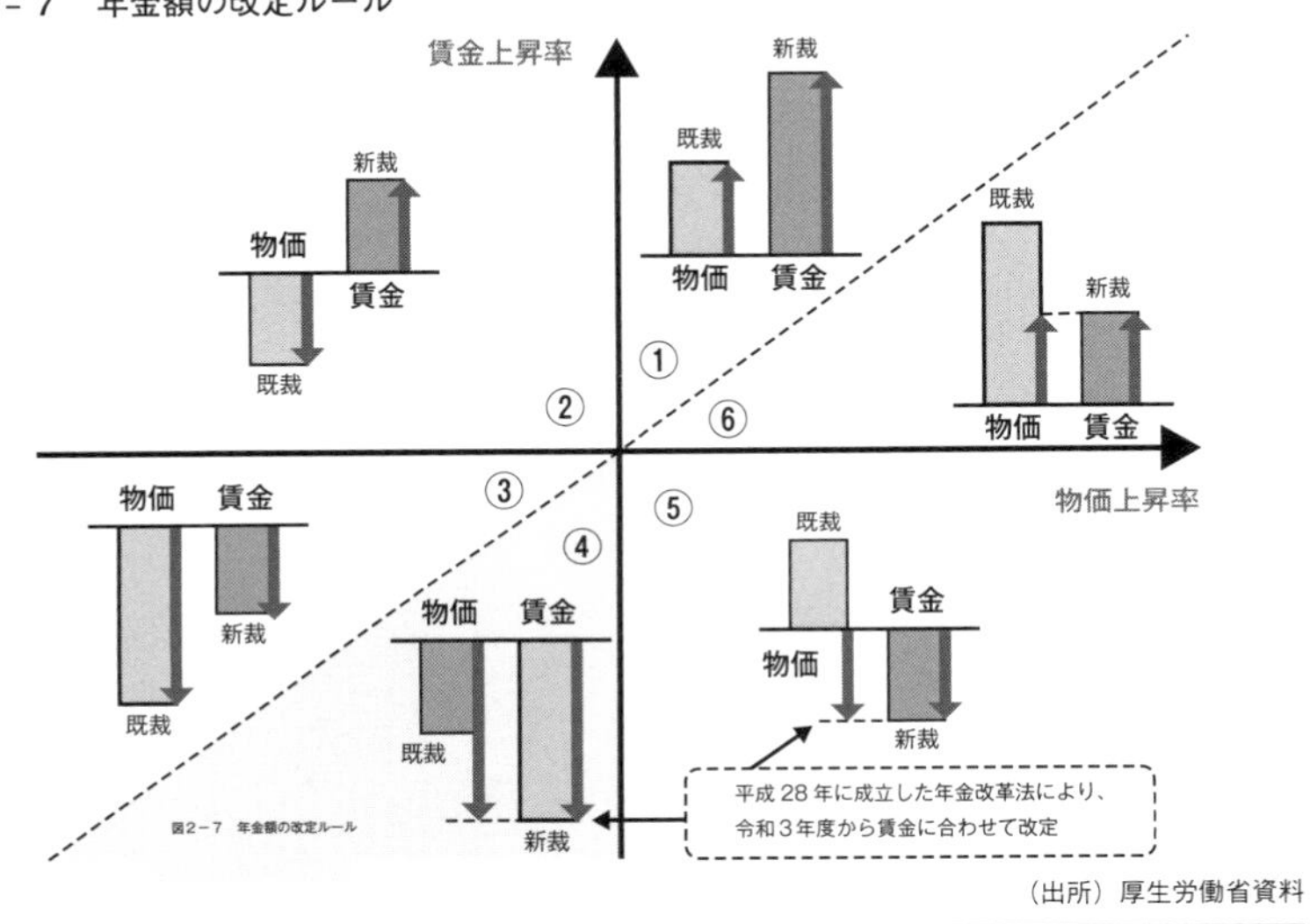

図2-７　年金額の改定ルール

（出所）厚生労働省資料

そこで、２００４年の年金制度改正（いわゆる「１００年安心プラン」）では、現役世代の負担が過大なものとならないように、これまでの年金支給総額にあわせて現役世代の年金負担額を決める制度をやめ、年金負担額の範囲内で年金支給額を決める制度に移行した。

それを実現する対策として、年金の受給額は、新たに年金を受け取り始める新規裁定者は現役世代の生活水準の変化に応じた賃金変化率、既に年金を受け取っている既裁定者は年金の実質的な価値を維持するため物価変化率で改定（スライド）されるルールを導入。さらに、長期的な給付と負担の均衡を図るため、高齢化の進行（平均余命の伸び）や現役世代の増減により年金額の伸びを調整する仕組み（マクロ経済スライド）という二段構えの制度変更を行った。

新規裁定者は賃金スライド、既裁定者は物価スライドというルールには例外がいくつか設けられているが、実は、２０２１年4月より変更が加えられた。具体的には、図２－７の①から⑥までのルールのうち、④と⑤が変更された。

まず、④0＞物価＞賃金の場合、これまでは新規裁定者も既裁定者同様、物価でスライドされていたものを、既裁定者を新規裁定者と同様、賃金スライドへと変更した。次に、⑤物価＞0＞賃金の場合、これまでは既裁定者も新規裁定者もゼロ改定だったのが、賃金スライドに変更した。

こうした変更は、年金支給総額を減らす方向に作用するものであり、要するに制度の支え手である現役世代の負担力を上回る速度で年金受給額を増やさないようにするための制度変更だと言える。逆に言えば、こうまでしなければ現役世代が年金負担に耐えられなく なるという切実な危機意識が政策当局にあることの裏返しだろう。

こうした年金額改定ルールのもとでは、２０２３年度の年金額はどうなったのだろうか。

まず、物価変化率が＋２・５％、名目手取り賃金変化率＋２・８％と、物価（＋２・５％）＞賃金（＋２・８％）であり賃金が物価を上回った。この結果、今年度の年金額は、本来の改定ルールのもとでは、67歳までの新規裁定者が賃金上昇率（＋２・８％）、68歳からの既裁定者が物価上昇率（＋２・５％）での改定となるはずだった。しかし、年金財政健全化のための調整（いわゆるマクロ経済スライド）が3年ぶりに行われた結果、それぞれマイナス0・6％減額されたため、実質的に年金額は目減りすることになった。

つまり、現行の年金額改定ルールのもとでは、インフレのスピードに賃金上昇率が追い付かない場合には、年金の実質額が目減りしていくことになっており、突然のハイパーインフレに賃金の上昇が追い付かない限り、高齢者の生活は厳しくなる一方なのだ。

預金が封鎖され、金融機関は連鎖倒産

ハイパーインフレは金利の高騰をもたらす。そして金利の高騰は国債を手放す人を増やし、国債価格の暴落をもたらす。インフレを止め金利の高騰を止めるためには、日本銀行が国債の購入を止め政府の購買力を削減するとともに、民需の抑制も必要になる。

そこで、政府は、終戦直後の前例を踏襲して、身の丈に合わない歳出削減と預金封鎖、増税をすることで、公需と民需の抑制を図る(28)。さらに、預金封鎖の実効性を高めるために、新紙幣を発行することで新円への切り替えを図り、旧円と新円の交換制限を実施するので、国民は高インフレと相まって必要な生活物資の入手が著しく困難になる。

国債価格の暴落により、それまで運用の多くを国債に依存していた銀行や生命保険会社などの金融機関はバランスシートが大きく毀損し、体力の弱い金融機関から経営破綻することになる。金融

機関の連鎖破綻が相次ぐと、日本の金融システム全体が麻痺し、機能不全に陥る。必要なところに必要な資金が回らなくなり、経済の混乱により拍車がかかる。

金融機関の経営危機・経営破綻により、特に地方では、地域向け国内向け生産を主に行う地場企業の連鎖倒産を惹起する。企業の倒産やリストラで職を失った失業者や、銀行の破綻や失業、金利高騰によって変動金利で借りていた住宅ローンが返せなくなる世帯が激増し、街には失業者やホームレスがあふれ、治安の悪化が懸念される。

(28) なお、増税規模については、仮に新規国債発行が不可能となり新規国債発行予定額と同等になるとすれば、2023年度当初予算ベースでは35・6兆円、消費税に換算すると16%に相当する。

行政サービスの崩壊

国からの財政拠出に依存している社会保障制度も同時に危機に瀕しているので、失業者やホームレスに十分な生活保護を届けることができない。年金や医療、介護にも十分な資金が行き渡らなくなるので、医療や介護サービスが崩壊し、多くの高齢者が路頭に迷うこととなる。現役世帯は突如貧困や介護難民に陥った老親の面倒もみなければならなくなるものの、その余裕のある現役世帯はごくわずか。

これまでの放漫財政から超緊縮財政に転換せざるを得ない国は、地方交付税交付金や自治体への補助金を削減する。地方は、自治体の貯金にあたる財政調整基金による穴埋めが必要となるが、そもそも財政調整基金に余裕がない自治体は、緊急の特例措置として公務員の解雇や給与カットなどの人件費削減を行わざるを得ない。

その結果、私たちの日常生活に密着するさまざまな行政サービス分野で量も質も低下し、ライフラインの維持すら難しくなる。例えば、警察や消防の機能不全により治安が悪化し、刑務所の維持も難しくなるので、10万円未満相当の窃盗などは実質的に無罪放免となるなど、犯罪が横行する(29)。救急車やゴミ収集は料金制となり、金銭的な理由から急病でも救急車が利用できなかったり、不法投棄でゴミが街中に散乱するといった事態が発生する。さらに、バスや地下鉄など公共交通機関が値上がりするか、本数が激減するので、利用しにくくなる。高齢者などの「交通弱者」は買い物や通院も困難になる。

公共工事も減らされるので、道路の建設がストップし道路の開通が大幅に遅れたり、多少の穴があっても補修が行われずに放置されたりして道路が荒れ放題になる。さらに、さまざまな公社や公団への自治体などからの補助が打ち切られ、公営住宅の荒廃が進む。

生活が不便となった自治体からは、より移動力のある現役世代から順に脱出を試みる。現役世代は自治体を、納税、労働力として企業活動、社会活動という面から支えているので、流出は自治体の高齢化を一層高め、存立基盤を脅かす。場合によっては自治体の倒産やゴーストタウン化が避けられない。

政府の歳出削減に伴い、国庫負担金や運営交付金の抑制など未来への投資である教育予算も減らされる。中でも、国公立高校・大学・大学院の学費は急上昇するし、私立学校の多くは国からの補助金が失われ倒産の危機に瀕する。

また、現状でも少ない国からの研究資金の多くは打ち切られ、優秀な研究者の多くは海外の大学・研究機関から、日本にとどまるよりは圧倒的に好条件のオファーを受け、頭脳流出が加速する。

（29）増大する刑務所コストの削減等のため、カリフォルニア州では950ドル以下、ニューヨーク州やイリノイ州では1000ドル以下の窃盗であれば軽罪として扱われる。

中国に重要インフラを握られたギリシャ

ウクライナ侵略を自衛の戦争と称して憚らず、北方四島（歯舞群島、色丹島、国後島及び択捉島）の不法占拠を続けるロシア、尖閣諸島沖の領海への侵入を繰り返す中国、核開発とミサイル発射を繰り返す北朝鮮、国際法に反した李承晩ラインの一方的設定により竹島を不法占拠する韓国など、日本は全ての隣国と領土問題を抱えている。またそうした国の多くは権威主義的であると同時に対外拡張主義的であるため、日本国憲法前文にあるような「平和を愛する諸国民の公正と信義に信頼して」私たちの安全と生存を保持できるような環境には到底ないことは自明である。

他国の主権や人権、自由さらには法の支配を歯牙にもかけない権威主義的な国々から国民の生命と領土を守るには、防衛力を強化し、十分な備えをしておくに越したことはない。

今回のロシアのウクライナ侵略を見るまでもなく、防衛する側にとっても財政負担は半端なく、常時から税源に裏打ちされた安定財源ではなく赤字国債に頼っているような財政運営では、いざ有事の際に日本財政はしっかり機能するはずもない(30)。

ロシアのウクライナ侵略の行方次第では、欧米や日本、豪州等自由主義諸国と、中国、ロシア、北朝鮮等権威主義諸国、つまりかつての自由主義対共産主義の時代のように世界が二分される可能性がある。そうすれば、世界経済は冷え込んだまま、日本は権威主義的・拡張主義的諸国との対立の最前線に立つことになる。

しかし、財政が破綻すれば、それを機に膨張主義の国が日本の領土に侵攻する危険性は否が応でも高まる。なぜなら、有事の際には資金が必要になるが、その資金を日本が工面できなくなってしまうからだ。

資金がなければ弾薬も燃料も食料も前線に送れなくなる。侵略者にとっても願ったり叶ったりの状況だ。

もしくは、あからさまな軍事的な侵略がなくても、欧州債務危機で苦境に陥ったギリシャは欧州連合（ＥＵ）などからの融資と引き換えに国有資産の売却・民営化を求められ、ピレウス港を中国企業に売却した。またパキスタンやモルディブ、スリランカ等は中国からの融資を受けて港湾整備を行ったものの、莫大な債務が返済できず「半植民地化」されている。いわゆる「債務の罠」である。

特に、スリランカでは、２０１７年には債務返済と引き換えに、政府が中国に対して南部のハンバントタ港の99年間リースを認めるなど、長く財政と経常収支の双子の赤字を抱えていた中、新型コロナ禍で主力産業である観光業が壊滅的な被害にあったため、外貨準備も大幅に減少し、債務返済のめどが立たなくなった。その結果、為替が大幅に減価し、それが輸入コストの増加を通じて貿易赤字、さらなる経常収支の赤字を招くという悪循環に陥った。ナンダラル・ウィーラシンハスリランカ中央銀行総裁は２０２２年6月19日、債務再編完了までドル建て債務の支払いを行わない「事前調整型デフォルト」を宣言し、ゴタバヤ・ラジャパクサ大統領は同年7月13日未明、軍用機で夫人と護衛一人を付けて命からがらモルディブに逃亡することとなった。

（30）日中戦争から太平洋戦争までの戦時期においては、毎年度前年度税収総額の2割に相当する大規模な増税が実施されていたにもかかわらず、国債発行累計額は１３６８億円（ちなみに、１９４４年度のＧＮＰは７４５億円）にも達した。この結果、国債残高対名目ＧＮＰ比は日中戦争が開戦された１９３７年度には54・8％だったものが終戦直前の１９４４年度には１４４・５％にまで急上昇している。太平洋戦争当時の日本と比べるのは適切ではないかもしれないが、現在の日本財政はこうした急激な歳出拡大に耐えられるのかは真剣に検討しておく価値があるだろう。

このように、ギリシャやスリランカの例を見るまでもなく、「財政破綻」をきっかけとして、重要な社会的インフラを、例えば中国企業に握られ、経済的侵略が継続されれば、日本の死命を制される事態に陥る可能性もある。

幸いにも、現状では日本は海外からの資金を必要とはしていないが、毎年の巨額な国債発行に関しては綱渡りを続けているのも事実だ。日本が現在のような放漫財政を続けることで財政危機に陥れば、中国をはじめとする権威主義的国家群は、情けをかけて侵略を思い止まる訳もなく、かえって好機と見て一斉に軍事的にも経済的にも攻勢をかけてくるのは間違いない。そのときに政治的妥結といっても逆に足元を見透かされ、無条件降伏やギリシャやスリランカのように重要な社会インフラの実質的な割譲を強いられるだけであろう。目に見える抑止力＝軍事力と目に見えない抑止力＝経済・財政力の強化が喫緊の課題である。

財政破綻で勃発する世代間戦争

インフレが昂進し制御不能になるハイパーインフレが発生すれば、終戦直後同様、国債は紙切れ同然になり、多くの高齢者の預貯金が実質的に喪失する事態が生じる。あるいは、プライマリーバランスの黒字化目標放棄や国土強靭化・異次元の少子化対策の推進で国債が増発され、次第に金利が急騰する中で、国債の市場消化が困難になり、最終的には財政破綻に至るとすれば、税収は、国債の償還費や国民の生命・安全に直結する最低限の歳出に充てられ、不要不急の政策や大盤振る舞いされてきた社会保障給付は大幅にカットされる。

いずれにしても、何らかの救済策が講じられない限り、高齢者の生活は立ち行かなくなるだろし、現役世代にあっても自らの生活を守るだけで精一杯であり他者の生活の面倒を見る余裕はなくなるだろう。

このとき、数的に有利にある高齢者は政治的パワーを最大限発揮することで、若者世代により多くの負担を押し付ける政策を主張することで世代間対立が深まる。

これまで散々負担を逃れた挙句財政破綻を惹起させたにもかかわらず、その責任も負わずに若者世代にさらなる負担＝貧乏くじを押し付ける行為を当然若者世代は容認できるはずもない。やがて、世代間冷戦は世代間熱戦へと転化し、世代間戦争が勃発することになる。

破綻シナリオが現実にならないために

以上は近々確実に起こるシナリオとは言い難いが、十分考えられるシナリオではある。いったん財政が破綻すると、より弱い立場にある人々ほど日常生活が大きくネガティブな影響を受け、場合によっては日本全体が破綻してしまう可能性もある。

こうした事態を避け、先に見た空想（であってほしい）シナリオが現実にならないためには、どうすればよいのだろうか。

半世紀近くもの間、財政赤字の垂れ流しを続けた結果、「財政破綻」に至るマグマは、蓄積されてきた。特に近年は社会保障給付を原因とした財政赤字が問題となっている[31]。つまり、日本の財政問題とは社会保障問題であり、財政問題を解決するには社会保障制度改革が必須である。

現状では、財政健全化への国民的な支持は極めて少ない。しかし、財政健全化は全ての国民、特に弱い立場にある者の生活に影響を与えるため、なるべく多くの国民からの支持を得ることが必要不可欠である。なるべく多くの賛成を得て財政再建を進めるには財政再建の規模を小さくし、かつあらかじめ財政「破綻」処理の内容を提示しておく必要がある。

つまり、運悪く財政が破綻した場合に備えて、どういう順序付けでどの歳出をどの程度まで削減するのか、「財政トリアージ（優先順位付け）」を、事前に示しておけば、国民は自分が課せられる追加的な負担（もしくは給付の削減）の大きさが可視化される。賛成するにしても反対するにしても、財政再建に対して合理的な判断が下せるようになる。

次章では、政治のバラマキとクレクレ民主主義の実態について検討したい。

（31）財務省の試算によると、特例公債の発行から脱却することのできた平成2年度以降の普通国債残高増加額855兆円のうち、高齢化の進行等に伴う社会保障関係費の増加411兆円、税収減185兆円、地方交付税交付金等の増加93兆円などと、社会保障費の増加が全体の48％を占めている。

第3章

バラマキにNO!と言おう

選挙で繰り返されるバラマキ合戦

「モノ言う財務次官」の国家財政破綻論

日本では財政状況の悪化が懸念されつつも、バラマキが改まるどころか、バラマキを正当化する主張や、バラマキを支える「理論的根拠」が次々に披瀝（ひれき）される。バラマキが続くのはバラマキのツールが公共投資から社会保障にバトンタッチされた影響が大きい。

今となっては思い出されることもなくなったが、2021年の第49回衆議院議員総選挙直前の10月8日、月刊誌「文藝春秋」11月号に掲載された矢野康治財務事務次官（当時）の「財務次官、モノ申す『このままでは国家財政は破綻する』」という寄稿文が物議をかもしたことを覚えている読者も多いだろう。当時、筆者も実際に読んでみたが、全くの正論であったのを記憶している。

NHKが同年10月15日から3日間、全国の18歳以上を対象に行った世論調査によれば、矢野前財務事務所次官の主張について、「そう思う」が45％、「そうは思わない」が41％と賛成の方がそれなりに多く、コロナ禍を口実としたバラマキによる財政悪化を懸念している国民も僅差ではあるものの多くいることが明らかになった。

しかし、残念ながら、「心あるモノ言う犬」が噛みついた先の政界の反応は鈍かった。同年10月19日に公示され10月31日に投開票された第49回衆議院議員総選挙での与野党の選挙公約には、消費税減税・廃止や給付金の支給という安定財源の裏付けのないバラマキが躍ったし、2022年7月10日に投開票された第26回参議院議員通常選挙でも全く同様であった。つまり、政治は、国民が心からバラマキを待ち望んでいると考え、安定財源の裏付けのない給付金や消費税減税（廃止）を与野党で競い合い、度重なる選挙戦において、票をカネで買うに等しい買収合戦が繰り広げられているのだ。

バラマキは公共事業から社会保障へ

図3－1は、財務省の手になる特例国債の発行から脱却することのできた1990年度以降の国債残高の累増（約855兆円）について、その原因を項目別に分解したものである。特に注目に値するのは、1990年代後半以降、橋本龍太郎内閣による財政構造改革により公共事業関係費が減少をはじめるのとほぼ同時に入れ替わりで社会保障関係費が増加し現在に至っている様子である。

具体的には、歳出面（＋約624兆円）では、1990年代は公共事業関係費の増加（＋約66兆円）が主要因だったものが、近年では高齢化の進行等に伴う社会保障関係費の増加（＋約411兆

図3－1　普通国債残高の増加要因

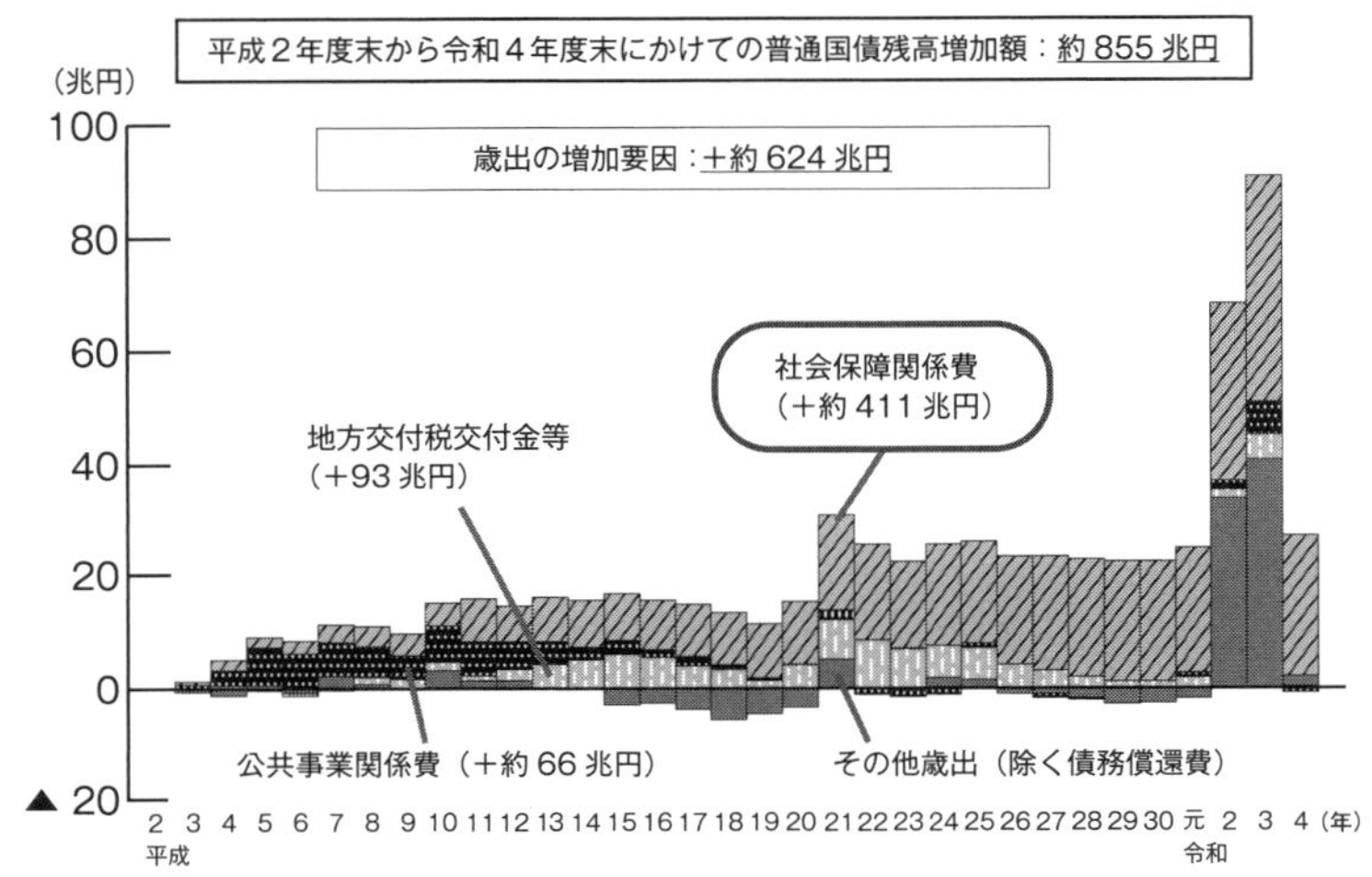

（出所）財務省資料

円）や地方財政の悪化に伴う財源不足の補てん（地方交付税交付金等）の増加（＋93兆円）が主要因となっている。

つまり、単年度で見ても、累積額で見ても、今や財政赤字の主要因は、公共事業ではなく社会保障となっていることが改めて確認できる。

この背景には、バラマキの手段が１９９０年代末に公共事業から社会保障へバトンタッチされたことがある。

「コンクリートから人へ」で決定的に

日本においては、公共事業はこれまで地方のインフラ整備事業であるとともに都市と地方の間の所得再分配装置として機能してきた。

地方選出の国会議員は地元に公共事業を引っ張ってくることで地元に利益誘導を行い、議席を獲得・維持してきた。こうした公共事業の地域間所得再分配機能を最大限に活用し政権を維持してきたのが自民党である。

しかし、国も地方も財政状況が苦しくなる中、同時にめぼしい公共事業の案件はほぼ出尽くし、「熊しか通らない高速道路」等無駄な公共事業がメディアや国民から糾弾されだしたところに、小泉純一郎内閣が登場し、公共事業関係費の削減の流れを決定付けた。以降、リーマン・ショックに至るまで基本的には公共事業関係費は削減され、公共事業による地元への利益誘導が行き詰まり困り果てた中、新たなバラマキ候補として（無意識のうちに）白羽の矢が立ったのが社会保障なのである。周知の通り、社会保障においては、負担と給付のリンクは切れており、しかも負担の大部分は将来世代が負わされている。この負担しなくても給付を受けられる部分がまさに社会保障におけるバラマキなのだ。

小泉内閣からしばらくは、露骨な社会保障の増額はなされなかったものの、デフレ期の年金の非削減や窓口負担の先送り等、高齢者が嫌がることには手を付けないことで、バラマキとしての社会保障は維持された（小泉改革期においても総額で見れば削減はされていない）。要すれば、政治が高齢者に社会保障というバラマキを使って利益誘導しているのだ。

われわれは高齢者へのこうした政治によるバラマキをシルバー民主主義と呼んでいるのであり、

その本質はこれまで公共事業で地元に利益誘導していたバラマキと同じ構図である。ただし、社会保障によるバラマキは公共事業とは異なり地方だけではなく都市部にまで及んでおりより大規模に行われているといえよう。

社会保障がバラマキの手段として確立したのは、旧民主党が自公から政権を奪取した際のスローガン「コンクリートから人へ」に集約される。このスローガンは、それまでの自公連立政権が公共事業（コンクリート）に多くの税金を充てていたことに反対し、子育てや教育など「人」への予算拡充を訴えたものであり、リーマン・ショック後の生活不安に怯えていた現役世代に響き、見事政権交代を果たした。つまり、理屈さえつけられるならば、企業を介さず人々の懐へ直接バラまくのが票を獲得する上でとても重要であることを各政党は思い知ることとなった。

社会保障と消費税

増える消費税、減る法人税

人々の懐を直接温めるには、社会保障などの給付金だけではなく消費税減税も効果的である。しかも、給付金には所得制限がかけられることも多いが、消費税減税であればあらゆる階層が恩恵を被るので、より広く票を集められるとの思惑もあるのだろう。

先の参院選を通じて、消費税廃止を主張したれいわ新選組は「消費税増税は法人税減税の穴埋めだ」という主張を展開していた。

図3－2を見ると、確かに、趨勢的には、消費税収は増え、法人税は減っているので、れいわ新選組の主張が正しいようにも見えてくる。

しかし、法人税が減った原因は、国内企業の活力と国際競争力を維持する観点から「課税ベースを拡大しつつ税率を引き下げる」という方針の下で法人税改革が進められたことと、国内景気低迷の結果である。

なお、最近では、日本経済が絶好調だったバブルの頃と比較すればさすがに見劣りはするものの、円安の効果もあって法人税収はリーマン・ショック前の水準まで戻してきている。

一方、消費税が増えた原因は、１９９９年度以降、年金、高齢者医療、介護といった「高齢者３経費」に充てることとされ（福祉目的化）、２０１４年度からは、子育てなど「社会保障４経費」に消費税増収分の全てを充てる（社会保障目的税化）ことが消費税法等に明記されたため、社会保障給付に穴をあけないよう、第二次安倍晋三政権下で苦心のもとに増税されたからに他ならない。

つまり、増え続ける一方の社会保障給付費（全体の３分の２は高齢者向けの給付であることには留意）を賄おうと思えば、消費税が必要不可欠になるのだ。

「社会保障財政は赤字」という現実

では、消費税は社会保障給付を賄うのに十分なのだろうか。

図３－３は、社会保障給付費とその財源構成の推移を示している。同図からも明らかなように、社会保障給付費を社会保険料収入と社会保障目的税とされている消費税収では賄いきれずに、借金をしている状況であることが分かる。その借金部分が図３－３の最も濃淡の濃い箇所である。

しばしば、「消費税が引き上げられたのに年金は減らされ、窓口負担も増えている。消費税が社

図3-２　消費税収と法人税収の推移

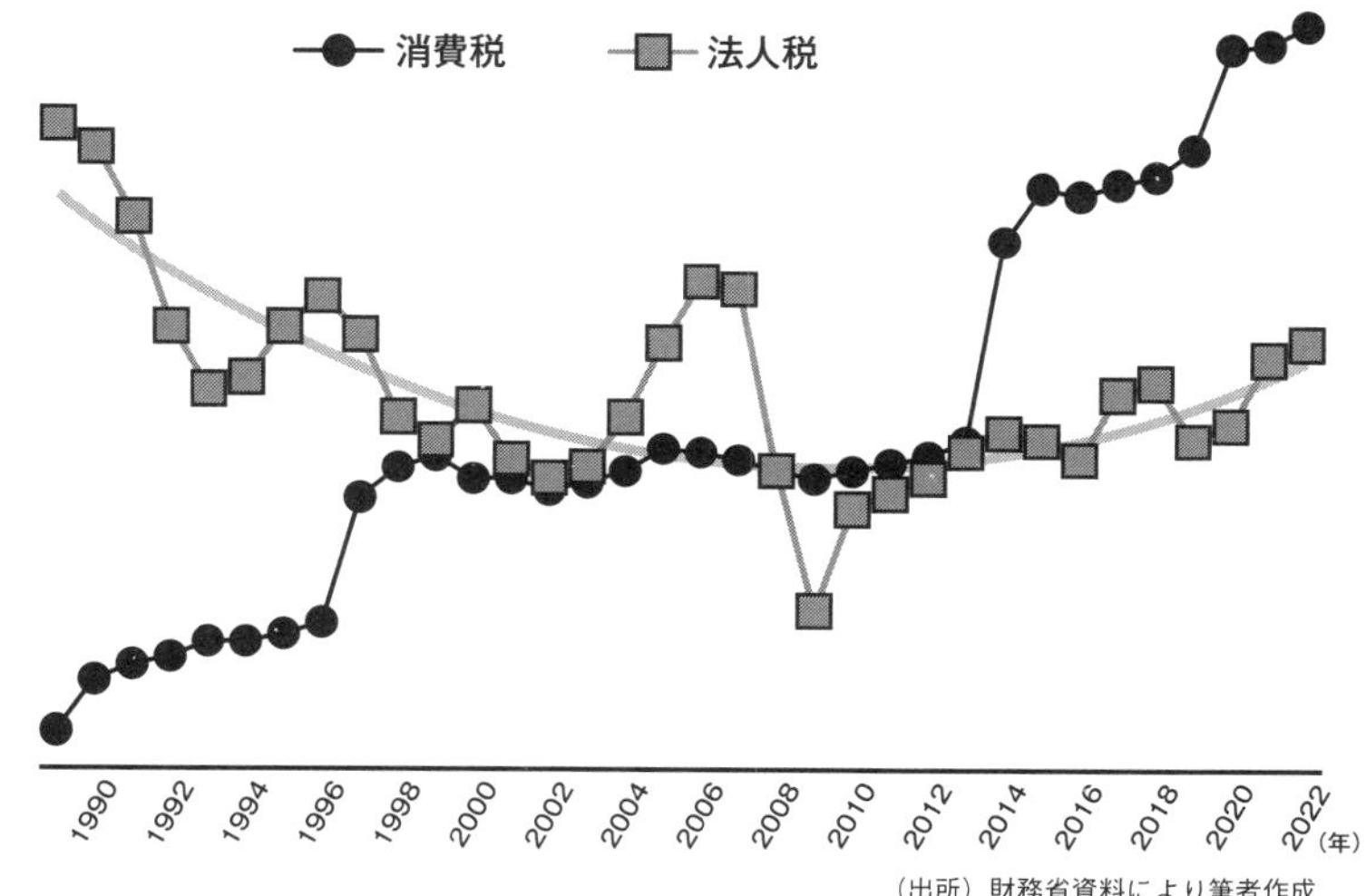

（出所）財務省資料により筆者作成

図3-３　社会保障給付費とその財源構成の推移

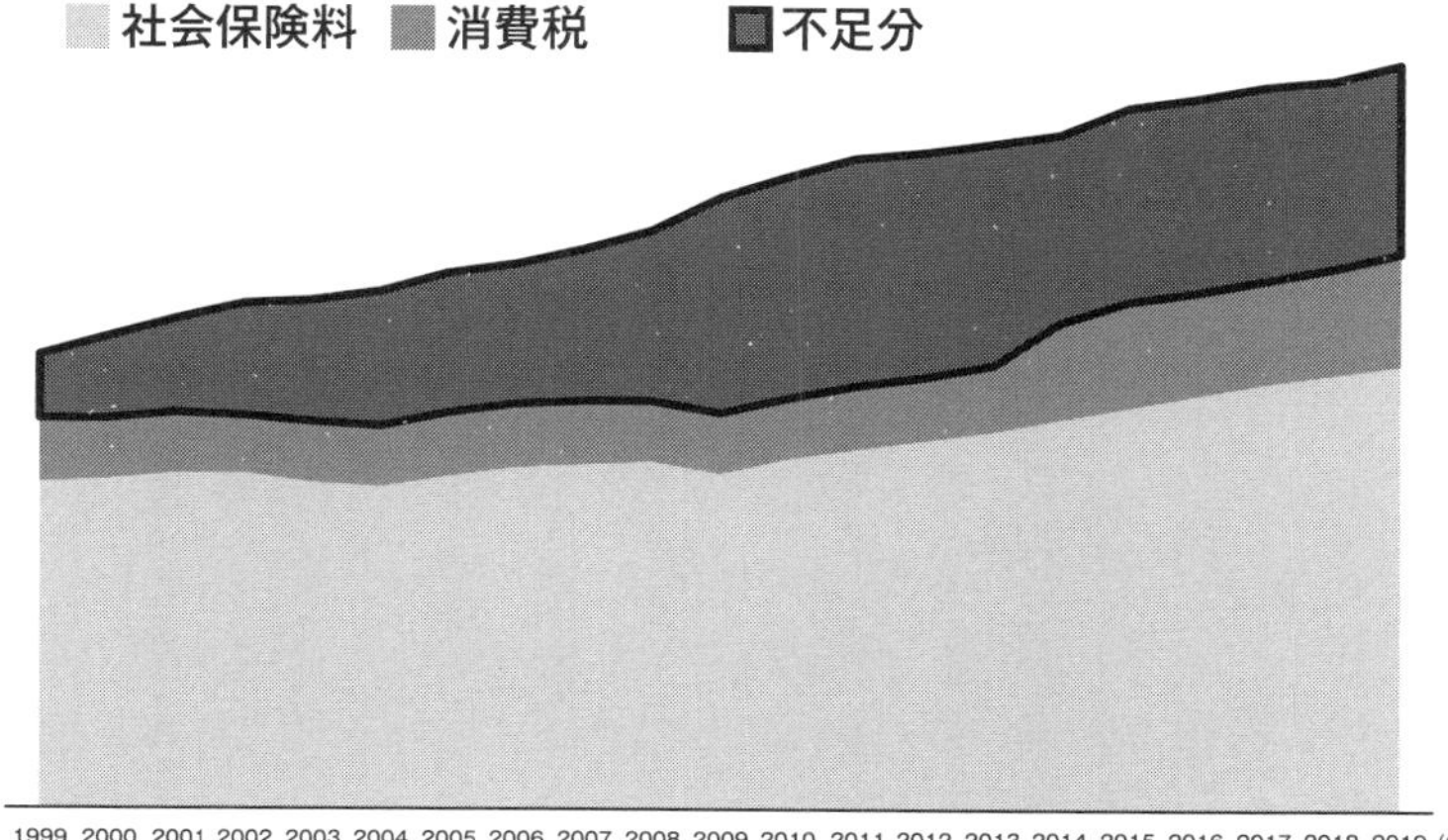

（出所）国立社会保障・人口問題研究所資料により筆者作成

会保障目的税なんて言うのは嘘だ」とか「消費増税は社会保障の充実とは関係ない借金返済に流用されている」などとの主張がなされることもあるが、そもそも、社会保障財政は赤字で、「借金（赤字国債を発行）」することで子や孫の負担で今の給付を賄っていて、しかもその赤字が莫大な政府債務として積み上がっていることを忘れてはならない。

つまり、「消費税増税は法人税減税の穴埋めだ」という主張は、法人税減収は国際競争力の確保、消費税増収は社会保障維持のためという異なる文脈から生じた結果をあたかも因果関係があるかの如く仕立て上げた「陰謀論」と言えば言い過ぎになるかもしれないが、誤解であることは確かだ。「社会保障財政は赤字」であり、「消費税は社会保障目的税化されている」という2つの事実を重ね合わせて考えれば、消費税減税・廃止を主張する以上は、代替財源をどうするのか、そしてその際の中長期的な影響についてもしっかり根拠を示して国民に提示する必要があるはずだが、説得的な議論はいまだ目にしたことがない。

消費税収を全額社会保障に充てても足りない

マクロ的に見れば、社会保障給付に対して消費税収が足りないのは明らかなのだが、実は当然のことながらいわゆる「社会保障4経費（年金、医療、子育て、介護）」と消費税の使い道を見ても明らかである。

参院選に際して行われた2022年6月19日のNHK「日曜討論」で、自民党の高市早苗政調会長（当時）が、先に見たれいわ新選組の主張に「消費税の使途は社会保障に限定されている。地方分も社会保障にしか使えない」と反論したことで、SNSでは、「#平気で嘘をつく高市早苗」がトレンド入りするなど大炎上した。

確かに、消費税は、一般財源に繰り入れられているという意味では、社会保障財源に特化した目的税とはいえない。しかし、旧民主党政権下の「社会保障・税一体改革大綱」（平成24年2月17日閣議決定）において、「消費税収（国・地方、現行分の地方消費税を除く）については、その使途を明確にし、官の肥大化には使わず全て国民に還元し、社会保障財源化する」とされたことを踏まえ、国分の消費税収については全額「社会保障4経費」に充てることとされ、また、引上げ分の地方消費税収（市町村交付金を含む。以下同じ）については「消費税法第1条第2項に規定する経費その他社会保障施策（社会福祉、社会保険及び保健衛生に関する施策をいう）に要する経費に充てるものとする」旨地方税法に明記された。さらに、消費税法第1条第2項では、「消費税の収入については、地方交付税法（昭和二十五年法律第二百十一号）に定めるところによるほか、毎年度、制度として確立された年金、医療及び介護の社会保障給付並びに少子化に対処するための施策に要する経費に充てるものとする」と規定されていて、社会保障目的税らしい体裁が整えられている。

これにより、消費税は、元々地方の一般財源であった地方消費税の1％分を除いて、事実上の社会保障目的税として機能している。

そうした実態を確かめるため、社会保障4経費と消費税の使い道を見ると、2022年度の社会保障4経費に係る公費負担は、国と地方の合計で45・3兆円（当初予算）であるのに対し、社会保障財源の消費税収は国と地方合わせて27・6兆円となっている。

このうち、2・8兆円は、地方の一般財源に充てられるので、残りの24・7兆円が、社会保障4経費に相当する消費税収であり、差し引き20・6兆円の不足が生じていることが分かる（合計額が一致しない箇所は端数処理の関係のため）。

つまり、社会保障に充てるとされている消費税収を全額社会保障に回したとしても、社会保障財政は赤字であることが確認できる。

さらに、公費負担に係る社会保障財政の収入不足額20・6兆円に対しては、プライマリー収支赤字が13・0兆円、つまり、新規の赤字国債発行額が13・0兆円であることを考慮しても、実は、残りの7・6兆円は、本来社会保障以外の歳出に充てられるべきはずの消費税以外の税収が流用されていることになる。

結論すれば、消費税を社会保障以外の目的のために流用しているどころか、赤字国債で「借金」した上に、他の財源を社会保障に流用しているのが実態であり、この点に関して言えば、高市早苗

図3－4　社会保障4経費と消費税の使い道（兆円）

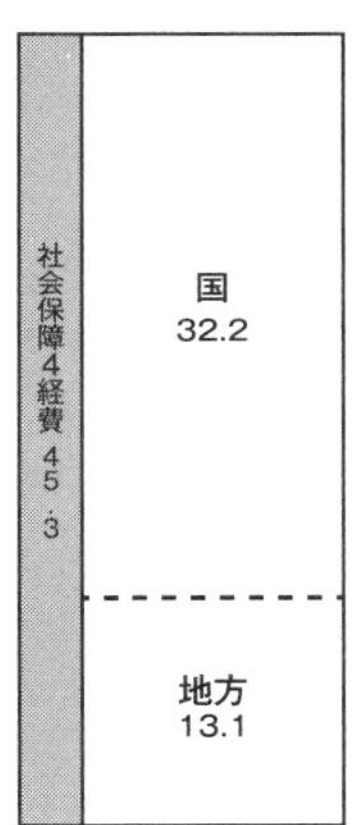

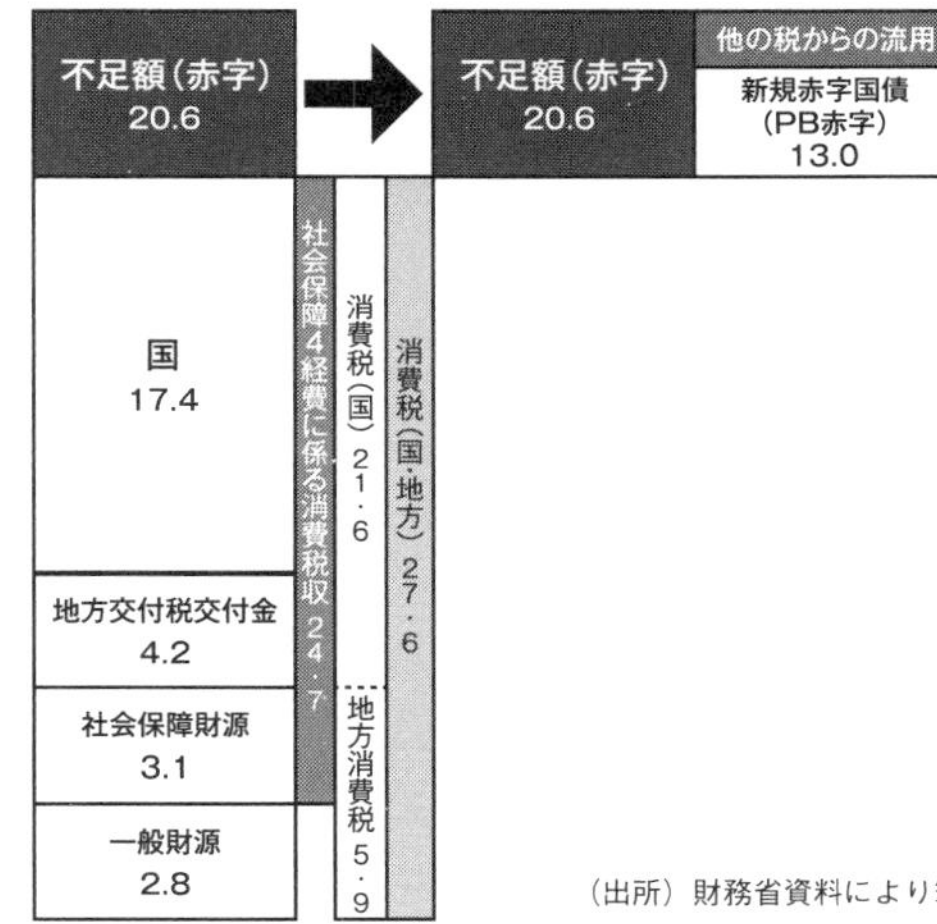

（出所）財務省資料により筆者作成

前自民党政調会長は嘘はついていなかった。

「消費税減税なら年金3割カット」は真実

さらに、高市前政調会長の発言の翌週、自民党の茂木敏充幹事長（当時）が、やはりNHK日曜討論で、「野党の皆さんがおっしゃるように消費税を下げると、年金財源を3割カットしなければなりません」と指摘し、これまたSNSを中心に大炎上となった。

事実上の社会保障目的税と位置付けられている消費税は社会保障を支える財源としては全く足りていないのが現状であるところ、野党が主張するように消費税を例えば5％に減税するならば、少なくとも消費税収24・7兆円×（5％／10％）＝13兆円弱の財源を別途手当てする必要がある。

もし財源が手当てできなければ、社会保障給付をカットせざるを得ないのは明らかであり、機械的に計算すれば、財源不足額13兆円÷社会保障4経費45・3兆円＝27％の削減率となり、「消費税減税なら年金3割カット」は恫喝でもなんでもなく、消費税減税の影響は、年金の公費負担だけにはとどまらず、幼児教育・保育無償化、児童手当、高校無償化等の子ども・子育て対策にも及ぶことは当然だ。

しかも、実際には「消費税減税なら社会保障3割カット」であり、簡単な算数の問題にすぎないことが分かる。

茂木前自民党幹事長の「消費税減税なら年金3割カット」という発言は全くの正論なのだ。

少子高齢社会の基幹税は消費税にすべき

基幹税が所得税の場合、勤労世代の負担が膨大に

しかし、よく考えてみれば、私たちは消費税だけではなく、所得税や住民税、社会保険料も負担している。消費税減税は確かに家計の負担軽減につながるが、所得税でも社会保険料でも、減税（軽減）すれば負担軽減にはなるはずだ。

なぜ、消費税減税が声高に主張されるのだろうか。ここではその理由を明らかにしたい。

まずは、簡単な仮想的な数値例を用いて、働く人が減る社会における基幹税には消費税が適している理由を解説したい。

①所得税の場合

今、ある国の総人口は１００で、内訳は、勤労世代80、引退世代20。引退世代は一切働かないものとする。この国では、引退世代一人当たりの社会保障給付額は40で固定されているとすれば、社

会保障サービスを維持するのに20×40＝８００必要になる。

　このとき、社会保障サービスを維持するのに必要な財源の調達手段が、所得税だけの場合を考えてみたい。

　引退世代は働かないと仮定しているので、引退世代向けの社会保障サービスのコストは全て勤労世代が負担することになり、８００÷80＝10で、勤労世代は一人当たり10負担しなければならない。一方、引退世代の負担は０である。

　次に、この国で、少子高齢化が進行し、勤労世代40、引退世代60になったとしよう。従来通り、所得税だけで社会保障サービスを維持するならば、勤労世代の一人当たりの負担は60（＝60×40÷40）と、少子高齢化が進行する前の6倍の負担に激増してしまうものの、引退世代の負担は相変わらず０のままとなる。さすがにこれでは不公平であるし、勤労世代の不満が高まってしまうだろう。

　このように、働く人が減る社会にあっては、所得税を基幹税（税制における中心的な税）に据えたままであれば、社会保障などの行政サービスをスリム化して歳出レベルを下げない限り、勤労世代の負担が増していく一方となる。しかし、一般的に、少子高齢社会では、社会保障の需要が増すので、他の支出を削ってもトータルで見た歳出レベルが増えてしまうことが十分予想できる。

②消費税の場合

そこで、所得税のように勤労世代にのみ負担を課すのではなく、勤労世代も高齢世代も全国民が一様に負担する消費税を導入した場合を考えてみよう。

消費は、全国民が行うので、消費税の場合、全国民が負担者となる。したがって、少子高齢化が進行する前の国民一人当たり負担は800÷100＝8であるのに対して、少子高齢化が進行した後の国民一人当たりの負担は2400÷100＝24となる。消費税の場合、少子高齢化の進行前後での勤労世代の負担は3倍にとどまる。

消費税は勤労世代の負担を軽減する

所得税から消費税へ税制を変更する場合、少子高齢化進行後の勤労世代の負担を比較すると、勤労世代の負担は60から24へ36軽減され、引退世代の負担は0から24へ24増加することになる。

このように、少子高齢化が進行する社会にあっては、所得税を基幹税としたまま据え置くと、勤労世代の負担増は不可避となる。勤労世代の負担増加は、少子化を招くことになるので、税制変更がない場合、少子化の進行が勤労世代のさらなる負担増を惹起し、それがまた少子化を加速する少子化スパイラルに陥ってしまう。これでは、国の存続が難しくなってしまう。

そこで、少子高齢化が進行する社会では、所得税から消費税への転換が合理的となるのである。

これこそが、政府が消費税を少子高齢化時代にふさわしい税制と呼ぶ理由と言える。

日本では、今後猛烈な勢いで少子化、高齢化が進行する。現在、０から14歳までの子どもたちが労働力として社会に出る２０４０年を考えると、20歳から64歳までの勤労者は０・８０倍となり、65歳以上の高齢者は１・０８倍、総人口は０・８８倍になると見込まれている。

つまり、少子化、高齢化の進行を前提にした上で、同じ税収を維持しようと思えば、財源を所得税に頼る税収構造を維持するならば、子どもたちの負担は１・３５倍にならざるを得ない。一方、消費税を根幹に据えるなら１・２３倍で済む。消費税によって子どもたちの負担が軽減されることが理解できるだろう。

裏を返せば、先の試算例で見た通り、所得税から消費税への転換によって勤労世代の負担は減るものの、引退世代の負担は増えるため、当然、政治的な摩擦が発生することになる。いわゆるシルバー民主主義の存在を念頭に置けば、野党が、消費税減税（廃止）を唱えるのは、高齢者に迎合し、目先の票を確保するための党利党略に他ならない。

同様のことは、現在、与野党ともに子育て世代の票を取り込もうと、安定財源の裏付けのない子育て支援策の新設・拡充を乱発していることにも当てはまる。なぜなら、財源がないということは当面赤字国債で財源を賄わざるを得ないからである。赤字国債は発行から60年後にようやく全額償還されるので、子どもたちが子育て支援や教育の拡充で便益を受けたとしても、それを返すのは結局子どもたちなのだ。子どもたちに便益を施すとしても、費用の出どころが子どもたちのポケットからくすねたお金なのであれば、詐欺同然の行為と言えるだろう。

消費税が嫌われる3つの理由

消費税減税は主に高齢世帯の得になる

次に、総務省統計局「家計調査」を用いて、仮想例ではない現実の所得税や消費税、社会保険料の所得階層別・世代別の負担額の違いを見てみることとしたい。

表3－1から、年収が450万円までの世帯では消費税負担が所得税等負担を上回ることが分かる。450万円までの所得層で全体の46％を占めるので、確かに消費税減税を実行すれば多くの家計、しかも低所得層が助かるのは間違いない。消費税減税に説得力があるように見えるだろう。

次に、同じく、総務省統計局「家計調査」を用いて、今度は、世帯主の年齢別の所得税や消費税、社会保険料の負担額を見てみよう。

表3－2からは、まだ低い給与しかもらえていない30歳未満と、引退した65歳以上の世帯で消費税負担が所得税等負担を上回っていることが分かる。ちなみに、高齢世帯の年収は多くが300万円前後となっている。また、30歳以上64歳以下の世帯では所得税等負担が消費税負担を上回ってい

表３－１　所得階層別税・社会保険料負担額（万円）

	平均	200万円未満	200～250万円	250～300万円	300～350万円
（1）所得税等	56.7	4.2	9.4	10.0	13.1
（2）消費税	31.6	15.3	19.0	22.0	21.6
（3）税金（(=（1）＋(2))	88.3	19.5	28.4	32.0	34.7
（4）社会保険料	78.4	14.1	25.8	28.8	34.2

	350～400万円	400～450万円	450～500万円	500～550万円	550～600万円
（1）所得税等	17.3	21.3	25.9	27.0	31.7
（2）消費税	23.2	23.9	24.4	26.0	27.8
（3）税金（(=（1）＋(2))	40.5	45.2	50.3	53.0	59.5
（4）社会保険料	40.6	44.6	53.6	50.6	58.0

	600～650万円	650～700万円	700～750万円	750～800万円	800～900万円
（1）所得税等	35.1	42.9	46.0	52.7	64.3
（2）消費税	28.0	29.6	30.2	32.7	34.9
（3）税金（(=（1）＋(2))	63.1	72.5	76.2	85.4	99.2
（4）社会保険料	64.0	74.0	74.9	80.7	93.9

	900～1,000万円	1,000～1,250万円	1,250～1,500万円	1,500万円以上
（1）所得税等	73.9	101.9	143.3	238.8
（2）消費税	38.1	40.9	46.9	55.5
（3）税金（(=（1）＋(2))	112.0	142.8	190.2	294.3
（4）社会保険料	103.6	122.8	143.7	177.8

（出所）総務省統計局「家計調査」により筆者作成

るのが分かる。つまり、年齢別に見れば、消費税減税は主に高齢世帯の得になるのだ。

以上の点をあわせて考えれば、消費税減税で恩恵を受ける家計の多くは高齢世帯であることがわかる。逆に言えば、多くの高齢世帯では、所得税減税はほとんど恩恵に与ることはできない。だから、高齢世代の得にならない、つまり政治から見れば票にならない所得税減税は主張されないのだ。

消費税の「逆進性」は問題なし

もう一つ、消費税が嫌われる理由として強調しておかなければならないのは、逆進性の問題であろう。

先ほどの簡単な数値例では、みな同じ所得すなわち同じ消費水準だと仮定していたが、実際にはそんなことはない。たくさん消費できるお金持ちもいれば、そうでない人もいる。

つまり、消費税は、累進税率を適用できる賃金税と違って、年齢を問わず、所得の高低を問わず、一律の税率が適用されるので、年齢にかかわらず所得の低い方の負担は収入比で見て過重になってしまう。

しかし、現実に戻って考えれば、消費税だけで公平性を実現する必要はさらさらなく、累進所得税や様々な社会保障給付を組み合わせることで消費税の逆進性を是正し、垂直的公平性を実現しているのだから、消費税だけを取り出してその逆進性を強調するのは無意味なのだ(32)。

表3-2　世帯主の年齢階級別税・社会保険料負担額（万円）

	平均	30歳未満	30～34	35～39	40～44
（1）所得税等	35.4	18.3	28.0	34.1	38.0
（2）消費税	30.9	18.6	24.7	28.6	31.2
（3）税金（(=（1）+（2）)	66.3	36.9	52.7	62.7	69.2
（4）社会保険料	58.4	37.0	51.4	57.0	64.5

	45～49	50～54	55～59	60～64	65～69
（1）所得税等	42.1	49.5	52.0	36.6	3.9
（2）消費税	33.4	36.3	37.0	36.2	11.0
（3）税金（(=（1）+（2）)	75.5	85.8	89.0	72.8	14.9
（4）社会保険料	67.2	57.5	44.9	32.2	9.3

	70～74	75～79	80～84	85歳以上
（1）所得税等	3.3	2.7	3.5	3.6
（2）消費税	11.0	10.1	9.2	9.1
（3）税金（(=（1）+（2）)	14.3	12.7	12.8	12.7
（4）社会保険料	9.5	8.3	7.8	8.5

（出所）総務省統計局「家計調査」により筆者作成

表3－3によれば、日本の場合、年収300万円台までは所得税や消費税、社会保険負担よりも給付の方が多く、400万円台ではほぼトントンとなっている。つまり、確かに消費税だけを取り出してみれば、所得の低い者ほど所得に占める消費税負担が重く、所得が上がるにつれて所得に占める消費税負担が軽くなる「逆進性」は存在するものの、所得税や社会保険負担、さらには社会保障給付を含めたトータルで見れば消費税の逆進性は解消されている。

要するに、低所得世帯への配慮が適切になされれば、「働く人が減る社会の基幹税としては消費税が適している」のであり、労働人口減少社会においては、賃金税を基幹税とするよりも、消費税を基幹税とした方が、経済・社会の支え手である勤労世代の負担が軽減されるのだから、（基幹税が賃金税のときよりも）負担が増える引退世代が反対するのであれば、反対の理由もよく理解できるのだが、現実には負担が軽減されるはずの勤労世代までもが、口角泡を飛ばして消費税反対！を叫ぶのは、なんとも理解に苦しむのが正直なところだ。

（32）もしそれでも消費税の一時点で見た逆進性が問題だとするならば、低所得者に対しては、給付付き税額控除を実施すればよい。つまり、低所得者の基礎的生活費に課税される消費税相当額を、所得税や住民税から控除・還付・給付することにより逆進性を解決するのだ。

表3-3　所得階級別受益と負担

	当初所得	総所得	純負担	負担（万円）								給付（万円）					
			(%)	総額	税金			社会保険料				総額	現金給付		現物給付		
	(万円)	(万円)	(3)=(1)−(2)	(1)	合計	所得税	消費税	合計	年金	医療	介護・その他	(2)		年金・恩給		医療	介護
総数	429	544	-48.1	134.2	76.2	53.5	22.7	58.0	26.5	23.4	8.1	182.3	115.2	108.4	67.0	51.4	13.1
200万円未満	135	275	-149.4	47.9	26.1	15	11.0	22	4	11	6	197	139	134	58	50	7
200万円台	249	362	-113.6	72.8	37.0	21	15.6	36	12	17	7	186	114	108	73	56	15
300万円台	345	433	-44.1	99.6	50.3	31	18.9	49	21	21	7	144	88	82	55	40	10
400万円台	445	525	0.1	125.2	62.4	41	21.0	63	29	26	8	125	80	73	45	36	1
500万円台	544	607	39.5	142.7	70.1	46	23.9	73	36	28	8	103	63	54	40	31	6
600万円台	646	710	58.1	170.9	85.0	59	25.6	86	44	33	9	113	65	55	48	40	5
700万円台	746	796	88.9	195.2	98.0	70	28.4	97	52	37	8	106	51	44	56	39	12
800万円台	843	890	127.6	228.5	117.0	88	29.3	111	61	40	10	101	47	37	54	39	12
900万円台	945	996	153.5	252.1	124.3	92	32.1	128	69	48	11	99	52	44	47	29	10
1,000万円以上	1,489	1,526	355.2	443.4	278.1	238.7	39.4	165.3	87.6	62.6	15.1	88.2	37.5	32.8	50.7	39.7	7.6

（出所）厚生労働省「所得再分配調査」、総務省統計局「全国家計構造調査」により筆者作成

資産(ストック)ある高齢者は消費増税に反対する

さらに、別の視点としては、賃金税よりも消費税が優れている理由として、つまり、消費税が嫌われる理由として、経済のストック化を挙げられる。

つまり、金融資産を保有する家計が増えれば、課税ベースとして金融資産を含めて考えるべきなのだが、金融資産は移動が容易であることもあり、また把握が難しいこともあって、金融資産に直接課税しようとするなら、脱兎の如くに海外流出が起きてしまうだろう。

実は、金融資産に直接課税するのではなく、消費に課税することで、全く同じ効果

とは言えないものの、少なくとも賃金税よりは多く税を確保することができる。

今、A氏は賃金所得を100稼ぎ、金融資産は0、B氏は賃金所得は0だが、金融資産を100持っているとしよう。A氏、B氏ともに消費に50回す場合を考えてみる。

賃金税率が20%の社会では、A氏は20だけ税を負担することになるが、B氏は賃金所得が0なので税負担は0である。

一方、賃金税率は0%とする一方で、消費税率が20%だとすれば、A氏、B氏とも消費税負担額は10となる。

このとき、税制変更の前後ではA氏の税負担は20から10となり10減るのだが、反対に、B氏の税負担は0から10に増えることになる。

このように、資産（ストック）があって所得（フロー）が少ない場合、賃金税はほとんど負担しなくても済むのに対して、消費税であれば所得だけではなく資産も含めた「使えるお金」に対してきっちり負担させることが可能となる。しかし、であるからこそ、先のB氏は消費税に反対するはずだ。

世代内、世代間における資産の集積度合いの違いが格差社会を生んでいることを考えると、ストック化社会において、明らかに消費税が賃金税よりも優れているのだが、現在の高齢世代はすでに資産形成を終えていて、日本全体の資産の6割以上を占有しているので、やはり高齢世代が消費税に反対することになるのだ。

サービスは受けたいが、コストは負担したくない

高齢者をはじめとして、消費税により負担が増加する人たちは、これ以上の消費税引き上げを阻止できるなら、「消費税は法人税減税の穴埋め」「消費税は逆進的」「消費税は景気を冷やす」等理由はなんだって構わない。

そして、そうした「声の大きい」高齢世代の意向を反映して政治が消費税減税や廃止を主張し、票の上積みを目録むのだ。

政治は票が取れればやはり理屈はいらず、「ダメなものはダメ」とにかく感情に訴えれば勝ち。国家運営や声なき声、すでに生まれてはいるが投票権を有しない18歳未満の0票世代に対する責任感が欠落している。

消費税への反対が全国民的に根強いのは、社会保障給付や行政サービスは受けたいけれど、そのコストは、自分以外の誰かが負担してほしいと思っている者が多い現状を映し出しているとも言えるのかもしれない。

しかし、「自分以外の誰か」というのは、賃金税を負担する勤労世代であったり、赤字国債の実質負担者となる子や孫であったりということなのだが、高齢世代はそうしたことには思いが至らな

いのであろう。

もちろん、実際には消費税を引き上げたところで、現在の赤字垂れ流し、債務山積みの財政状況に鑑みると、それでもやはり子や孫の負担は膨大にならざるを得ないのだが、逃げ切り世代に逃げ切りを許さずに、応分の負担を求めようと思えば、消費税が適切であり、だからこそ消費税が嫌われ、政争の具とされ続けることになる。


確かに、消費税を増税すれば景気は下向くだろう。しかし、それは所得税を増税しても、社会保険料を増税しても、法人税を増税しても同じことのはず。逆に、消費税を減税すれば景気は上向くだろう。しかし、それは所得税を減税しても、社会保険料を減税しても、法人税を減税しても同じことなのだ。


それにもかかわらず、なぜ消費税だけが嫌われるのか？

それは、所得税も社会保険料も法人税も多くの高齢者には関係のない話で、高齢者は自分は逃げ切れるため日本の将来に興味がないからに他ならない。高齢者の一番の関心事項は、自分の懐具合と自分の懐を痛める消費税なのだ。

これが世界でも深刻な世代間格差が一向に改善されないことからも導き出される解答だ。

社会保険料負担こそ深刻

このように、高齢世代に嫌われ、さらになぜか勤労世代にも勘違いから嫌われている消費税であるが、実は、家計の負担で最も重いと言えるのは、所得税でも消費税でもなく、社会保険料の負担なのだ。

先の表3－2によれば、所得階層別で見れば、200万円未満と1500万円以上の所得階層を除いた所得階層で、社会保険料負担が所得税等負担も消費税負担も上回っていることが分かるし、表3－3によれば、64歳以下の現役世帯のうち、54歳以下の世帯で社会保険料負担が所得税等負担も消費税負担も上回っていることが分かる。

つまり、本当に家計の負担を軽減したいと思えば、消費税減税ではなく、社会保険料負担の軽減（廃止）をこそ要求し主張すべきなのだ。しかし、そもそも、高齢世帯では社会保険料の負担は小さいので軽減されたところで得にはならない。

社会保険料は私たちの負担だけでも39兆円、企業負担も入れると74兆円もあるので、廃止や軽減するにしても規模が大きすぎて、21・6兆円に過ぎない消費税収を減税するのとは比べ物にならず、社会保障財政は即破綻することになるだろう。

社会保障財政が破綻することで一番困るのは生活費の多くを年金に頼り、医療や介護のサービスを受ける高齢者に他ならない。

高齢者の利益になることは提示しても不利益になることは絶対にやらない。これこそがシルバー民主主義に突き動かされた高齢者優遇政治の神髄だ。

年金制度を骨抜きにするバラマキ策

実は縮小している所得格差

こうしたバラマキ合戦の背景には、アベノミクスにより日本では所得格差が拡大したとの認識が与党野党問わずあるようだ。しかし、現実は全くの逆である。

厚生労働省政策統括官付政策立案・評価担当参事官室「所得再分配調査」より、所得の不平等さを測るジニ係数の推移を見ると、所得税や社会保険料を支払う前の当初所得ジニ係数によれば、1990年以降上昇（つまり、所得格差は拡大）を続けてきたものの、2014年をピークに2017年は低下している。

さらに、当初所得から税・社会保険料を控除し、年金などの現金給付、医療・介護や保育などの現物給付を足し合わせた再分配所得ジニ係数の推移を見ると、1990年以降では、2005年をピークに2017年に至るまで、総じて見れば低下している。

つまり、巷間に流布するアベノミクスが所得格差を拡大させたという指摘は、当初所得・再分配

図3-5　ジニ係数の推移

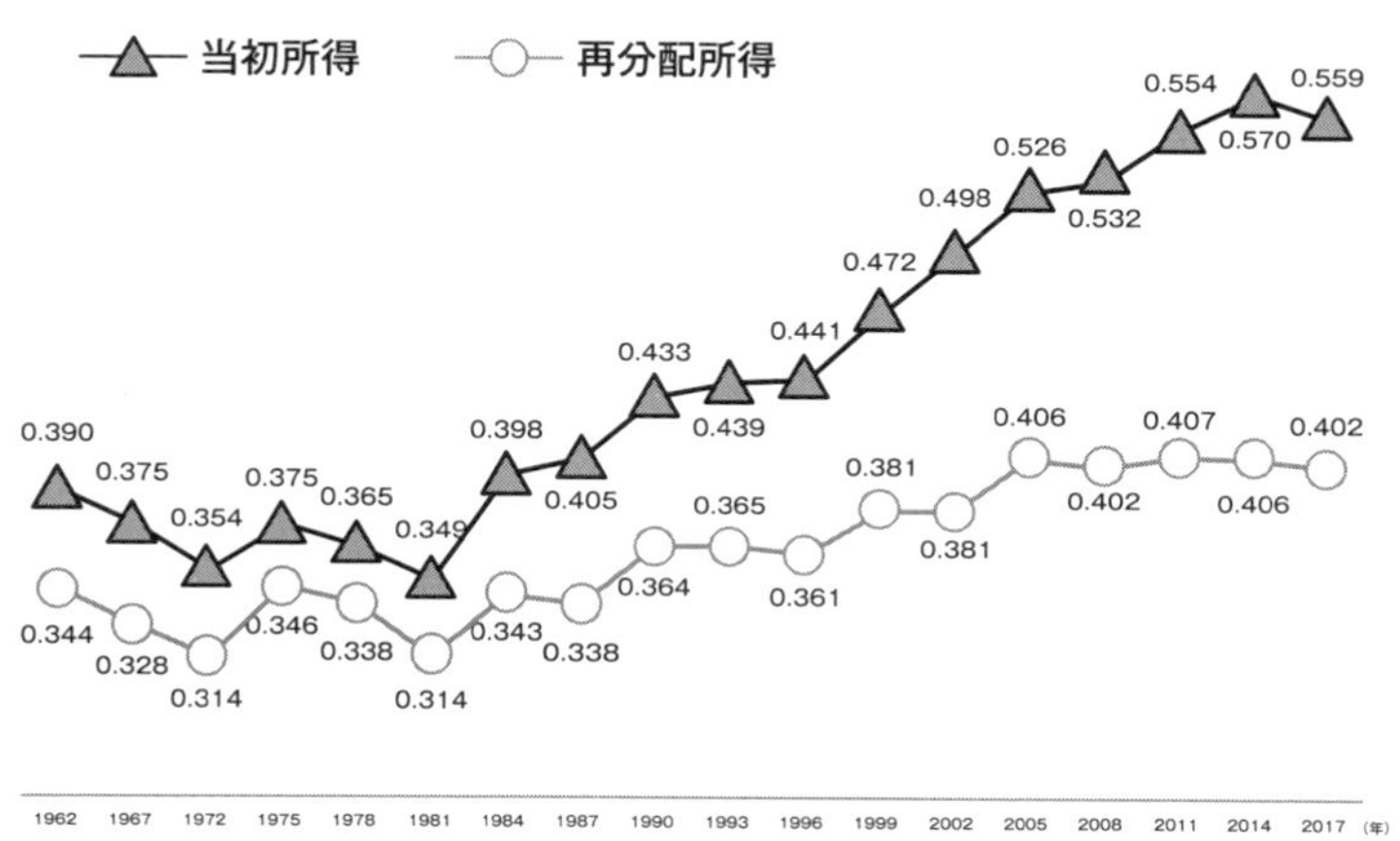

（出所）厚生労働省政策統括官付政策立案・評価担当参事官室「所得再分配調査」より筆者作成

所得のどちらで評価しても誤解であり、むしろ円安誘導などによる雇用環境改善や、主に社会保障による再分配効果で所得格差は縮小に転じたのだ。

誤った現実認識の上に、矢野前財務事務次官が指摘するように、コロナ禍を口実に、「タイタニック号が氷山に向かって突進しているよう」にバラマキ合戦を繰り広げて、日本財政を破綻に至らしめようとしているのは、無責任のそしりを免れまい。

バラマキたい政治に欲しがる国民

しかし、バラマキを主張するのは、政権の座になくしたがってある意味「無責任」でいられる野党だけでなく、財政運営に責任ある立場にあるはずの与党からもしばしばバラマキが主張される。

2022年3月政府・与党は、新型コロナウイルス感染症の感染拡大の影響による賃金低下が年金の支給額に及ぼすマイナスの影響を軽減し、年金受給者を支援するため、新たな「臨時特別給付金」を設ける方針との報道があった。のちに取り下げられはしたが、報道によれば、すでに別の支援策を受けている住民税が非課税の世帯を除く年金受給者らおよそ2600万人を対象に、1回限定で一人当たり5000円、総額1300億円を支給するという内容だった。

なぜ、年金額に賃金低下が影響を与えるのか、そして5000円なのか、第2章で説明した通り、新規裁定者は賃金スライド、既裁定者は物価スライドというルールに2021年4月より変更が加えられたからだ。

2022年度の年金額の算定基準を見ると、物価変化率がマイナス0・2%、名目手取り賃金変化率マイナス0・4%と、物価(マイナス0・2%)>賃金(マイナス0・4%)であり賃金が物価を下回った。この結果、今年度の年金額は、新規・既裁定年金ともに、名目手取り賃金変化率のマイナス0・4%での減額改定となった。

金額に直せば、自営業者らが受け取る国民年金は月額259円(年額3108円)、会社員や公務員らが受け取る厚生年金は、いわゆる「モデル世帯(平均的な収入があった夫婦二人世帯)」で、月額903円(年額1万836円)の減額となる(33)。

こうして考えると、政府・与党が、5000円の「臨時特別給付金」を年金受給者一人当たりにバラまくことにしたのかが理解できるだろう。つまり、5000円という金額なのは、国民年金受給者であれば年金減額改定分をカバーしやや余裕ができるし、厚生年金受給世帯であっても夫婦二人であれば計1万円となり、減額分をほぼカバーできるからである。

実は5000円という金額は国民年金受給者にとっても厚生年金受給者にとっても多すぎず少なすぎない絶妙な金額であり、年金の目減り分を補うに過ぎないため、もらう側からも、負担する側からも批判が抑えられるとの緻密な計算の上に考えられた提案であった。

しかし、「臨時特別給付金」は、結局は、現役世代や子どもたちによる税負担を財源としており、現役世代の年金負担を軽減するという制度改正の主旨に対する挑戦であり、台無しにするものだ。これは、物価スライド特例措置により、本来は、2000年度から2002年度にかけての物価下落時にルールに従ってマイナス改定をせず、年金額を据え置いた結果、2004年度改正で導入されたマクロ経済スライドの発動が実質的に困難になり、年金財政を危うくした前例を想起させる。

（33）なお、改定率がマイナスの場合には、マクロ経済スライドによる調整は行わないこととされているため、2022年度の年金額改定においては、マクロ経済スライドによる調整は行われず、2021年度からの繰越分（マイナス0・1%）と、今年度の未調整分（マイナス0・2%）を合計したマイナス0・3%が、翌年度以降にキャリーオーバーされることになった。そしてこのキャリーオーバー分は2023年度の年金改定において解消された。

そもそも、年金受給者の生活は、現役世代に比較して、コロナ禍においても安定していたはずであり、年金受給世代への臨時給付は不要と考えるのが普通だ。であるとすれば、こうした動きの背後には何らかの思惑が隠されているに違いない。

読者の中には「たった５０００円にめくじらを立てなくてもいいのではないか。大袈裟だ」との感想を持った方もいるかもしれない。しかし、ルール上本来削減されるべき年金額を年金制度とは別枠の仕組みをわざわざ作って補填するのを一度認めてしまえば、これが前例となって今後年金の減額が見込まれる事態になった時にも、同じことが繰り返されるリスクが非常に高く、現役世代の負担軽減策が骨抜きにされ、年金制度の根幹を揺るがす事態に陥ってしまうことに留意が必要だろう。それは回り回って若者の年金制度への信頼性・公平性を損ない、年金制度を危機に追いやってしまう。

このように、このバラマキ策の本質的な問題は年金制度、特に現役世代の負担軽減策を骨抜きにすることにあり悪質だ。

では、長期的に見れば年金制度の信頼性を損ね、自分で自分の首を絞めることになる悪手であるにもかかわらず、なぜ政治はバラマキたがり、国民はクレクレと欲しがるのだろうか？

国会は予算のダイエットを

高まる高齢者の「政治力」

政治がバラマキたがるのはズバリ票のために他ならない。

政治における高齢者の影響力は、1967年第31回衆議院議員総選挙時点の65歳以上投票者数を64歳以下投票者数で割った値を100とすると、2021年の第49回衆議院議員総選挙では742と実に7・4倍になっている。さらに、総投票者数に占める高齢者投票者数で定義した「民意の高齢化指数」を見ると、1967年の9・0から2021年では36・8と4倍になっている。なお、2015年に18歳選挙権が導入にされたことに伴う初の選挙が実施された2017年以降民意の高齢化にやや歯止めがかかっていることも確認できる。やはり、若者の投票参加はシルバー民主主義に対抗する上でも重要である。

つまり、政治における高齢者の影響力は増大しており、高齢者の民意を最大限に慮れば当選に近付くのは明らかであるから、政党や政治家は、(勝手に)高齢者の意向を忖度し、バラまくことで

図3-6　増大する高齢者の影響力

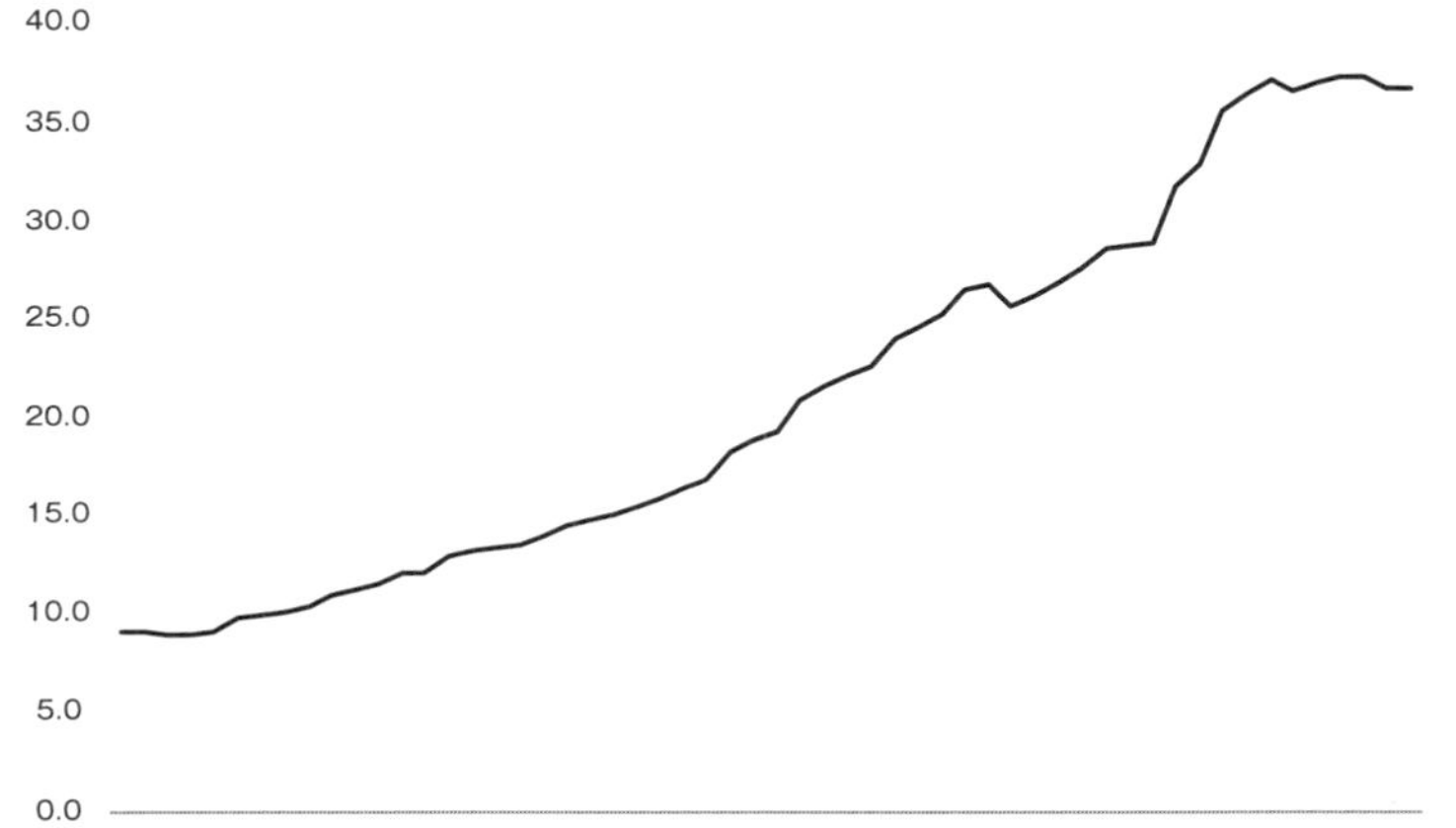

（出所）総務省資料などにより筆者作成

票につなげようするのだ。

　では、なぜ高齢者の意向を忖度した結果がバラマキとなるのだろうか？ ２０１９年の第25回参議院議員通常選挙時に、突如として年金だけでは老後の生活資金が２０００万円不足するという問題が争点化されたが、厚生労働省「国民生活基礎調査」によると、２０１８年時点、年金を受給開始したばかりの60代では、貯蓄残高が２０００万円以下の世帯は63・5％、しかも貯蓄ゼロは12・4％（男性の独居世帯19・5％、同女性20・0％）に及んでいる。それに加えて足元でのインフレを勘案すると、老後の生活資金が不足するとの恐怖が高齢者を突き動かしていることは容易に想像がつく。

豊かになれない現役世代

しかし、実は生活に困っているのは、高齢者に限ったことではなく、現役世代も趨勢的に見れば貧しくなっているのが現在の日本だ。

厚生労働省「国民生活基礎調査」によると、一世帯当たり平均所得はピークの1994年664・2万円から2018年では552・3万円と、ほぼ30年前の水準に逆戻りするなど、総じてみれば減少傾向、せいぜい横ばいと、今の高齢世代が経験してきたようには豊かになれていないのが現状だ。これは経済成長の低迷もあるが、税や社会保険料の増加も大きい。例えば、1994年には一世帯当たり平均117・4万円だった所得税や社会保障負担額は2018年には134・6万円に増加している。

このように、現役世代も豊かになる期待よりは、貧しくなるリスクの方が高いが故に、バラマキを要求し、政治も高齢者の票にさらなる上積みを狙ってその要求に応えることになる。

しかし、先の短い高齢者はともかく、今後も長く財政に責任ある現役世代はなぜ財政破綻の危機があり、将来確実に大増税をもたらすバラマキを支持するのだろうか？ それは、日本の放漫財政は今現在誰にも直接痛みを与えてはいないからである。

財政法上の特例としてほぼ50年の長きにわたり赤字国債を発行し続けてきた政府は、国内金融機関が国債バブルの持続性に懸念を抱き始めると、インフレ率2％目標達成を口実に、異次元緩和により実質的に日本銀行に赤字国債を買い取らせることで、政府の放漫財政を支えてきたのだ。

大量の国債を抱え込む日銀

ここでは、量的・質的金融緩和（異次元緩和）が行われる直前の2013年3月31日と、2022年7月31日現在の日銀の貸借対照表の状況を比較してみたい[34]。

まず、資産を見ると、異次元緩和前は164・3兆円だったのが、現在は、561兆円増の725・4兆円にまで膨れあがっている。

中でも、「国債」が125・4兆円から545・3兆円とおよそ419・9兆円も急増している。これは、日銀は、インフレ率を押し上げるためにマネタリーベース[35]（日本銀行が世の中に直接的に供給するお金）を増やすことを目指して国債を大量に買い取ってきたからに他ならない。

一方、負債を見ると、「当座預金」が58・1兆円から165・6兆円へ、482・6兆円増えて

（34）日本銀行は、2013年4月4日、金融政策決定会合で「量的・質的金融緩和」（異次元緩和）の導入を決定し、量的緩和は2％の物価安定目標を達成するまで継続するとした。

（35）具体的には、市中に出回っているお金である流通現金（「日本銀行券発行高」＋「貨幣流通高」）と日本銀行当座預金（日銀当座預金）の合計値を指す。

いる。これは市中銀行から国債を買い取った代金を各行が日銀に保有している当座預金口座に入金しているからだ。「発行銀行券」も83・4兆円から120・3兆円に37兆円増加している。発行銀行券、つまり私たちが普段目にするお札も日銀から見れば負債に他ならない(36)。

要するに、日銀は市中銀行から国債を買い取り、当座預金残高を増やすことで、マネタリーベースを膨らませているのだ。

このように、現在のところ、日銀が国債を買い進めることで政府の財源調達が粛々と進んでいるかのように見えるため、あたかも現在世代の誰にとっても痛みを与えることなくお金が湧き出てくる魔法の杖があるかのような歴史上類まれな状況にある。現在日本人が手にしたこの魔法の杖を未来永劫安心して使えるのであれば、それを使うインセンティブを持つのは当然であり、合理的である。

「バラマキたがる政治と欲しがる国民」を可能にしているのは、財政ファイナンスの存在である。

バラマキを支えるMMT

こうした状況を指して、「自国通貨建て国債をいくら発行しても、債務不履行にはならないため、いくら借金をしても財政破綻は起きない」とするMMT(Modern Monetary Theory、現代貨幣理論)は、日本こそMMTを実践する国であると高く評価している(37)。

MMTによれば、財政赤字が、国民の資産を増やすのであり、インフレがある水準を超え加速しない限り、政府はいくらでも財政赤字を大きくできると主張している。税や国債を財源とすることなく、貨幣を発行することで、社会保障や社会インフラの整備、環境対策など公共サービスを充実させることができるとするので、バラマキ派の理論的根拠となっている(38)。

実際、リフレ派やMMTは、インフレ率が2%に達するまでは国債を発行してでも財政拡大と主張していたし、インフレ率2%を達成した現在は、インフレで国民が困っているので積極財政によって家計の下支えをするべきと主張している。結局、マクロ経済状況にかかわらずバラマキを欲

---

(36)日本銀行HPの「教えて!にちぎん」によれば、銀行券が負債である理由として、金本位制度の下では、銀行券の価値は保有する金や銀という資産に由来し、したがって、銀行券は、いわば日本銀行が振り出す「債務証書」のようなものだった。一方、金や銀の保有義務が撤廃された後は、銀行券の価値の安定については、「日本銀行の金融政策の適切な遂行によって確保されるべき」という考え方に基づき、結局、銀行券は、日本銀行が信認を確保しなければならない「債務証書」のようなものであるという性格に変わりはないからだとしている。

(37)MMTの主唱者の一人であるステファニー・ケルトン教授は「巨額の財政赤字でもインフレも金利上昇も起こっていない日本はMMTの成功例」と述べている。

(38)MMTはインフレがある水準になったら、歳出削減や増税によって総需要を削減することでインフレを抑制すればよいと主張するが、そもそも上限とするインフレ率の水準を具体的に示した研究を知らない。また、議会制民主主義の国において、増税や歳出削減が簡単にできるのであれば、日本でこれほど財政状況が悪化することもなかったであろう。

しているのであり、理屈はリフレだろうがＭＭＴだろうがなんでもいいのだ。

近付く放漫財政の限界

しかし、現在は状況が変わりつつある。

資源価格の高騰やさらなる円安への調整が今後も続き、世界的にインフレや高金利が基調になれば、いつまでも財政ファイナンスは続けられないから、バラマキも持続的ではない。

国債は、一般的にはその国の中では最も安全な資産であると考えられているが、それでもやはり、価格変動リスクからは自由になれない。国債は、金利が上昇すると価格が下落する。つまり、国債バブルが破裂すれば、日銀が保有する国債が「不良債権化」し、日銀のバランスシートは棄損されてしまう。

日銀の信用が失われるようなことがあれば、通貨の価値は即座に失われ、場合によっては、紙くずになってしまう。さらなる、インフレと円安が進行する。

さらに、日銀は「銀行の銀行」でもある。国債バブルの破裂と猛烈なインフレの進行により、市中銀行はもちろん、日本の金融システム全体が混乱することになる。

日銀による財政ファイナンスが破綻する事態に陥れば、２０２３年度当初予算で考えれば、少なくとも約36兆円もの財源を確保しなければならない。それは増税か歳出削減によってしか達成できない。

しかし、増税といっても、所得税なのか消費税なのか、歳出削減といっても、年金なのか、教育なのか、防衛費なのか、産業振興なのかによって、世代や所得階層によって被る影響は全く違ってくる。最悪の場合、世代×所得階層間での闘争が起きる可能性がある。

しかも、そうした闘争に嫌気がさした現役世代も高齢世代も資産やスキルがある者は国外へ避難し、現役世代も高齢世代もスキルも資産もない者たちが荒涼とした日本に取り残される。想像以上に破滅的な未来が待っている。

「敗北」した財政再建派

このように、矢野前財務事務次官の諫言(かんげん)にもかかわらず、2022年度予算編成でも2023年度予算編成でも結局予算の膨張は止まらなかったし、選挙に際しては与野党問わずバラマキ策が競われた。

振り返れば当初予算が初めて100兆円の大台を突破したのは2019年だった。このときは、消費税引き上げの反動という特殊要因を緩和するという「大義名分」があった。しかし、特殊要因(これは通常分と臨時・特別の措置という予算の見せ方からも明らか)だったはずの臨時・特別の措置分の上乗せ相当額が、その後もなぜか維持される中、今般のコロナも相まって過去最大を更新し続け、2023年度当初予算案では114・4兆円となったことはすでに見た。

矢野前財務事務次官の論考は、結果的には政治から無視され、逆に政治の財務省への優越を見せつけるかのように、過去最大の補正予算、過去最大の次年度当初予算が矢継ぎ早に組まれたわけであり、バラマキを嗜好する政治家からの反撃の前に財政再建の旗振り役としての財務省が敗北したのは誰の目にも明らかだ。

そもそも、世論の動向に敏感な政治家は、もし大多数の有権者がバラマキを支持しなければ、バラマキ政策を提案しない。つまり、バラマキが続いているということは、財政再建の緊急性及び必要性が有権者に伝わっておらず、理解もされていないということに他ならない。

現在の財政再建の手法や説明では、大多数の政治家や有権者には届いていないし、ほとんど響きもしていないのだ。

さらに、同じことはバラマキの「理論的支柱」としてのMMTとその主導者たちに対して、どんなに主流派経済学的には正解な論法で批判を繰り出しても有効な決定打を与えられず、国民にも受け入れられない経済学者やエコノミストにも当てはまる。

「現在の日本経済に必要なのは財政拡大でも減税でもなく、財政再建だ」という正論ほど耳に痛いからこそ、耳を塞ぎ、耳障りの良い話に心奪われるのは人間として致し方ない。そうした人間の心情を理解せず、上から目線で財政再建の必要性を脅迫気味に説いても反発を買い、かえって信を失うだけだ。

要するに、財政再建派が、有権者に財政再建の必要性と重要性をしっかり説明し説得できるだけのデータとロジック、技量と覚悟を持っているのかが問われている。

現状では残念ながら、財政再建への広範な支持が得られていないのであるから、財政再建派はここで一度潔く「敗北」を認めて、特に国民とのコミュニケーションの在り方など、これまでの財政再建の戦略を再点検し、大胆に再構築するなどして、捲土重来、２０２３年度を財政再建再出発元年とすべきだと筆者は考えている。

世界的にインフレが続く中、日本だけが今までのようにインフレから遮断され、したがって低金利が続いたままとは考え難く、そうした中でこのままのペースでバラマキ財政が拡大していけば、矢野前財務事務次官の論を借りるまでもなく、さすがの日本財政もいつまで持ち堪えられるのか、甚だ心許ない。

コロナ禍で乱発、バラマキが財政破綻を早める

２０２３年度予算もこれまでと変わらず赤字国債頼みのバラマキを続けることは当然財政の持続可能性にとっては大きなマイナスである。

第１章での試算結果によれば、財政破綻確率は、２０２１年3月時点で50・０%だったものが、

51・3%と1ポイント程度悪化した。この悪化幅をどう評価するかは判断が分かれるところだろうが、バラマキにより財政「破綻」が近づいたことは否定できない。

輸入インフレが懸念され、日本周辺の権威主義的諸国が軍事的圧力を強める中、将来の日本国民に、経済的にも財政的にも焼け野原となった日本を残すのか、それとも以前ほどの力強さはないもののの、全ての世代が協調して生活し続けられる日本を残すのかは、今のままの放漫財政を続けるのか否か、偏にわれわれの選択にかかっている。

果たして「バラマキたがる政治と欲しがる国民」からの脱却が実現する日は来るのだろうか？私たちはこのままバラマキを続け財政を破綻させる道を選ぶのか、それともバラマキに見切りをつけ財政をスリム化する道を選ぶのかの岐路に立っている。バラマキをストップし、財政をスリム化するには社会保障制度改革が不可避である。次章では少子高齢化時代にふさわしい社会保障制度について検討してみる。

第4章

少子高齢化時代にふさわしい社会保障制度

社会保障制度を国が営む理由

「まさか」に備える社会保障

前章ではバラまきたがる政治と欲しがる国民の構造を見てきた。バラマキの結果、貧乏くじを引かされるのはやはり若者である。そして、若者が貧乏くじを引く原因となっているのは、バラマキの原資としての社会保障である。

本章では、若者が貧乏くじを引かされないようにするため、少子高齢化時代にふさわしい社会保障制度の在り方を考えてみたい。

まず、日本の社会保障制度の概要について押さえておく。日本の社会保障制度は、「社会保険」、「社会福祉」、「公的扶助」、「保健医療・公衆衛生」から成り立っている。

「社会保険」とは、私たちが病気やけが、出産、死亡、老齢、障害、失業など生活を送る上で直面するさまざまなリスク（保険事故）に遭遇した場合に一定の給付を行い、私たちの生活を安定させることを目的とした、強制加入の保険制度であり、公的医療保険、公的年金保険、雇用保険、労災保険がある。

「社会福祉」とは、障害者、母子家庭など社会生活を送る上で様々なハンディキャップを負っている人々が、そのハンディキャップを克服して安心して社会生活を営めるよう、公的な支援を行う制度であり、保育・児童福祉、母子・寡婦福祉、高齢者福祉、障碍者福祉がある。

「公的扶助」とは、生活に困窮する人々に対して最低限度の生活を保障し、自立を助けようとする制度であり、生活保護が対応する。

「保健医療・公衆衛生」とは、人々が健康に生活できるよう様々な事項についての予防、衛生のための制度であり、医師その他の医療従事者や病院などが提供する医療サービス、疾病予防、健康づくりなどの保健事業、食品や医薬品の安全性を確保する公衆衛生などがある。

なお、社会保険は原則保険加入者が支払う保険料から財源が賄われるが、その他の制度の財源は税金となっている。

「リスクの社会化」こそ社会保障制度

なぜ、国が、社会保障制度を整備しているのだろうか。もしくは、国が社会保障を営む必要はあるのだろうか。

今では、民間の保険会社がさまざまな保険商品を販売しているので、国がやらなければならない理由は見当たらないと疑問に思う読者もいることだろう。

以下では、社会保障の意義と、国が営む理由を考えてみたい。

そのために、まず、次のような仮想世界を考えてみることにする。

今、あなたは、誰の力も借りずに、一人で生きている。もし、健康であれば、問題はないだろう。一人で十分生きていける。しかし、不幸にして病気になったり、大けがをしたり、後遺症が残ったら、何より高齢になったら、働くどころか、動けなくなるかもしれない。そうなれば、生きながらえるのは難しくなるだろう。

このとき、自分の他に生活をともにする同居人がいれば安心だ。自分が動けなくなっても、同居人が面倒を見てくれるからだ。しかし、自分も同居人もお互いに歳をとって、動けなくなれば、やはり今後の生活が難しくなってしまう。このとき、子どもがいれば、老後の生活は子どもが見てくれるはずなので一安心。これが家族を形成するメリットの一つだ。しかし、家族という単位でも、対処できない場合もある。その場合には、近隣の人や家族の支えがあれば、もっと安心できるだろう。いわゆる共同体だ。

このように、一人よりは二人、二人よりは三人と、支えあう人が増えれば増えるほど、カバーできるリスクの範囲は広がっていく。一番大きな共同体は、国であろう。しかし、誰かが働けなくなる度に他の誰かがその者のもとに駆け付けて代わって働いたり、誰かが病気になる度に誰かが看病に行くのは、大きな負担となる。だから、個人でも、家族でも、共同体でも対処できないリスクを、国が、あらかじめ国民からお金を徴収して、リスクが顕在化した者に、そのお金を渡すことでリスクに対処させることを、リスクの社会化と呼ぶ。この「リスクの社会化」こそが、社会保障制度に他ならない。

民間企業の保険では対象外になってしまう人もカバー

さらに、国が、「リスクの社会化」以外に社会保障を営むもう一つの理由は、民間企業に全て任せるだけでは、病気がちな人、いろいろな理由で働けないなどリスクの高い人は、民間企業が提供する保険商品の枠外に弾き出されてしまうからだ。つまり、保険会社といえども、民間企業は営利目的であり、慈善事業はやらないし、やる必要もないから、リスクの高い者にはリスクに見合った高い保険料を課すのが正解ということになる。それとは別に、自分が直面するリスクを過小評価し将来に適切に備えられなかったり、年金などはあまりに遠い将来のこと過ぎて自分事として理解できない者などは、自由意思に任せておいては、民間の保険商品を購入しようとはしないだろう。こうした近視眼的な者も国が運営する社会保障制度に強制的に加入させれば、上手にリスクに対処できるようになる。

たしかに、何から何まで国が面倒を見る必要はない。国が全て面倒を見るとなれば、親方日の丸、寄らば大樹の陰。不摂生を続ける者、宵越しの金は持たない者などモラルハザードに陥る者が続出してしまい、国に、いくらお金があっても足りない、大変困った事態になってしまう。国が運営する社会保障制度の対象範囲が膨らめば膨らむほど、あれやこれや理由をつけて税金の無駄遣いへと走る姿が容易に想像できてしまう。だから、国が責任を持って社会保障を運営するにしても、個人や家族に任せるべき範囲、国に任せる範囲、市場（企業）に任せる範囲を、その社会の歴史や文化に応じて、国民が選び、決めていくことになる(39)。

（39）福祉国家論を専門とするイエスタ・エスピン＝アンデルセンは、社会保障を考えるに当たっては、社会保障サービスを生産・供給する主体としての国家だけに着目するのではなく、市場や共同体（家族や地域）もその生産・供給主体であり、これら3つの主体を、それぞれの特徴や機能を踏まえながら、どのように組み合わせていくかという視点が重要であると指摘している。

増え続ける社会保障給付総額

政治・経済状況によって変化してきた給付額の伸び率

こうして日本の歴史・文化、伝統、家族形態の変遷に応じて、日本の社会保障制度が展開されてきた。戦後の社会保障制度の拡充において社会保障給付総額は、基本的には増加基調にはあったものの、一様に増加したわけではなかった。

実際、その推移を見ると、１９５０年には１２６１億円だったものが、１９６３年には1兆円、１９７５年には10兆円、１９９１年には50兆円を突破し、２００９年に１００兆円に達した後、足元の２０２２年（当初予算ベース）では１３１・１兆円にまで増加している。ただし、増加の仕方は時代を通じて一定ではなく、制度が創設された当初は、年平均１９５０年代は16・４％、１９６０年代は15・９％と高い伸びを示し、さらに１９７３年の田中角栄内閣による「福祉元年」を機に老人医療費の無料化、医療保険における高額療養費制度や年金の物価スライド制度の導入などの大盤振る舞いが実施された1970年代では20・1％と非常に大きく伸びたことが分かる。しかし、二度のオイルショックを経て高度経済成長が終焉し、安定成長に移行するといった経済状況変化や、「増税なき財政再建」に対応するため社会保障の給付の抑制が行われた1980年代以降は、1980年代6・2％、1990年代4・7％、2000年代2・6％と伸び率は低下を続けたが、足元の、2010年代では、急激な高齢化の進展もあって2・0％となっている。

近年伸び率が著しい介護給付

次に、社会保障を、医療、年金、福祉その他に分けて推移を見る。まず、医療については、1950年には646億円だったものが、1966年には1兆円、1980年には10兆円を突破した後、1992年に20兆円、2007年に30兆円を突破し、足元では40・7兆円となっている。次に、年金については、データが福祉その他と区分できる1964年では3056億円だったものが、1971年には1兆円を突破し、1980年には10兆円、2008年には50兆円に達したあと、足元では55・5兆円となっている。さらに、福祉その他については、1964年は3091億円と年金を上回る水準だったものが、翌年には年金が規模を上回り、1兆円を超えたのが1973年、2000年には10兆円を上回り、足元では27・7兆円、うち介護は10・7兆円となっている。伸び率は同じ動きを示し、1970年代では2ケタの伸びを示していたものが次第に低下し、特に年金は20

図4－1　名目GDPと社会保険料負担の長期的な推移

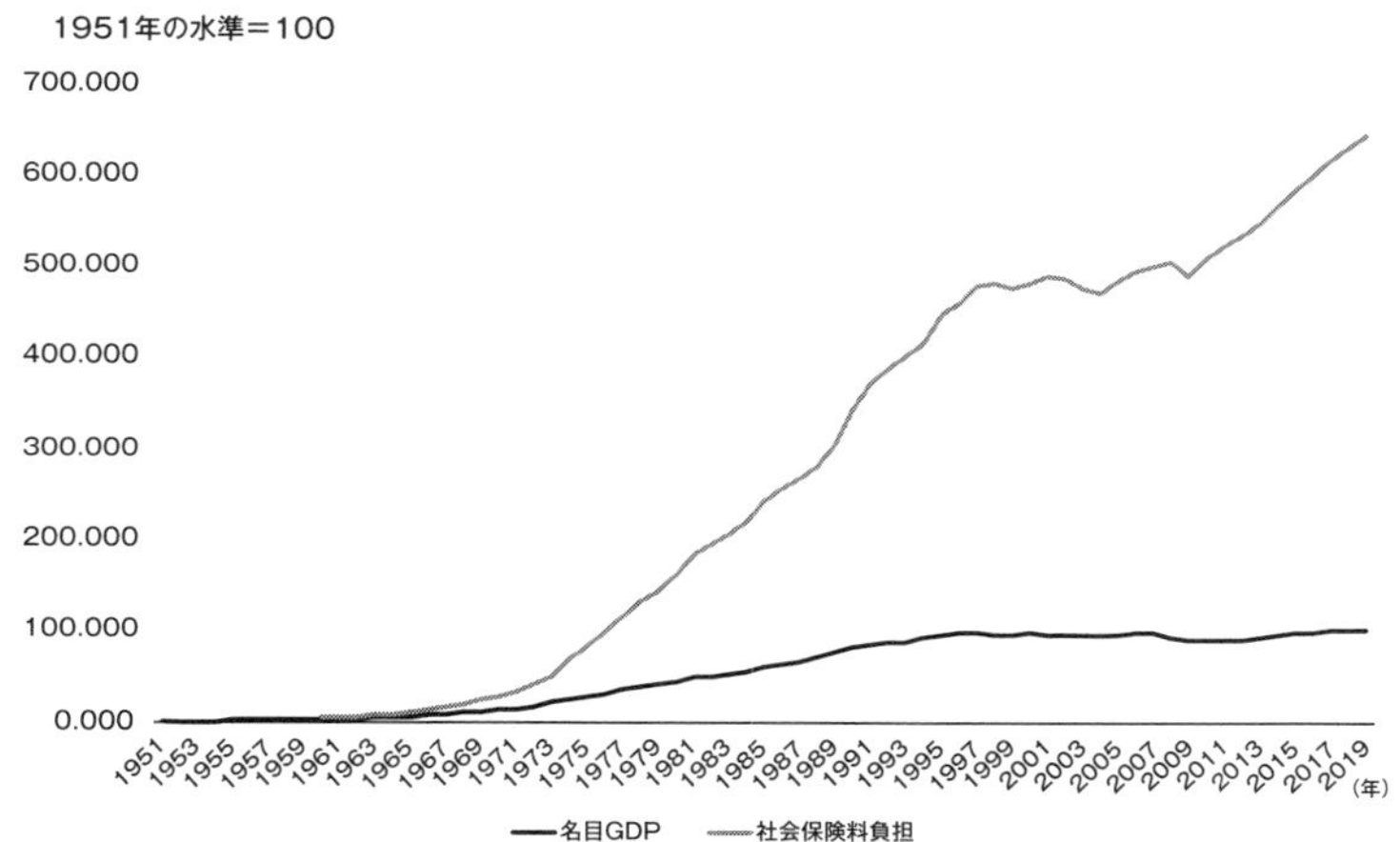

（出所）国立社会保障・人口問題研究所「社会保障費用統計」を基に筆者作成

10年代では0・7％と非常に低くなる一方、近年では福祉その他の伸びが大きく4・5％、2000年に創設された介護保険は4・2％と他の項目を大きく上回る伸びを示している。

70年間で646倍になった社会保険料負担

給付が拡大するならば、当然それに応じて負担も増加する。

名目GDPと社会保険料負担の長期的な動きを見ると、今から70年ほど前の1951年に比べ名目GDPは102・1倍になったのに対し、社会保険料負担はそれをはるかに上回る645・8倍になっている。所得が増えても社会保険料がそれ以上に速いスピードで増えている。これでは手取りが増えず生活に

表4－1　団塊の世代と就職氷河期世代の家計（１９８５年／２０１９年）の比較（実質、円）

	所得	消費	税・社会保険料負担		
				直接税	社会保険料
団塊の世代	46万6605	32万525	7万1555	3万7371	3万4148
就職氷河期世代	52万7622	29万7315	9万7832	3万9086	5万8746
変化率（%）	13.1	▼7.2	36.7	4.6	71.9

1. 団塊の世代とは1947-49年に生まれた世代、就職氷河期世代とは1980年から84年に生まれた世代。
2. いずれの世代も35-39歳の数値
3. 消費者物価指数で実質化

（出所）総務省統計局「家計調査」、「消費者物価指数」

ゆとりが生まれない。

家計単位で見た場合、所得と社会保険料の関係はどうなっているだろうか。総務省統計局「家計調査」により、１９８５年に35～39歳だった、いわゆる団塊の世代と、２０１９年に同じく35～39歳だった、いわゆる就職氷河期世代の懐具合を見てみよう。

所得は就職氷河期世代が経済成長の効果もあって団塊の世代よりも13％増加したものの、税・社会保険料負担が36・7％、約４割も高くなっている。特に、社会保険料の負担の増加が大きく71・9％、７割以上増加している。

その結果、将来不安もあってか、所得が上回るはずの就職氷河期世代で消費水準が団塊の世代を下回っている。これでは、若者が豊かさを実感できないはずだ。逆に言えば、社会保障制度のスリム化がなければ、今後も一層の家計負担増が避けられない。

残り続ける「右肩上がり時代」の構造

こう書くと、「消費税導入前と比べて社会保険料が上がっているなんて、やっぱり消費税は社会保障に使われていないんだ」と早合点されそうだが、なぜ消費税導入前よりも社会保障負担が増えたかと言えば、元々は少ない高齢者を豊富な現役世代が支えるねずみ講型の社会保障制度（詳細は後述する）を、人口ピラミッドがひっくり返った今でも後生大事に守り続けているのが一番大きな理由だ。

実際、1985年当時、15~64歳の生産年齢人口は全人口の68・2%を占める一方、65歳以上の高齢者は10・3%、うち75歳以上の後期高齢者は3・9%だった。これが2020年では生産年齢人口は59・5%へ低下し、745万人減少したのに対し、高齢者は28・6%、うち後期高齢者は14・8%に上昇し、それぞれ2356万人、1389万人も増加している。

1985年当時は生産年齢人口6・6人で一人の高齢者を支えていたのが、2・1人で一人の高齢者を支えているのだから、保険料が増えるのは当然なのだ。逆に言えば、所得のない高齢者でも負担できる消費税で社会保障を支えようとする現在の政府の方針はごく自然な発想だろう。

成長率予測や株価予測、為替予測、景気予測など世の中に数ある予測の中で、比較的予測が当たりやすいのは人口予測だとされている。もちろん、ピタリ一致の予測は不可能だが、大まかな動向に関しては高い精度で予測できる。

したがって、当然1985年当時においてもバブル期においても、今後、少子化、高齢化の波が押し寄せてくることは確実視されていたし、社会保障制度の改革も断行されていた。しかし、肝心のねずみ講構造に関しては一切手が付けられず、少子化対策や経済成長頼みに終始した。

これは右肩上がり幻想とも言えるもので、今を耐え忍べば元通りの右肩上がりの人口・経済が戻ってくると考えたに違いない。意地悪な見方をすれば、何かしら対策を打っている体を装ったうえで、自分たちの負担が増えるのが嫌で意図的に制度改革を行わず放置した可能性も考えられる。

若者奴隷国家・ニッポン？

自分たちよりも何倍も重い負担をしている現役世代を尻目に「昔は消費税なんてなかった」とか「消費税は社会保障に使われていない」とか「後期高齢者医療保険の保険料引き上げ絶対阻止」とか真顔で大騒ぎしている高齢者、特に団塊の世代は、経済成長の果実を食い潰し、剰え（あまつさえ）将来世代の資源すら食い潰そうとしていることをもっと自覚すべきだ。

ちなみに、団塊の世代が35～39歳のときの1985年、65歳以上の高齢者が受け取っていた社会保障給付は実質で5万8876円だったのに対して、2019年では、団塊の世代を含む高齢者は

15万9913円と当時の2・7倍の給付を受け取っている。また団塊の世代が受け取っている給付額は1985年に支払った社会保険料の2・2倍となっている。要するに、支払った以上に給付を受け取っているのであり、この差額は現役世代や将来世代の負担に他ならない。

これでは、現役世代や将来世代がまるで高齢者の「奴隷」のように感じられてしまう。戦後のキャッチアップ期の労働力としては重宝したのかもしれないが、キャッチアップ終了後に戦前戦中世代から日本の舵取り役を任されてからは全く結果を残せなかった団塊の世代は恥を知るべきだ。違うと言うのであれば、政治的影響力を行使して自ら「低負担高給付」の社会保障「特権」を返上し、生活苦に喘ぐ現役世代や若者たちから取り上げたおカネを彼ら彼女らに返還すべきだろう。

限界を迎える社会保障制度

真逆のリスクを補い合う矛盾

社会保障制度は、その時々の経済、社会情勢によって、その理念やカバーする範囲、在り方も変化する。今後はかつてほど高い経済成長率が望めないのであれば、社会保障の役割は大きくなることはあっても小さくなることはないだろう。したがって、低賃金化、非正規社員化の進行で困窮化する現役世代が過度に不利になり、高齢世代が有利になるような不公平な社会保障制度であっては、将来にわたって皆保険・皆年金を維持していくことは難しく、現役・引退世代間の社会保障給付・負担のバランスについては、社会保障を構成する各制度の理念と目的に照らし合わせて不断の見直しが必要となってくる。

これまで、日本の社会保障制度は、経済も人口も右肩上がりの高度成長期の真っただ中の1961年に実現された国民皆保険・皆年金を中核とし、公的年金や医療、介護など主に保険料で財源を賄う社会保険と税金で財源を賄う公的扶助（生活保護）を組み合わせることで、少子高齢化時代にあっても、個人が抱えきれないリスクを社会全体で管理し、なんとかサービスを提供し続けている。一方で、社会保障制度は矛盾の塊とも言える。「医療保険」は医療サービスが受けられなければ亡くなっていた人を長生きさせる「長生きできないリスク」をカバーし、「年金保険」は「医療保険」が助けた人の「長生きするリスク」をカバーするという、真逆のリスクを補い合っているからだ。

自己崩壊する社会保障制度

社会保障制度が整備されていけば、特定の個人や集団に頼らなくても、政府が提供する公的扶助や社会保険を後ろ盾として一人で生きていくことができるので、非婚化や少子化、さらには社会との関係性の希薄化が進行する。こうした社会的連帯からの隔絶は、政府に対する過大な要求を生みやすくもなる。社会保障制度は、一旦導入され充実していくと、少子化を進行させ、政治過程を介して一層肥大していくため、少子化によって少なくなった社会保障の支え手の生活を危うくし、さらに将来の支え手を減少させることで、自らの財政基盤を切り崩し崩壊していく特徴を持つ。実は、日本の社会保障制度は自己崩壊過程の真っただ中にある。

今、社会保障の充実が出生率を低下させているのかを確かめるために、出生率と一人当たり社会

図4－2　社会保障の自己破壊性

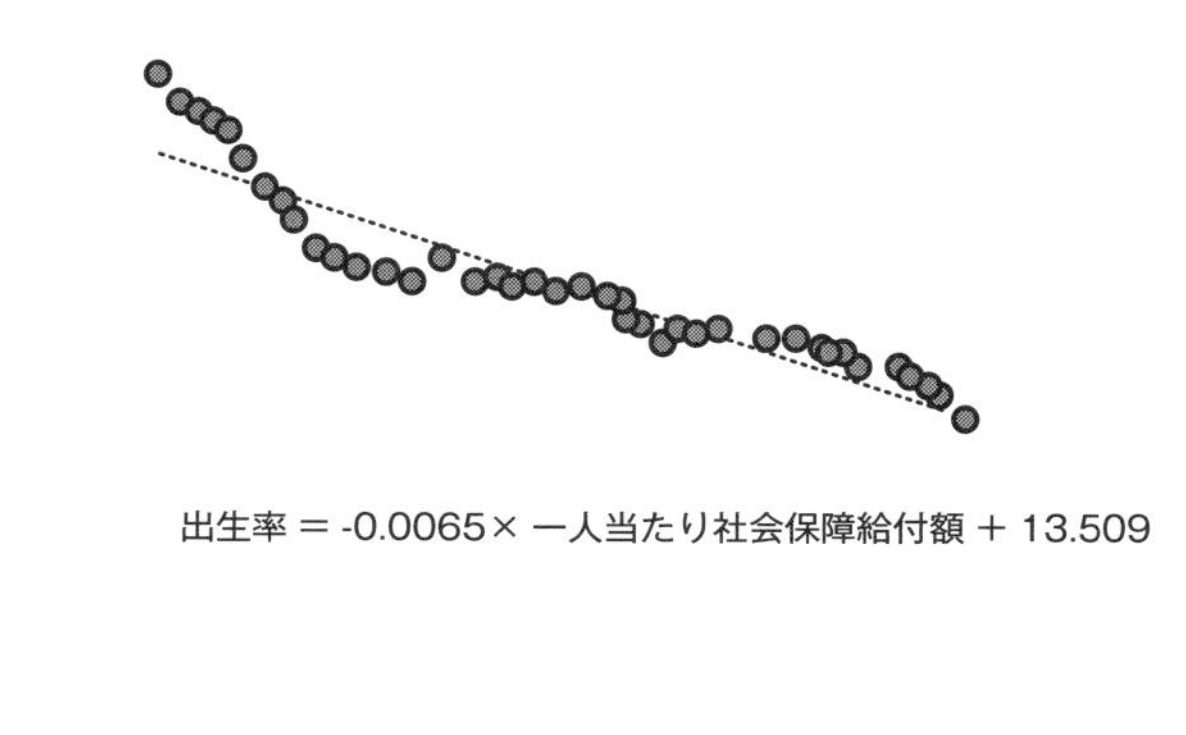

一人当たり社会保障給付額（千円）

（出所）総務省統計局「人口推計」、厚生労働省「人口動態統計」により筆者作成

図4－3　社会保障制度のメリット

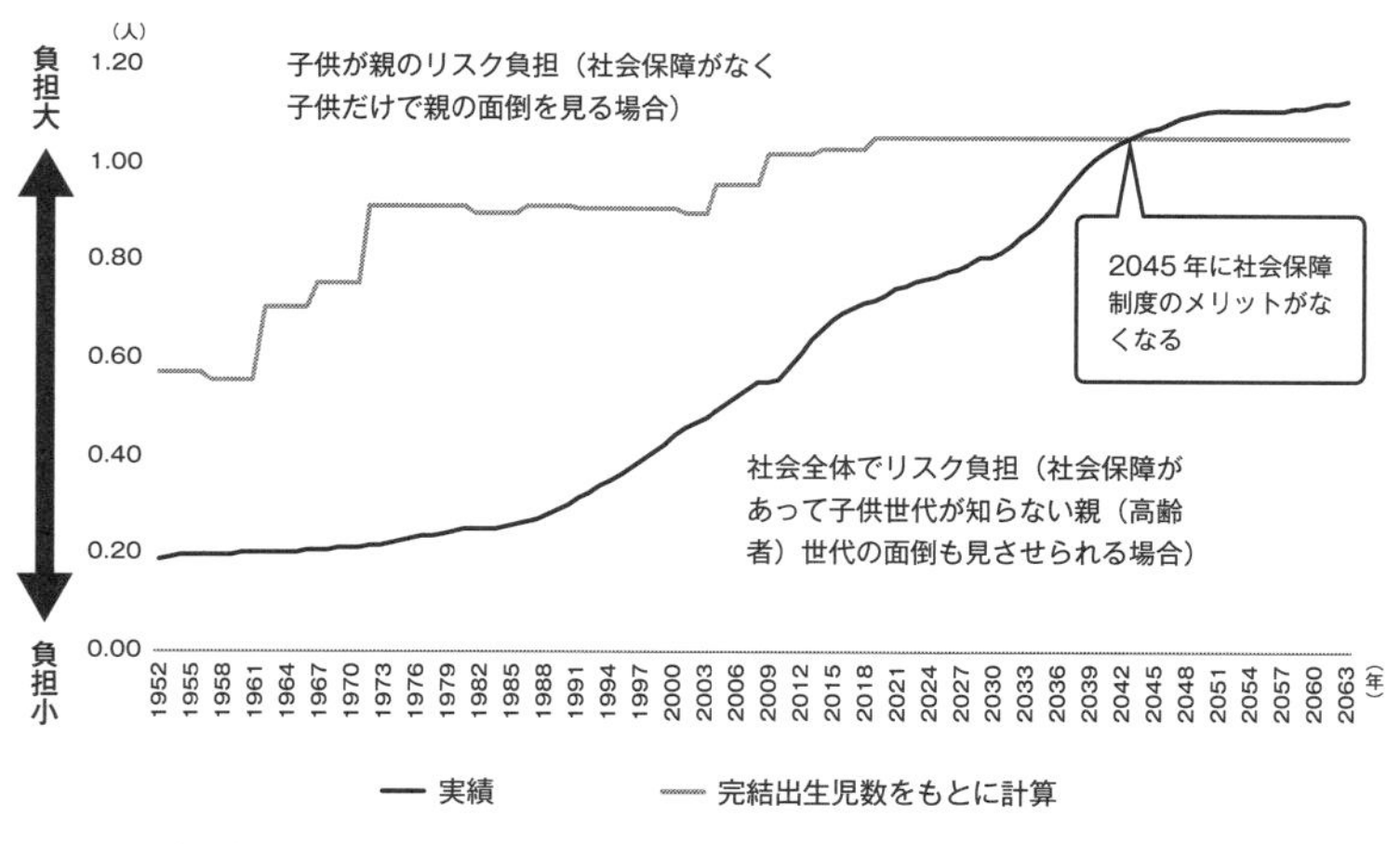

（出所）総務省統計局「人口推計」、国立社会保障・人口問題研究所「第15回出生動向基本調査（結婚と出産に関する全国調査）」「日本の将来推計人口」

保障給付額を使って推計したところ、確かに、社会保障の充実が出生率の低下をもたらすことが確認できた。

２０４５年には社会保障制度のメリット消失の懸念

「高齢世代向けの社会保障を削減すればかえって子どもたちの負担が増えるだけ」という主張がある。社会保障はしばしば世代間の助け合いとされる。働けなくなったり病気がちになった高齢者を若くて元気な現役世代が助けるという趣旨だろう。

国民皆保険・皆年金、介護保険制度などの社会保障制度が整備される以前は、日本でも高齢者の面倒は家族が担っていた。しかし高度成長期を経験する中で核家族が増え、高齢者の面倒を見る若者が少なくなったので、国が営む社会保険で高齢者の面倒を見るようになった。

つまり、「高齢世代向けの社会保障を削減すれば、親の面倒を見なければならない子どもたちの負担がかえって増えるだけ」という主張が成り立つためには、家族で高齢者の面倒を見るよりも社会で面倒を見る方が低コストで済むという前提が必要だ。

今、日本全体で見て一人の高齢者を何人の現役世代で支えているか、そして社会保険が存在しない世界では子どもが親の面倒を見ることになるので、親の面倒を何人の子どもで支えるかを比較すると、現状ではかろうじて社会保障制度に分があるものの、２０４５年には社会保障制度のメリットがなくなってしまうことが分かる。

要するに、2045年以降の世界では、社会保障制度に頼ることで知らない親の面倒を見させられるよりも、自分の親の面倒だけを見る方が負担が少なくなる可能性もあるのだ。もちろん、こうした見方は社会保障制度の持つ広範な機能の一部を取り上げただけであり、機械的に過ぎるきらいはあるものの、それでも社会保障制度が必ずしも優位ではないと言える。

いずれにしても、高齢者向け支出を減らすと困るのは、子どもたちではなく、高齢者の側である。だから高齢者からの反発が強いのだ。

社会保障制度はすでに私たちの生活設計に欠かせない存在となっている。それだからこそ、少子化、高齢化が加速し、現役世代の暮らしぶりが一向に良くならない中でも国が社会保障制度を維持するメリットを粘り強く国民に説き、納得してもらう努力が必要なのではないだろうか。

社会保障を削減すれば、出生数は回復するが……

社会保障の充実が少子化をもたらすということは、裏を返せば、社会保障を削減すれば子どもが増えるということでもある。ならば、いっそのこと社会保障を大胆に削減すればよいのではないか。

今、出生率と社会保障の充実度の関係式を使って、仮に一人当たり社会保障給付額を50％削減するならば、出生率（％）は10・3に回復、出生数は40・8万人増え、127・3万人となる。この水準は、バブル期の1988年131・4万人、1989年124・7万人に近い(40)。

このように、社会保障を削減すれば、出生数は回復する。ただし、出生率が回復するからといって社会保障給付を削減すれば途端に多くの経済的・身体的弱者が路頭に迷うことになるので、社会保障と経済・社会の最適解を見つける努力が必要であろう。

---

(40) ちなみに、1989年は、合計特殊出生率がそれまで最低であった1966年の丙午という特殊要因による1・58を下回る1・57を記録した年であり、1・57ショックとして衝撃を持って受け止められた。

やってるふりの少子化対策

歯止めがかからない少子化

日本の少子化対策は、1990年の1・57ショックを契機として、1994年にエンゼルプランが実施されたのを嚆矢（こうし）とする。2003年に少子化対策基本法が制定されてからは4度にわたる「少子化社会対策大綱」の策定、「まち・ひと・しごと創生総合戦略」、「ニッポン一億総活躍プラン」、「人づくり革命基本構想」、「新子育て安心プラン」、全世代型社会保障制度の確立など、少子化対策が加速している。

こうした中、児童手当、子どもの医療費無償化、高校無償化等、さまざまな少子化対策が拡充されながら実施されているにもかかわらず、少子化に歯止めがかかっていない。

少子化対策基本法を受けて策定される「少子化対策大綱」では、少子化の進行は社会経済の根幹を揺るがす危機的状況を生んでおり、その主な原因は、未婚化・晩婚化、有配偶出生率の低下にあるとしている。そこで、「国民が結婚、妊娠・出産、子育てに希望を見出せるとともに、男女が互いの生き方を尊重しつつ、主体的な選択により、希望する時期に結婚でき、かつ、希望するタイミングで希望する数の子供を持てる社会をつくる」ことで、若い世代の結婚や出産の希望がかなえられたときの出生率である「希望出生率」1・8を実現するとしている。

しかし、実は、希望出生率自体が低下している。2019年に改訂された「まち・ひと・しごと創生長期ビジョン」によれば、（有配偶者割合（18〜34歳女性）32・0％×夫婦の予定子ども数2・01人＋独身者割合（18〜34歳女性）68・0％×独身者のうち結婚を希望する者の割合（18〜34歳女性）89・3％×独身者の希望子ども数（18〜34歳女性））2・02人×離死別等の影響0・955で定義される希望出生率は1・79と推計されている。

この推計式をもとに、厚生労働省『第16回出生動向基本調査』結果により、「夫婦の予定子ども数2・01人」、「独身者のうち結婚を希望する者の割合（18〜34歳女性）84・3％」、「独身者の希望子ども数（18〜34歳女性）1・79人」をアップデートして再推計を行うと、希望出生率は1・59となった。

つまり、もし仮に、政府が異次元の少子化対策によって若い世代の結婚や出産の希望をかなえられたとしても実現される出生率は1・59にとどまり、人口置換水準の2・07に遠く及ばず、現状の出生率1・27程度からも小幅な改善にとどまる。これまで行われてきた日本人を増やすという少子化対策は効果を上げていない。

この点に鑑みれば、これまでの少子化対策はいずれも控えめに言っても失敗だったと評価せざるを得まい。

つまり、岸田首相が「異次元の少子化対策」を実施するにしても、なぜこれまでの少子化対策が失敗したのか検証なくして、政策メニューはこれまで通り、金額の規模だけが異次元になるのでは、結局、貴重な時間とおカネの浪費にしかならないのではないか。

そもそもこれまでの少子化対策は、出生数を目標にしたものか、出生力を目的にしたものなのか、そして何のための少子化対策なのか、その目的がハッキリしていなかった。今回の対策はどうだろうか。

東京都によるバラマキで少子化悪化の懸念

ところで、岸田総理が「異次元の少子化対策」を打ち出す数時間前に、東京都の小池百合子都知事は、18歳以下の子どもに月5000円の一律給付を打ち出したのに続き、所得制限を設けずに0~2歳の第2子の保育料一律完全無償化、都内の私立中学校に通う生徒の授業料への年間10万円の助成など、少子化対策を矢継ぎ早に打ち出している。

実は、東京都の少子化は全国最悪であり、東京都の合計特殊出生率は1・08と全国平均の1・

30を大きく下回っている。一方で東京は結婚や出産適齢期の女性が全国各地から流入している。仮に、東京都以外の道府県から東京に転入した女性が、出身地の合計特殊出生率であったとしたら、東京都の合計特殊出生率は実績値の1・08から1・17へ上昇する。つまり、東京都は他の道府県に比べて出生を阻害する要因が多いということになる。

こうした阻害要因を放置したまま、財政力の強い東京都が少子化対策と称して子育て世帯へのバラマキを強めれば、他の道府県から東京都への子育て世代の流入を促進するだけで、全国の出生率の改善にはつながらないどころか、かえって全国の少子化を加速させる可能性も高い。要は、子どもや子育て世帯の奪い合いを生じさせるだけである。こうした事態を防ぐには、都道府県がばらばらに少子化対策を実行するのではなく、国が少子化対策の主体となる必要がある。

何のための少子化対策なのか

だからこその「異次元の少子化対策」なのだという声も聞こえてきそうだが、社会保障のスリム化ではなく、増税による少子化対策はかえって少子化を加速させる懸念がある。

しかし、それ以上に問題なのは、そもそも何のための少子化対策なのか国からも東京都からも明確に発信されていないことにある。つまり、少子化対策の目的が単に、子を持ちたい国民が子を持てるようにするだけが目的であれば、人口減少には歯止めがかからないのだから、若者を痛め付ける社会保障制度の改革なくしては、国の根幹を揺るがす危機的状況は先送りされるだけである。

あるいは、経済や人口が右肩上がりの時代に構築された社会保障制度を延命させるため、頭数の多い団塊世代や団塊ジュニア世代の老後の面倒を見させるための労働力が必要というのであれば、仮に岸田首相の「異次元の少子化対策」や小池知事の「分厚い少子化対策」が即効果を上げても、その子どもたちが社会や経済を担うのは20年後なのだから、それまでの間、社会や経済を支える労働力をどこかから連れてくるほかない。

要するに、どちらにしても、現在の年齢に依存した社会保障制度の抜本的な改革は避けて通れないし、社会保障制度の抜本的な改革が政治的に不可能であるのならば、外国から労働力を連れてくる以外に道はない。

国立社会保障・人口問題研究所「将来人口推計」によれば、外国人を毎年50万人受け入れたとしても、出生率の仮定を2・20に置き換えた場合の総人口よりはやや増加する程度で、2065年時点では人口は減少する。人口を増やすには毎年75万人規模の外国人を受け入れる必要がある。

ただし、この場合、同質的な日本人を前提に組み立てられてきた日本の在り方は大きく変容することは間違いないだろう。もし、こうした大胆な移民政策を実行できるのであれば「異次元の少子化対策」と呼ぶに値するのではないだろうか。

実際、新型コロナウイルスで外国との往来が途絶する前の2020年1月では、総務省「住民基本台帳に基づく人口、人口動態及び世帯数調査」によれば、2019年1月に比べて外国人が増加したのは島根県を除く46都道府県であり、そのうち埼玉県、千葉県、滋賀県、大阪府では外国人の流入により総人口が増加している。しかも、外国人の年齢構成は日本全体のそれよりも若いため、出生率も日本人より高く6・8%となっている。

このように、外国人の受け入れは、少子化対策としても、人口対策としても即効性があることが確認できる。しかし、こうした外国人移民の導入という議論は政治的にも国民的にも皆無である。そもそも、1・57ショックの1990年当時のバブル時代であれば外国人も喜んで日本にやってきただろうが、アジアで見ても賃金水準が低下している日本にやってくる外国人はどれだけいるだろうか。

出生数の増加は絶望的

外国人移民の受け入れに舵を切らないのであれば、やはり、日本人を増やす出生増対策に力を入れざるを得ない。

出生数の変動の要因は、子を持つ適齢期(と考えられている)15歳から44歳までの女性人口と総出生率に分けられる。

1980年と2020年を比較すると、15歳から44歳までの女性人口は24%減少、総出生率は

30％減少している。

2022年の出生数は80万人を下回ったのは確実だが、足元の15歳から44歳までの女性人口を前提に、例えば100万人程度（2015年では出生数は100・5万人で2016年には97・7万人と100万人を下回った）の出生数を実現しようと思えば、総出生率を41・8‰から49・7‰（1987年が50・4‰、1988年が49・1‰）へ引き上げなければならない。もしくは、現在の総出生率を前提として出生数を増やすには、女性人口を453万人増やさなければならない。つまり、社会の出生力が低下しているのに加えて、女性人口が減少しているので少子化が進行しているのだ。その意味では、出生数の増加は現時点では移民を認めない限り、絶望的だ。

財源調達方法で変わる少子化対策の効果

報道を見る限り、今後設置される会議では児童手当を中心とした経済的支援の強化、子育て家庭を対象としたサービスの拡充、働き方改革の推進が検討項目としてあがっている。その中で、児童手当の恒久財源として消費増税が検討されているようなので、子育て予算の充実と、その財源調達の違いが出生数に与える影響を考えてみたい。

筆者は、過去の出生率の推移を、婚姻数、税引き後所得、女性所得、家族向け社会保障給付、高齢者向け社会保障給付、社会保険料、消費税負担、政府債務残高を用いて推計した。その関係性を示した推計式が以下である。

出生率＝10・96＋0・213×婚姻数＋0・369×税引き後所得－0・306×女性所得＋0・014×家族向け社会保障給付－0・105×高齢者向け社会保障給付－0・330×社会保険料－0・003×消費税負担－0・0004×政府債務残高

この推計式を用いて2022年の出生数を試算したところ、78・2万人、さらに、2020年以降の3年間で新型コロナウイルス禍で失われた出生数は11・4万人となった。

この推計結果を用いて、以下の5つの政策の効果を比較・検討する。

（ケース1）家族向け社会保障給付10兆円増加。これは2020年度現在の家族向け社会保障給付は10・8兆円なので子育て予算倍増に相当する。

（ケース2）ケース1を実現するための財源調達手段として、同額の国債を発行する。

（ケース3）ケース1を実現するための財源調達手段として、同額の消費税を引き上げる。

（ケース4）ケース1を実現するための財源調達手段として、同額の高齢者向け社会保障給付を引き下げる。

表4－2　増加する出生数

	増加する出生数（人）	ケース１からの増減（人）	実現される総出生率（‰）
ケース１	14,195	−	42.86
ケース２	10,833	-3,361	42.77
ケース３	12,230	-1,965	42.25
ケース４	53,712	39,517	43.91
ケース５	-8,762	-22,956	42.25

（出典）厚生労働省より筆者試算

（ケース5）ケース1を実現するための財源調達手段として、同額の社会保険料負担を引き上げる。

以上のケースの結果は表4－2の通りとなった。シミュレーション結果からは、高齢者向け社会保障削減の効果が最も大きく、ついで全世代で広く負担を分散できる消費増税による財源調達、赤字国債による財源調達は結局将来の負担増なので少子化政策拡充の効果が消費増税よりも多く相殺されてしまうことが分かる。何より子育て適齢世代を含む勤労世代に負担が偏る社会保険料負担増による財源調達は子育て政策拡充の効果を打ち消してしまうことが指摘できる。

つまり、もし岸田首相が本気で「異次元の少子化対策」を実行するのであれば、子育て関連に関しては特段の政策を講じる必要は全然なく、ましてやそのための消費増税は不要で、高齢者向け社会保障給付を削減するだけでよいのだ。これは、本章での別の試算結果とも整合的だ。

結局、国や東京都が行おうとしている少子化対策は、即効性のある外国人への門戸開放ではなく、現在のところ、これまでの延長線上にある対策の規模を大きくしたものに過ぎない。少子化に歯止めをかけた実績も、即効性もないのだから、国難としての少子化に対応しているフリをしているだけ、何かやってる感を演出しているだけに過ぎない。

「子育て支援連帯基金」構想の落とし穴

「異次元の少子化対策」の財源として、権丈善一慶應義塾大学教授が提唱する「子育て支援連帯基金」構想が有力となっている。「基金」構想では、年金・医療・介護保険などの公的保険財源から一定額ずつ拠出して、少子化対策の財源とする。

こうした「基金」構想と似た案として、2017年に自民党「2020年以降の経済財政構想小委員会」が提案した「こども保険」がある。社会保険料に0・1～0・5％程度上乗せする「こども保険」を導入することで、所得制限なしで現行の児童手当に一律月額5000円～2万5000円を上乗せして幼児教育・保育の負担軽減や実質無償化を図ろうとするものだった。

通常、社会保険は、何らかの社会的なリスクに対応するものとして設計される。例えば、年金保険であれば長生きリスク、医療保険であれば病気になるリスク、介護保険であれば要介護状態に陥るリスクだ。どうやら「基金」構想が念頭に置く「リスク」は、このまま少子化が進行すれば社会保障の持続可能性が失われるという「リスク」に対応するもののようだ。

専門家の間では、子育てが社会保険の対象とする「リスク」であるか否かさまざまな議論はあるが、そもそも社会保障は、国民の合意形成に基づいて特定の「リスク」を選択し、それに対応した制度を導入してきた。例えば、家族が増えるということは家計支出の増加を意味し、そうでない場合に比べて家計が苦しくなることをリスクとみなし、社会で支えるのも十分可能である。したがって、子育てが「リスク」であるかを問うことは、神学論争に陥ってしまい、あまり意味がない。

2020年度現在、社会保障の規模は給付面では132・2兆円、負担面では184・8兆円となっている。「異次元の少子化対策」とそれを支える「基金」構想では、給付も負担もさらに上乗せされることになる。

実は、この「基金」構想には、3つの「落とし穴」がある。

落とし穴1：社会保障の規模の拡大は、負担で見ても給付で見ても、出生率を低下させる

落とし穴2：社会保障負担の拡大は、経済成長率を低下させ、経済成長率の低下は出生率を低下

させる

落とし穴3：国民負担率が大きいほど、日本から脱出する海外永住者が増える

このように、「異次元の少子化対策」を実行するにしても、その財源を「基金」構想であれなんであれ、新たな負担に求めるのであれば、日本の衰退はおろか亡国への流れは決定的になってしまうだろう。日本を衰退させないためにも、新たな負担ではなく社会保障給付の付け替えや効率化で財源を捻出し、子育て政策を充実すべきだ。

くれぐれも、「異次元の少子化対策」をこれまでの社会保障政策・制度改革の失敗を覆い隠すための方便とさせてはならない。

必要なのは社会保障のスリム化

要するに、なぜ幾たびの少子化対策が講じられても少子化が進むかと言えば、重すぎる社会保障の存在があるからである。社会保障制度のスリム化が何よりも重要であるにもかかわらず、歴代政権が政治的に多数派の高齢世代に遠慮して、高齢者向けをはじめとする社会保障制度のスリム化を怠ってきたからに他ならない。

また、少子化対策のための新たな財源を増税で手当することは、実質的に子どもを持たない者や

子育てが終了した世帯に対して罰金を課すのと同じであることにも留意が必要だ。日本では子を持つ世帯は相対的に裕福であるので、子育て対策は低所得層から中高所得層への逆社会保障としても機能してしまっている。つまり、高齢者向け社会保障給付のスリム化が実現できれば、異次元の少子化対策や月々5000円程度の追加的な給付に期待しなくても大幅に手取り所得増になるし、そうなれば結婚や子どもを諦めていた若者にも希望が出てくる。

したがって、岸田首相が、シルバー民主主義に真っ向から挑戦して高齢者向け社会保障制度のスリム化を実現し、バラマキ政治とクレクレ民主主義から決別できれば、それこそ「異次元の少子化対策」が実現される。そのためには、バラマキ政治とクレクレ民主主義が導く「大きすぎる政府」から「適正な政府」へと舵を切ることが必要だ。

結局、日本の少子化対策とは、実際には出生増対策なので、筆者は、現在の少子化対策は高い確率で失敗に終わると見ている。しかし、同時に、こうした失敗の責任がある特定のグループに負わされるのではないかという点を危惧している。つまり、これだけの国費をつぎ込んで「異次元の少子化対策」を実行したにもかかわらず少子化に歯止めがかからないのは、若者が子を持とうとしないからだ、特に、若い女性がわがままだからだという批判が出るのではないかと心配している。子を産めない人や子を持たない選択をした人たちへの社会的なバッシングも起きるだろう。

繰り返しになるが、日本の少子化に即応しようと思えば、移民の導入は不可避である。しかし、現行の外国人移民に頼らない少子化対策路線を取るのであれば、日本人女性に子を産んでもらうほか解決方法がない。

視点を変えると、政府が政策によって、出生を強制する、あるいは社会的に出生を奨励する風潮を作ることは、女性の人権を侵害する可能性を孕んでいることに留意が必要だ。かつて時の厚生労働大臣が「15から50歳の女性の数は決まっている。産む機械、装置の数は決まっている」、「機械というのはなんだけど、あとは一人頭で頑張ってもらうしかないと思う」と発言し批判を浴びたことがあったが、実はこの発言は国による少子化対策は女性の人権侵害という側面を併せ持っているという本質をついている。

国難を救うための少子化対策と称して、子を生むか生まないか、結婚するかしないかで、政府によって優遇されたり、冷遇されたりする世の中では、たとえ、移民を受け入れて一時的に少子化に歯止めがかかったとしても、また少子化が進行してしまうだろう。

大多数の国民は国の命運を外国人に頼るのは心許ないと考えているに違いない。だから、出生対策に頼ろうとするのも理解できる。

しかし、だからこそ、失敗続きの「日本人を増やす」という「逃げ」の少子化対策に走るのではなく、子を持つ持たない、結婚するしないという意思決定にゆがみを与えない、そうした意思決定に中立的な雇用環境や税制、社会保障制度を構築する方が、国民の幸福も増すだろうし、国家の持続可能性も増すはずだ。

社会保障のスリム化にあわせ、戦後の高度成長期という日本史上イレギュラーな時期に形成された右肩上がりの人口・経済を前提とする社会・経済の諸制度を、人口構造から中立的な制度へ変更することからも逃げてはならない。

矛盾だらけの社会保障制度

人口とねずみ講

みなさんは、ねずみ講を知っているだろう。

ねずみ講は、ピラミッド型の組織をしている。まず、ピラミッドの頂点にいる「親」が二人の「子」会員を勧誘して一定額の金銭を得る。次に、「子」会員がそれぞれ二人の「孫」会員を勧誘するなど、さらにあとから加入した会員が先に加入した会員に金銭を支払う組織である。要するに、次から次へと下の世代を集められるならば、つまり、世代の人口が成長しつつ、その連鎖が続く限り、全員が儲けられる仕組みなのである。

しかし、もし、自分が最後の会員だということになれば、誰からもお金を受け取れないので、当然、その者はねずみ講には加入しない。つまり、ねずみ講が永続するには、会員が無限に増え続けなければならないし、無限に増え続けるという予想が大事だ。しかし、人口は有限だ。だから、ねずみ講はいつか必ず破綻する。世代の連鎖が無限に続かない限り絶対にねずみ講は成立しない。

日本では、1978年に制定された無限連鎖講の防止に関する法律で、政府がねずみ講を禁止している。法律で明確に禁止されているにもかかわらず、ねずみ講に類した仕掛けは後を絶たず、マルチ商法やネットワークビジネスの中にもねずみ講と認定される事例が相次いでいる。日本の例ではないが、1997年1月にアルバニアでは、ねずみ講の破綻を発端として無政府状態に陥り、イタリア軍を主力とする多国籍軍が治安回復に努力し、多国籍軍の監視下で、6月に総選挙が実施され、ねずみ講を黙認したペリシャ政権は敗北。ねずみ講による損失の補償を訴えた社会党が政権に復活する事態も生じた。なんとねずみ講が一国の政権を吹き飛ばしたのだ。

まるでねずみ講のような公的年金制度

先に見た社会保障の自己崩壊や医療保険による延命効果の影響をもろに受けたのが、長生きリスクに備える公的年金制度である。公的年金制度ができるまでは、私たちは長生きリスクに備える対処策として子どもを利用してきた。しかし、先に見たように、社会保障制度が充実してきた結果、少子化が進んだ。その結果、皮肉なことに賦課方式で運営されている日本の公的年金制度は危機に瀕している。なぜなら、ねずみ講はピラミッド型をしているからこそうまくいくのに、少子高齢化が進んでピラミッドがひっくり返ってしまったからである。

どういうことかというと、現行の年金財政が採用している賦課方式は、現時点の現役世代が拠出した保険料が、高齢世代への給付の財源として、そのまま横流しされる仕組みである。したがって、増え続ける高齢世代の給付を工面し続けるには、どんどん新しく現役世代を増やして負担させなければならない。本質的にねずみ講と同じなのだ。したがって、ねずみ講を底辺で支える若者人口が増え続けているときは問題ないのだが、若者人口が減り始めているにもかかわらず、上部にいる高齢世代が今まで通りの上納金を望めば、より後から組織に加入させられる若い世代ほど負担が重くなり不利になってしまう。自分が確実に損をする仕組みに喜んで入りたいと思うものはいないだろう。つまり、年金制度の持続可能性が担保されるためには、今現在制度が存在していることだけでなく、今後も制度が維持されると制度参加者だけではなく参加予備軍も確信できなければならない。そうでなければ参加する者はいなくなり、制度が崩壊してしまう。だからこそ、政府は、現状では若い者ほど確実に損をするこの仕組み＝公的年金制度を、若い者も安心して加入できるよう改革しなければならないのだ。

もちろん、政府も社会保障、特に公的年金制度がねずみ講であることはよく心得ていて、この少子高齢化時代にあってもねずみ講を維持するために腐心し、これまで度重なる少子化対策を行い、年金制度加入対象者の拡大を図ってきた。しかし、これまで数多の少子化対策が実施されながら出生率は減少を続けている。公的年金制度というねずみ講に新しく日本人が加入しないのであれば、現行の社会保障制度を維持するには、移民の受け入れが有力な選択肢となる。しかし、移民を含め持続的に現役世代が右肩上がりで増えない限り、ねずみ講を支えるためには移民に永久かつ拡大再生産的に日本を選択してもらわなければならず、やはり持続可能性には疑問が残る。

現行の社会保障制度の根幹が確立した高度成長期には、成長の恩恵から取り残され、放置すれば貧しくなる一方の高齢世代を、どんどん豊かになる現役世代が支えるのは、正義に適っていた。しかし、人口が減少し、経済が停滞する右肩下がりの社会では状況は異なる。増え続ける高齢者の社会保障給付を少ない現役世代で支えなければならず、社会保障制度への不満がマグマのように蓄積されていく。

したがって、「右肩上がりの人口・経済」、「豊かな現役世代と貧しい高齢世代」を当然視する「昭和的価値観」に固執する社会保障制度の危機的な状況を打開するには、「右肩下がりの人口・経済」、「貧しい現役世代と豊かな高齢世代」の時代にふさわしいグランドデザインを描いた上で、「昭和的価値観」に基づいた社会保障制度を人口に左右されない社会保障制度へ抜本的に改めるにほかはない。

空洞化する国民年金

社会保障制度の中でも特に綻びが目立ち、矛盾が凝縮されているのが国民年金制度である。

国民年金加入者のうち、厚生年金（や旧共済年金）に属していない者を第一号被保険者と呼ぶ。主に、自営業者、農林漁業従事者等であるが、近年は非正規労働者も多く含まれる。本来、自営業者を対象とした国民年金と被用者を対象とした厚生年金の区分があいまいになっている。

2020年3月末時点では、第一号被保険者[41]1238・4万人のうち、保険料の納付者605万人、全額免除者206・2万人、学生納付特例者177・9万人、納付猶予者56・1万人、一号期間滞納者（24カ月以上の保険料を滞納している者）は193・1万人となっている。さらに、制度未加入者が8・8万人いる[42]。つまり、第一号被保険者として保険料を納付すべき者のうち、保険料を実際に納付しているのは全体の48・9％に過ぎず、残りの51・1％が何らかの形での未納者なのだ。しかも、滞納者のうちの76％は、国民年金保険料を納付しない理由について、「保険料が高く、経済的に支払うのが困難」という。国民年金の空洞化は深刻だ。

（41）ここでは、国民年金第1号被保険者のうち、任意加入被保険者、外国人、法定免除者及び転出による住所不明者を除いた者について述べる。厚生労働省年金局「令和2年国民年金被保険者実態調査」（2022年6月）

（42）厚生労働省年金局「令和元年公的年金加入状況等調査」（令和3年8月）

図４－４　年金制度の体系

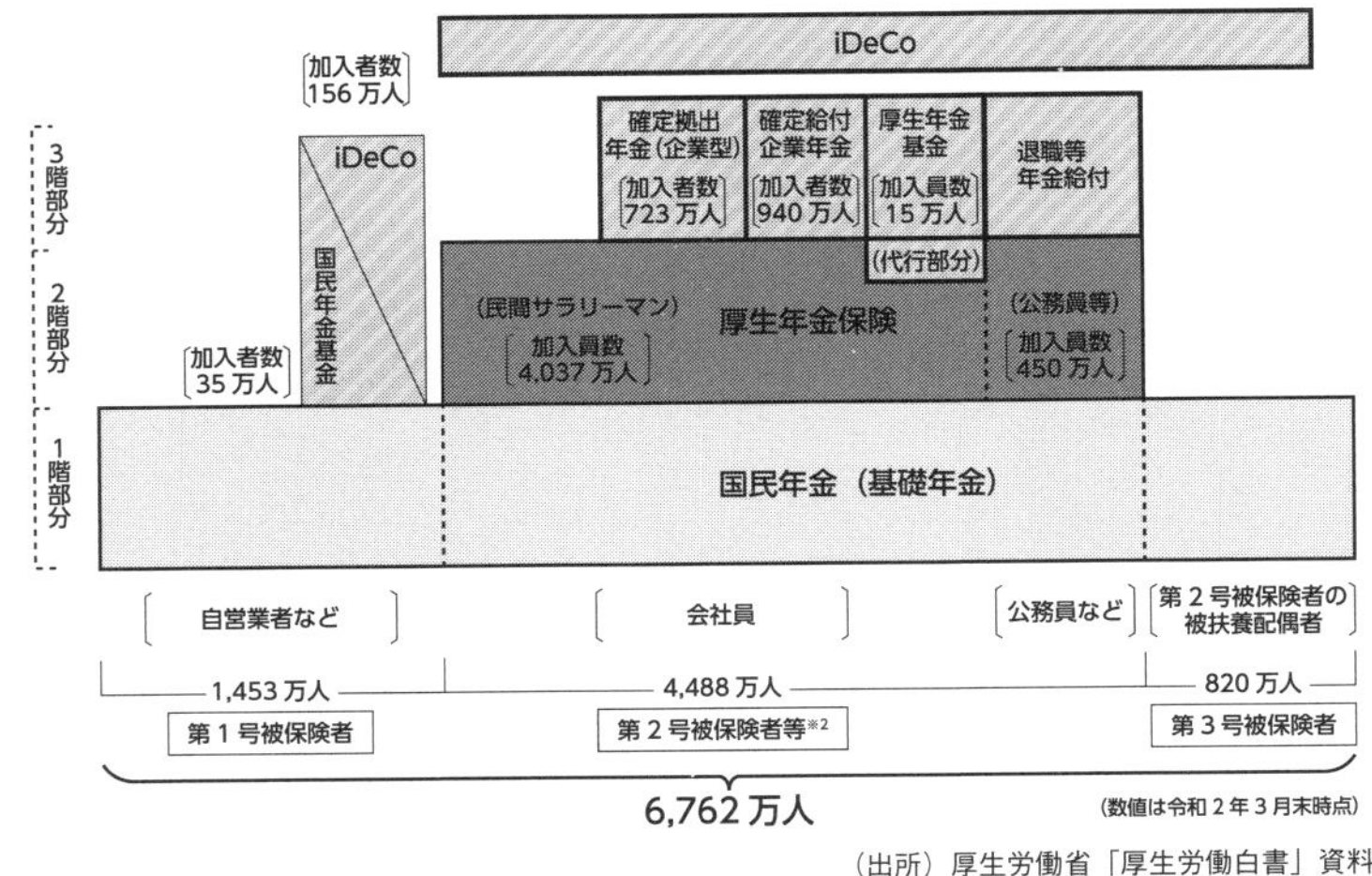

（出所）厚生労働省「厚生労働白書」資料

年金未納者が行き着くのは、生活保護？

実は、未納者に対しては制度上、年金を支払う必要がないため、年金財政にとっては痛くもかゆくもない。このため、国や評論家、一部の研究者には、「未納が増えても年金は破綻しない」と強弁する者もいる(43)。

しかし、未納者から見れば、未加入であれば将来無年金になってしまう。未納や免除期間が長ければ、もらえる年金額も少なくなる。しかも、国民年金は、制度設立当初は、本来高齢になっても働き続けられる自営業者や農業者の加入が想定されていた。そのため、定年退職したら、収入が皆無に等しくなる会社員が加入する厚生年金よりも、もらえる年金額は低く設定されている。

データによれば、国民年金のモデル支給額は月額6万4816円であるが、実際に支給されている年金額は平均5万6358円に過ぎない(44)。年額でも67・6万円という計算だ。他に収入がなければ、国民年金だけでは、暮らしていけないのは明らかであろう。

高齢になっても、他に収入のあてのある自営業者や夫婦世帯ならまだしも、フリーターでずっと身を削りながら生活してきた就職氷河期世代の単身者にとっては、老後の生活不安は他の世代以上に大きいと言える。

公的年金の役割は、老後の長生きリスクに備えた所得補償にあるのだが、弱者ほど現在の国民年金制度では所得補償は十分ではないし、制度からはじき出されている者も多い。

日本の公的年金制度では、国民年金であれ、厚生年金であれ、加入者が保険料を納め、それに応じて年金を受け取ることができる。この仕組みを社会保険方式と呼ぶ。社会保険方式では、そもそ

(43) 国民年金の未納問題がクローズアップされたリーマン・ショック後の2009年には、細野真宏『「未納が増えると年金が破綻する」って誰が言った?』がベストセラーになった。確かに、未納者が増えても、年金財政には問題はないかもしれないが、生活保護受給者が増えるため、国家財政には大きな影響が及ぶことになる。

(44) なお、新規裁定者では5万4410円となっている。厚生労働省年金局「令和2年度厚生年金保険・国民年金事業の概況」

も制度に未加入だったり、保険料を一定期間納めなければ、それがどんなに手厚い立派な制度であっても、給付をもらう権利がない。つまり、社会保険はメンバーシップ制度なので、保険料を納めて保険制度の正式メンバーにならない限り、一切の恩恵にアクセスできない。だから、国や年金の専門家は、未納の問題を全く重視していない。未納者からは保険料を受け取っていない代わりに、年金を支払う必要もなく、年金財政には収支ともに全く関係がない。未納者は年金制度には中立なのだ。

しかし、現役時代の大半を、賃金が低く、雇用も安定しない非正規労働者として過ごしてきた、もしくはこれから過ごすことになる当の本人にとっては一大事であるのは間違いない。

では、年金制度からこぼれ落ちた就職氷河期世代や低所得者の老後の生活は、誰が面倒を見るのだろうか。

ここで、最後の安全網としての生活保護が登場することになる。

増加する高齢受給者

近年では、非正規労働者や就労による自立が困難な高齢者の増加、経済低迷のあおりを受けた失業・収入減などから、国民の低所得化が進んでいる。そのため、生活保護を受給せざるを得ない人たちが急増している。

図4－5　増加する高齢生活保護受給世帯

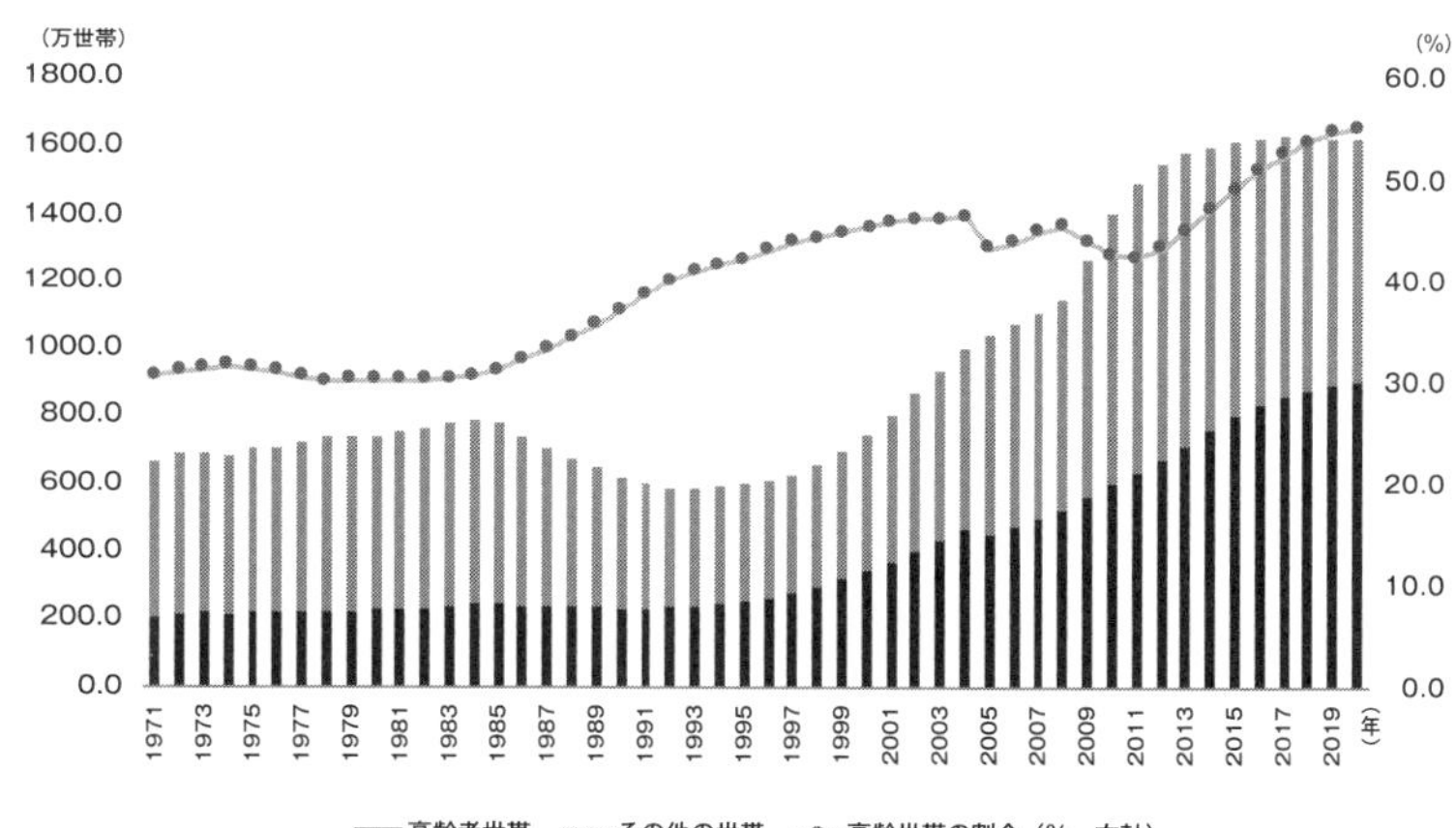

（出典）厚生労働省「被保護者調査」

図4－5を見ると、バブル崩壊以降、生活保護世帯数はほぼ一貫して増加、リーマン・ショック後には急増し、2020年度では163・7万世帯となっている(45)。

問題は、本来は年金で生活を送るはずの高齢世代が年金ではなく生活保護に大挙して流入してきていることだ。生活保護世帯全体に占める高齢世帯数は、2016年には全体の過半数を超え、2020年には、90・4万世帯と生活保護世帯数全体の55・2%にまで増加している(46)。

(45) 確かに、高止まりが続いているものの、所得がなくなっても最低限度の生活水準を国が面倒を見るという生活保護本来の機能が発揮されているとも解釈できる。

(46) 高齢世帯の被保護世帯のうち、単身世帯は83万世帯、50・7%と高齢貧困世帯の問題は単身世帯の問題であることが分かる。

本来、日本は国民皆年金なのだから、高齢者の老後は年金が支えるはずだ。しかし、実態は少々違うようだ。生活保護が、低年金や無年金の高齢者の駆け込み先になっている現実がある。

こういう事態を見ると、筆者は、現在、日本が誇る国民皆年金が崩壊し、機能不全に陥りつつあるのではないかと心配になるのだが、「未納なんて問題ない」と嘯（うそぶ）く国や年金の専門家にはそうは映っていないようだ。不思議としか言いようがない。

支給額は生活保護が国民年金を上回る

では、なぜ貧困高齢者は、生活保護に流れるのだろうか。

その秘密は、国民年金と生活保護の金額の違いにある。国民年金は、先にも見たように、モデル年金額では６万４８１６円なのだが、現実には、納付期間が40年に満たない者も多く、平均受給額は５万６３５８円となっている。夫婦二人の年金額は、ともに国民年金であるとすれば、単純に２倍した11万２７１６円でしかない。

一方、生活保護費は、年齢、家族構成、健康状態、居住地などによって支給される金額が異なるものの、例えば、65歳の高齢単身者の場合、東京都区部等大都市（１級地－１）に居住する者は月額13万５８０円、地方郡部等非大都市（３級地－２）に居住する者は10万１６４０円である。夫婦ともに65歳の場合は、順に18万３９１６円、14万９２４９円となる計算だ。

なぜ国民年金と生活保護で給付水準に大きな違いがあるのだろうか。生活保護の給付水準は、日本国憲法が保障する最低限度の生活を送るのに必要な費用から算出されているのに対して、国民年金の給付水準の根拠は必ずしも明確ではないものの、基礎年金が創設された1985年当時の高齢者の平均的な基礎的支出額（食料費、住居費、光熱費、被服費）や高齢者の生活扶助費の水準とされ、それ以降は賃金の伸びに応じて増額されている。この結果、一人暮らしでも、夫婦世帯であっても、生活保護の方が、国民年金より、モデル年金でも、実態の年金額でも、支給金額が上回ることとなり、資産がない貧困高齢者が生活保護に流れている。

高齢者の生活保護世帯数は、ほぼ一貫して増加しており、生活保護世帯のうち全体の半数を超えている。こうした現状は果たして「国民皆年金」と呼べるだろうか。

しかも、こうした国民年金から弾き出された高齢者の面倒を見させられるのが若者なのである。年金制度に加入する若者たちは年金制度に加入する高齢世代の負担をしながら、同時に年金制度から弾き出された高齢世代の負担も行う「二重の負担」が必要だ。その上、自分の老後のための貯えや子育ても併せて行う必要があり、「二重の負担」どころではなく「三重の負担」「四重の負担」が実態だ。

政治や政府、その背後にいる高齢世代が年金制度改革を怠ってきた貧乏くじを引かされるのはやはり若者たちだ。

税と社会保障制度は一体で改革を

公的年金に限らず、公的医療や介護などの社会保険は、保険料を払える人のみ給付を得られ、保険料を払えない人は排除される。社会保険から排除された人たちは、生活保護（公的扶助）に救いを求めるのだが、現実には本来生活保護を受けるべき人の2割程度にしか届いておらず、剰え財源の膨張を防ぐため、生活保護も削減されているのが現実である。財源不足のため、本来救われるべき人たちが救われないのは、果たして幸せな社会なのだろうか。

日本の社会保障制度は、社会保険を中核としているが、総給付額のうち4割を税金（と借金）に依存しており、保険の仕組みとはいいがたいほど保険料と税金が混然一体としている。

日本の社会保障制度のこうした問題点は歴史的な側面もあり、現行制度を前提としていては、容易には解決できない。しかし、従前のまま、保険料収入で賄えない分を税金（と借金）を投入することで取り繕い続けるのは、とても持続可能なやり方とは言えない。

日本の社会保険は保険料だけではなく多額の税金と赤字国債も投入されているのだから、社会保障制度を改革しようと思えば、社会保障制度だけ見ていては不十分であり、税と一体の改革は不可欠だ。

したがって、国民年金問題を解決するには、国民年金だけを見ていても不十分であり、生活保護を含む社会保障制度全体にまで視野を広げなければならない。現在の高齢生活保護受給者の増加は、裏を返せば社会保障制度の破綻に他ならない現実を直視すべきだ。

少子高齢化時代の社会保障制度

現役世代は保険原理、高齢世代は税原理

先に見たとおり、日本の社会保障制度は、保険原理と税原理から成っている。前者が公的医療や公的年金、公的介護などの社会保険であり、後者は生活保護である。

社会保険はメンバーシップ制でありメンバー以外は一切恩恵を得られないので、最後の安全網である生活保護は税を財源とすることで必要な者は誰でも恩恵を受けられるように制度設計がなされている。

しかし、日本の場合、社会保険とは言っても名ばかりに近く多額の税金が投じられている。さらに、保険原理と税原理の境界がただでさえ曖昧となっているところ、全世代型社会保障の名の下、消費税を財源として社会保障の適用範囲が拡大されようとしている。この結果、社会保障制度の理念が一層混乱している。

そこで、少子高齢化時代にふさわしい社会保障制度の在り方を考える上で、社会保障制度の原点

に立ち返って考えるのが生産的である。つまり、誰を何を保険原理の対象とし、税原理の対象とするか、もう一度整理すべきだろう。

コラム4　こども保険という欺瞞

しかし、こうした社会保険原理と税原理をハッキリさせるのではなく、財源確保の辻褄合わせのために、社会保障制度の根幹を切り崩しても構わないかという姿勢で、新しい制度が提案される場合がある。かつてのこども保険、今の「子育て支援連帯基金」構想がそれである。「異次元の少子化対策」の財源確保のため提唱されているこの「基金」構想は、2017年3月に小泉進次郎氏を中心とする自民党2020年以降の経済財政構想小委員会が提言した「こども保険」の焼き直しである。

今なぜこども保険の再チャレンジなのか。いったん時計を巻き戻して、こども保険とはどういうものなのか見てみたい。

「こども保険」は、子どもが必要な保育や教育等を受けられない「リスク」を社会全体でカバーするために必要な財源を、既存の年金制度の中に組み入れることにより、社会保険として対応しようとするものである。

提言では、「こども保険」の負担者は現役世帯と企業、受益者は乳幼児を持つ家庭とされている。

そもそも、社会保険には、①社会全体でリスクに備える機能（リスク・プーリング機能）、②リスクの発生そのものを軽減する機能（リスク軽減機能）、が期待されている。「こども保険」が「保険」として創設されために、それに対応するリスクが存在しないといけないが故、「子どもが必要な保育・教育等を受けられないリスクを社会全体で支える」とされている。

しかし、「子どもが必要な保育・教育等を受けられない」ことは、そもそも社会でプールすべきリスクなどではないだろう。

また、社会保険は、医療保険・介護保険・公的年金のように、原則として、加入者の負担において、その給付が行われる制度である。つまり、原理原則で考えると、「こども保険」では、子育てリスクにこれから直面する世代が加入者となり受給者となるはずだ。しかし、実際には、「社会全体で子育て世代を支援する新たな保険制度」であり、保険料の負担者と給付を得る受益者とが一致しないという、そもそも保険原理から逸脱している点も問題として指摘される。

提言書に付属する『「こども保険」Q＆A』では、「子どもが増えれば、人口減少に歯止めがかかり、経済・財政や社会保障の持続可能性が高まる。こども保険の導入により、企業や勤労者を含め、全ての国民にとって恩恵があり、就学前の子どもがいない世帯にとっても、間接的な利益がある」としているが、これは、単に子どもは公共財であるとの指摘に他ならない。もしこの論法が成り立つのであれば、国防は、外国からの軍事攻撃リスクに備えるためのものであり、全ての国民にとって恩恵が及ぶものであるから、税ではなく社会保険の対象となり得るだろう。

子どもが将来の社会を支える存在であり、安全保障や外交、司法と同じように公共財だと考えるならば、社会保険ではなく税金で対応すべしというのが経済学の基本原則である。全国民に恩恵が及ぶのであれば、わざわざ屁理屈をこねて社会保険とするのではなく、正面切って、負担が必要であれば税で負担をお願いすればよいだけだ。

ただし、2019年度では社会保障給付費123兆9241億円のうち、高齢者関係給付費82兆4444億円（66・2％）であるのに対して、児童・家族関係給付費9兆5347億円（7・7％）に過ぎない。

つまり、高齢者向けの社会保障給付は子ども向けの社会保障給付の9倍弱の水準となっている。

こうした子育て支出の少なさを補うために「こども保険」を新たに創設して、子育て関連施策を充実させようとの思惑だったのだが、なぜ、子育て施策に十分な財政資金が投入できないかと言えば、それは高齢世代向け支出が社会保障給付費全体に占める割合が大きすぎるからという単純な事実に基づくことに鑑みれば、まず政治や政府がなすべきことは、「こども保険」や「基金」などという新たな負担を増やすのではなく、高齢者向け給付を削減し、それを子育て施策に振り分けることである。

「こども保険」「基金」は「企業や国民が負担する社会保険料に一定額を上乗せする」仕組みであり、社会保険料の負担は現役世代にほぼ限られるので、高齢世代は事実上負担を免れることになる。子育て支援の給付を受けられず負担が増えるだけの現役世代はその分消費が削減されるだろう。若者に至っては、手取り所得が減って結婚ができず（高齢世代からは若者の結婚離れと揶揄されるかもしれない）、結果出生も減ることになる。本末転倒だ。

結局、今のスキームのままだと、高齢者向けの給付は温存したまま、負担は相変わらず現役世代が負わされる構図でしかなく、しかも企業にも負担をお願いするとのことなので、従来の社会保障制度の延長線上でしかない。

なんのことはない、「基金」構想はシルバー民主主義と戦う前から屈服した政治の敗北宣言に過ぎない。

本来あるべき姿としては、高齢者向け給付を削減した分を子ども向け給付に回したとしても、それでも足りないということであってはじめて、新規の財源確保に移るべきだろう。

選挙で「子ども関連予算を将来的に倍増する方針を表明」した辻褄合わせで、まず負担増ありきというのでは絶対にダメだ。

「子育て支援連帯基金」という一見子育て世代向けの施策に聞こえるものでも、よく吟味してみれば、結局、若者が貧乏くじを引かされる施策であるのが今の日本の政治の貧困を象徴している。


ここでは、貧困高齢者が生活保護に既に多数流入し、今後もいわゆる就職氷河期世代が多数生活保護に流入することが確実視されていることなどを踏まえ、議論のたたき台として、保険原理と税原理の役割分担を再構築する社会保障制度改革案を提示したい。

まず、高齢者の定義を変更し、75歳以上を高齢者とする。したがって、75歳を迎えるまでは、労働所得か、貯蓄の取り崩しで生活を営むか、場合によっては、ミーンズテストを経た上で生活保護を受給する。

公的年金は「基本年金」のみ75歳から支給することとし、現在の報酬比例部分は私的年金に置き換える(47)。これにより就業形態による公的年金制度の「格差」が解消される。基本年金は全額国費＝税金で賄うので、75歳以上の高齢者への生活保護支給は不要となる。

次に、医療・介護は社会保険方式を堅持する。ただし、現在のような税金の投入は一切廃止し、全額保険料(48)と自己負担とで給付を賄うことにする。自己負担は原則3割とする。こうして受益と負担を一致させることで、社会保険の負担の重さも完全に可視化できるし、無駄な支出への監視が行き届くことになる。したがってコロナ禍で見られたような、専門家・医療機関・製薬会社が国民皆保険を食い物にするのを防ぐことができる。原則3割の自己負担は健康寿命に相当する75歳までとし、それ以降は段階的に自己負担割合を上げていき、平均寿命に相当する85歳では10割負担、つまり全額自己負担とする。健康寿命を超えたあとは、病気ではなく老化だとの判断からだ。必要に応じて民間の保険会社が提供する私的保険に加入すればよい。また、現在多くの自治体で採用されている「子ども医療費助成制度」も、過剰な医療需要の発生源なので当然廃止する。

厚生年金と国民年金であわせて205兆円にも及ぶ積立金は、政府債務の返済に充てる。そもそも、赤字国債で社会保障の財源を補填しているのに、一方で多額の金融資産を保有しているのは余りにもバランスを欠いているし、1990年度末から2022年度末にかけての普通国債残高増加額857兆円のうち414兆円は社会保障に起因する「借金」であり、その「返済」に充てるのは理にかなっている。

（47）地価税のメリットは、開発されることなく放置されている土地にも課税され、しかも、土地にのみ課税されることから、土地の有効利用が促される点にある。

（48）固定資産税は土地の他、家屋や償却資産にも課税されるが、地価税に一本化するにあたっては土地への課税のみとする。

基本年金創設で必要になる財源は45兆円

2022年10月1日現在、75歳以上の高齢者は1940万人であり、75歳以上人口がピークとなるのは2054年の2449万人と推計されている。この人数をもとに、75歳以上の高齢者に一人当たり毎月15万円給付するとして基本年金給付総額のピーク時の金額を計算すると、

75歳以上高齢者2500万人×毎月の年金額15万円×12カ月＝45兆円

となる。

問題は、この財源をいかにして捻出するかであるが、この点については後で詳しく見てみよう。

「基本年金」の税財源については、消費税と地価税を充てることを提案したい。

ただし、その前に、年金受給者が遺産を残して亡くなった場合、社会的に妥当と認められる遺留分を除いて、年金支給額相当をまず国庫に返納させることにする。公的年金はそもそも長生きリス

クに備えて老後の生活保障に充てられるべきものであり、支給された年金額以上に、亡くなった際に遺産が残っているということは、長生きリスク（想定以上に長生きすることで貯蓄が底を尽きてしまう）がなかったのと同じことなので、本来なら支給される必要がなかったことを意味するからだ。このため、遺産を漏れなく把握し、確実に徴税するため、マイナンバーと銀行口座、資産管理口座、一切の資産取引を紐付けることで、資産やその取引の現状を完全に把握できる仕組みの構築も急務である。

地価税は元々、バブル期に土地の投機によって生じた地価高騰を抑制する目的で1992年1月に、土地という有限で公共的性格を有する資産に対する税負担の適正・公平の確保を図りつつ、土地の資産としての有利性を縮減する観点から、土地の資産価値に応じた負担を求めるものとして、導入された。しかし、バブル崩壊により、一転して地価は大幅に下落し、土地需要が低迷したので、1998年度以降当分の間、地価税は適用が停止されている。

2021年末現在、日本の土地資産額は内閣府経済社会総合研究所「国民経済計算」によれば、1277兆円となっているので、原則、例外なく地価税を課すこととすれば、1％の税率でも12・7兆円の税収が確保できる(49)。なお、2020年度の固定資産税収は9兆2936億円あるので、地価税と固定資産税を一本化し税率を2％とすれば、25兆円の税収が生まれる(50)。

（49）地価税のメリットは、開発されることなく放置されている土地にも課税され、しかも、土地にのみ課税されることから、土地の有効利用が促される点にある。

（50）固定資産税は土地のほか、家屋や償却資産にも課税されるが、地価税に一本化するに当たっては土地への課税のみとする。

基本年金導入で現役世代にも企業にも余裕が生まれる

基本年金の実現に必要な金額45兆円のうち、固定資産税相当分を控除した残りの15兆円を地価税で賄うとすれば残りは30兆円となる。この30兆円は、消費税で負担するならば、消費税率1％当たりの税収は2・2兆円ほどなので、だいたい15％消費税率を引き上げればよいことが分かる。つまり、消費税率を合計25％にするだけで、基本年金を実現できるのだ。しかも、国民年金や基礎年金の現役世代及び企業負担分の25兆円がなくなるので、実質的な負担増となるのは5兆円に過ぎない。しかもこの5兆円も現役世代だけでなく高齢世代も負担することになる。具体的には、年金保険料及び企業負担分12・5兆円を64歳までの世代が負担しているとすれば、残りの12・5兆円は消費税で負担されていることとなる。世代別の消費税負担割合を見ると65歳以上では40・1％なので、5兆円が高齢世代の負担となる。つまり、現状では国民年金及び基礎年金の負担25兆円のうち現役世代が20兆円、高齢世代が5兆円負担している。一方、基本年金の創設により必要となる財源45兆円のうち消費税分の30兆円に関しては現役世代18兆円、高齢世代12兆円となる。これにより、わずかながらも現役世代の家計に余裕が生まれるし、事業主負担が軽減される。

コラム5　基本年金導入で130万円の壁も解消できる

パートなどをしている者の年収が130万円を超えると、配偶者の社会保険の扶養から外れてしまい、手取りが減ってしまうので、労働時間を減らすなどして対応するのがいわゆる「130万円の壁」問題である。

こうした状況に対して、現在政府は年収130万円を超えた人にかかる社会保険料を一定期間、国が給付する形で穴埋めする案などを検討しているとのことだ。この案では結局、130万円の壁を考慮して配偶者が労働時間を調整しながらパートしている世帯を、配偶者がいなかったり、配偶者がパートをしていない世帯の税金を使って優遇するのと同じだ。例えば、年収130万円以下でも独身者は年金保険料を負担している現状がある。つまり、例えば独身者が払った所得税や年金受給世帯が支払った消費税が、130万円の壁を取っ払った世帯に補填されるわけであり、しかも、将来貰える年金額も増えることになるので、二重取りとも言える。パート労働者の「130万円の壁」を取り払うのに自分たちの税金が使われる者の不公平感や、政府、年金制度への不信感が高まり、分断が生じるだろう。こうした「130万円の壁」に対しては二つの対策が考えられる。

一つは壁を引き上げる方法。例えば130万円から150万円にするやり方だ。しかし、これでは130万円の壁が150万円の壁に置き変わるだけで根本的な解決にはならない。二つは130万円の壁を取っ払ってなくしてしまって、全てのパートに厚生年金を適用するやり方だ。この場合には、例えば月10万円弱の収入で大体国民年金の保険料と同じ水準になるが、将来もらえる年金額は国民年金加入者より有利になってしまう問題が生じるし、企業の負担も増えてしまう。三つは、本章で主張した全額税方式の基本年金の導入と専業主婦（夫）の国民健康保険への加入義務化だ。こうすれば、社会保険制度が就業インセンティブに影響を与えることはなくなり中立的となる。

多死社会が突きつける「寿命」の問題

こうして、社会保障の費用負担は、「税は高齢世代への給付のための財源」、「保険料は現役世代の給付のための財源」とスッキリ色分けされる。その結果、個人レベルでは、負担の目的がハッキ

り し、 納得感も得られやすくなる。 給付面では、 一生涯を通して見れば、 これまで通り 「共助」「公助」 によって支えられるので、 安心感を持てる。 同時に、 支える側と支えられる側がお互いに納得感・安心感を持てているので、 社会レベルでは、 社会的連帯のもと、 右肩下がりの人口・経済にも負けない強靭な社会保障制度がよみがえるはずだ。

併せて必要なのが、 福祉元年あたりから急速に変わってしまった日本人の死生観を 「多死社会」の現状にふさわしいものにすることである。 要するに、 福祉元年以前に戻すのだ。

人口転換論によれば、 出生率と死亡率からなる人口動向は4段階に分けることができ、 経済社会の発展に伴い、 「多産多死」 (高出生・高死亡) から 「多産少死」 (高出生・低死亡) を経て、 やがて 「少産少死」 (低出生・低死亡) に至るとされている。

現在の日本は人口転換論によれば、 第4段階の 「少産少死」 に当たるとされるが、 実際には、 第5段階の 「少産多死」 のステージにある、 いわゆる、 「多死社会」 である。

死亡者数は2021年時点では、 スペイン風邪の影響を受けた1918年149・3万人の過去最悪に近い144・0万人となっている。 今後は、 団塊の世代の高齢化に伴い死亡者数は増加の一途を辿り、 2039年には167・9万人となる。

日本では、 1951年には82・5%の人が自宅で亡くなっていたが、 さらに、 1973年の福祉元年で老人医療費が無償化されたこと、 医学部の増設により医師数が増えたことなどが追い風とな

図4-6　死亡者数（率）の推移

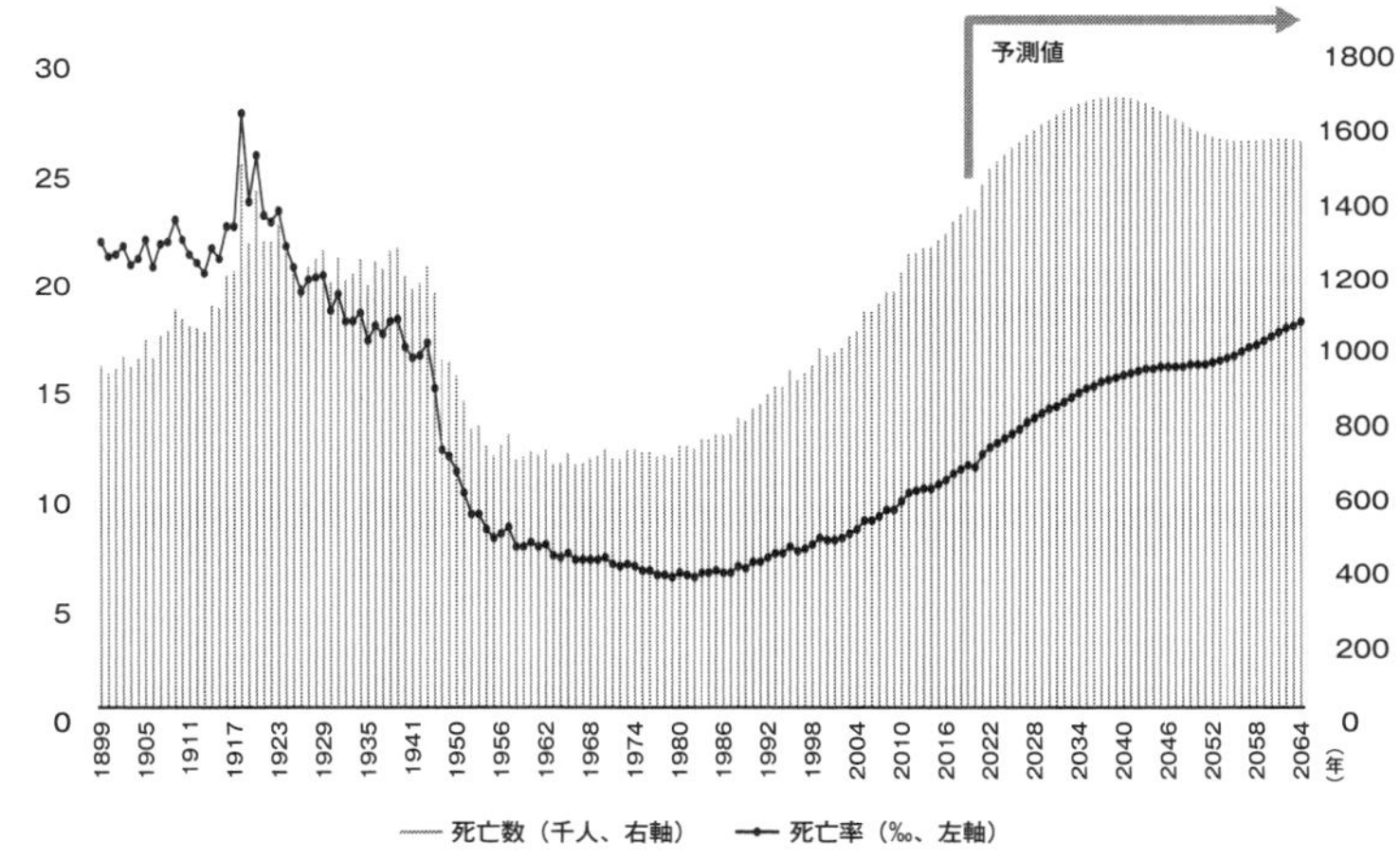

（出所）厚生労働省「人口動態統計」により筆者作成

り1976年に病院死が自宅死を逆転し、現在では病院死が69・9%、在宅死は15・7%と、6人に一人に過ぎない。病院死が現状のまま推移するとすれば、団塊の世代が最期を迎えはじめる2030年前後からは毎年の死亡者数が160万人超と見込まれるので、病床数が不足するのは確実だ。

　これに対して、他の先進国では病院死はオランダ35・5%、フランス58・1%、スウェーデン42・0%、イギリス54・0%、アメリカ56・0%となっている。

　日本でも高度成長開始頃までは、家制度がいまだ根強く残存する中、子どもや孫に囲まれて最期を迎えるなど当たり前に行われていた自宅での看取りであるが、高度成長開始に伴い核家族化が進み、高齢の親や祖父母との

図4－7　在宅死と病院死の推移

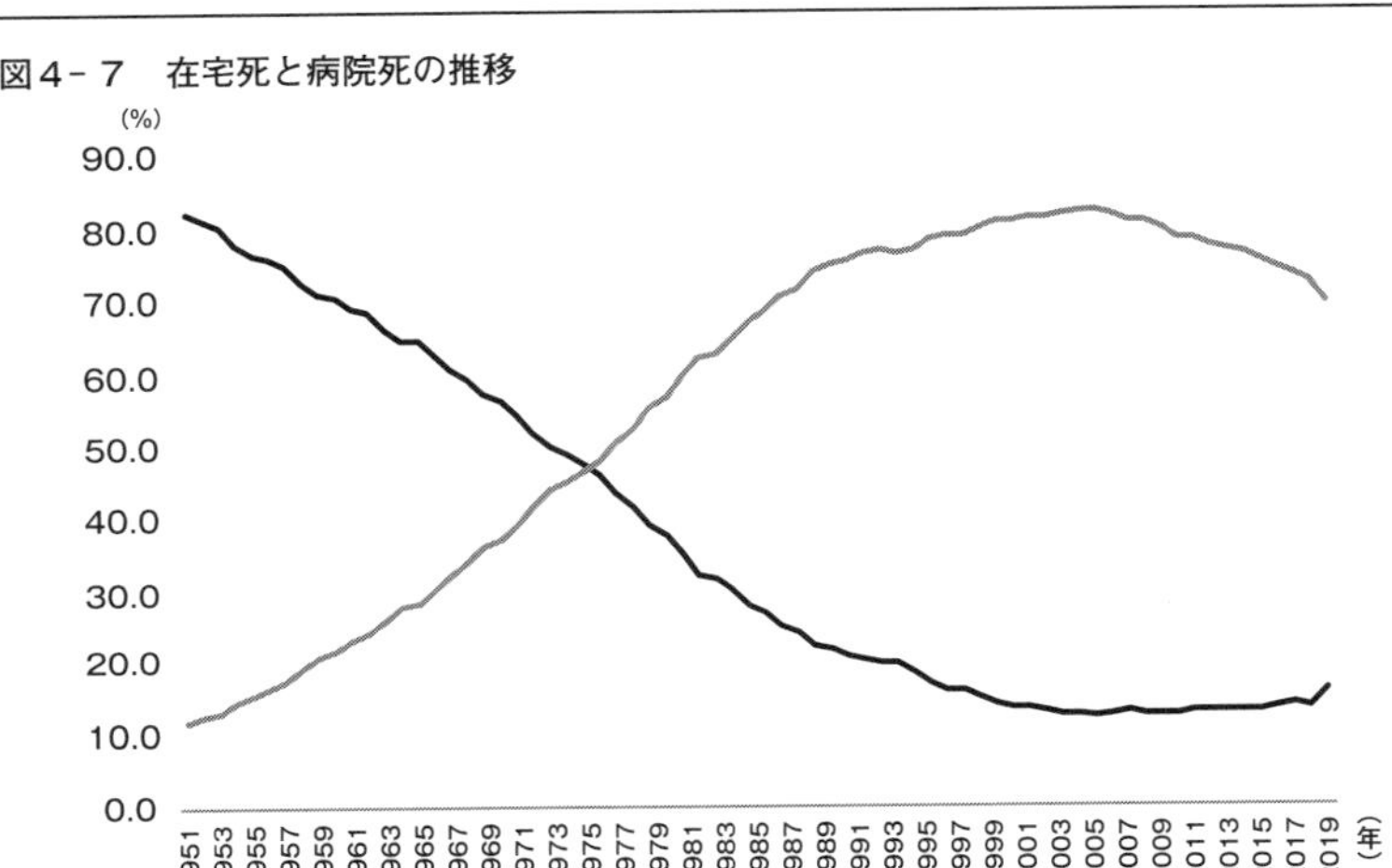

（出所）厚生労働省「人口動態統計」により筆者作成

同居も珍しくなった今の日本では「当たり前でないこと」になっている(51)。

今や日本は世界一病院死が多い国になったのだが、これは、各国の「死生観」の違いが影響していると考えられる。欧米諸国は高齢者の終末期としては緩和医療だけを行い、口から食べたり飲んだりできなくなったら、そのまま亡くなるのが自然だと考え、点滴や経管栄養は行わないのが一般的だ。日本では、回復の可能性がわずかにでもあるのなら延命治療を選択するので、結果的に病院で亡くなるケースが増えていく。

多死社会が私たちに突きつけるのは医療ではどうしようもできない「寿命」の問題である。先に見た多死社会とは、永遠に寿命が伸び続けることはあり得ないという当然の事実から導かれる超高齢社会の行き着く先と言える。

医療技術が進歩し、検査によって様々な疾患を容易に発見しやすくなったので、老化を病気と取り違えた高齢者が病院で受診すれば何らかの病気が見つかり、しかも、適切な治療も受けられる結果、ある程度は延命され医療費がかさんでしまうことが、日本の医療の問題と言える。実際、2019年度の国民医療費総額43・4兆円のうち後期高齢者医療費15・1兆円と3分の1強を占めている。

つまり、老いに医療がどこまで関与するのか、そしてわれわれはどの時点で老いを受容するのかという点について、医学がいくら発達しても「人は必ず死ぬのだ」という事実を念頭に置きつつ、

(51) 映画『おくりびと』のモデルであり原案となる小説を書いた青木新門氏は読売新聞のインタビュー「[QOD 生と死を問う] 死を語る(中) 死に姿で知る「生きる」 青木新門さん」(2017年1月30日)で「いつの頃からか、ぶよぶよとした遺体が増えてきました。延命治療を受けてきた方に多いようです。私には、死を受け入れず、自然に逆らった結果のようにも感じられます。死期を悟って、死を受け入れたと思える人の遺体は、みな枯れ木のようで、そして柔らかな笑顔をしています。亡くなる直前まで自宅などそれぞれの居場所で、それまでと変わらぬ日々を過ごしてきた人の多くがそうだった気がします。体や心が死ぬ時を知り、食べ物や水分を取らなくなり、そして死ぬ。それが自然な姿なのではないか。今、そういう死に姿は少ない。医師は一分一秒でも長く生かすことを使命だと思っているし、家族は少しでも長く生きるのが重要とばかりに「がんばって」と繰り返す。本人が死について思うことや、気持ちは聞かない。生命維持に必要な機械のモニターばかり見つめ、死にゆく本人を見ていない。大切なことを見逃し、聞き逃してきたのです」と答えている。

国民的な議論が必要となる。残酷なようだが、老いと病気を峻別し、病気は医療の対象とするが、老いは医療の対象とはしない。淡々と老いを受け入れる覚悟が必要である。

一方で、日本人の死生観という点では注目に値するデータがある。日本人の主な死因で、2000年代後半から老衰が急増しているのだ。これは、介護保険の創設や在宅医療の充実、医療と介護の連携の成果とともに、無理な延命や検査を拒否し、自然な最期を迎えたいと考える人々が増えていることを意味する。

こうした老衰による死亡者の増加は、実は高齢世代の半数以上が病院ではなく自宅で最期を迎えたいと希望していることを反映しているのかもしれない(52)。

こうした動きを後押しするためにも、訪問医療や訪問看護、訪問介護の充実、ホスピスの整備などを進めていく必要がある。

(52) 日本財団「人生の最期の迎え方に関する全国調査結果」(2021年3月)によると、67歳~81歳の人のうち、人生の最期を迎えたい場所を「自宅」と答えた者が58・8%、「医療施設」は33・9%だったのに対して、絶対に避けたい場所は、「子の家」42・1%、「介護施設」34・4%だった。

歴史と妥協の積み重ねとしての社会保障制度

社会保障が生まれ、現在のような姿になるまでには、様々な歴史的な要因と、個人(家族)・国・

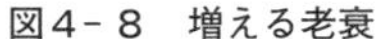
図4-8　増える老衰

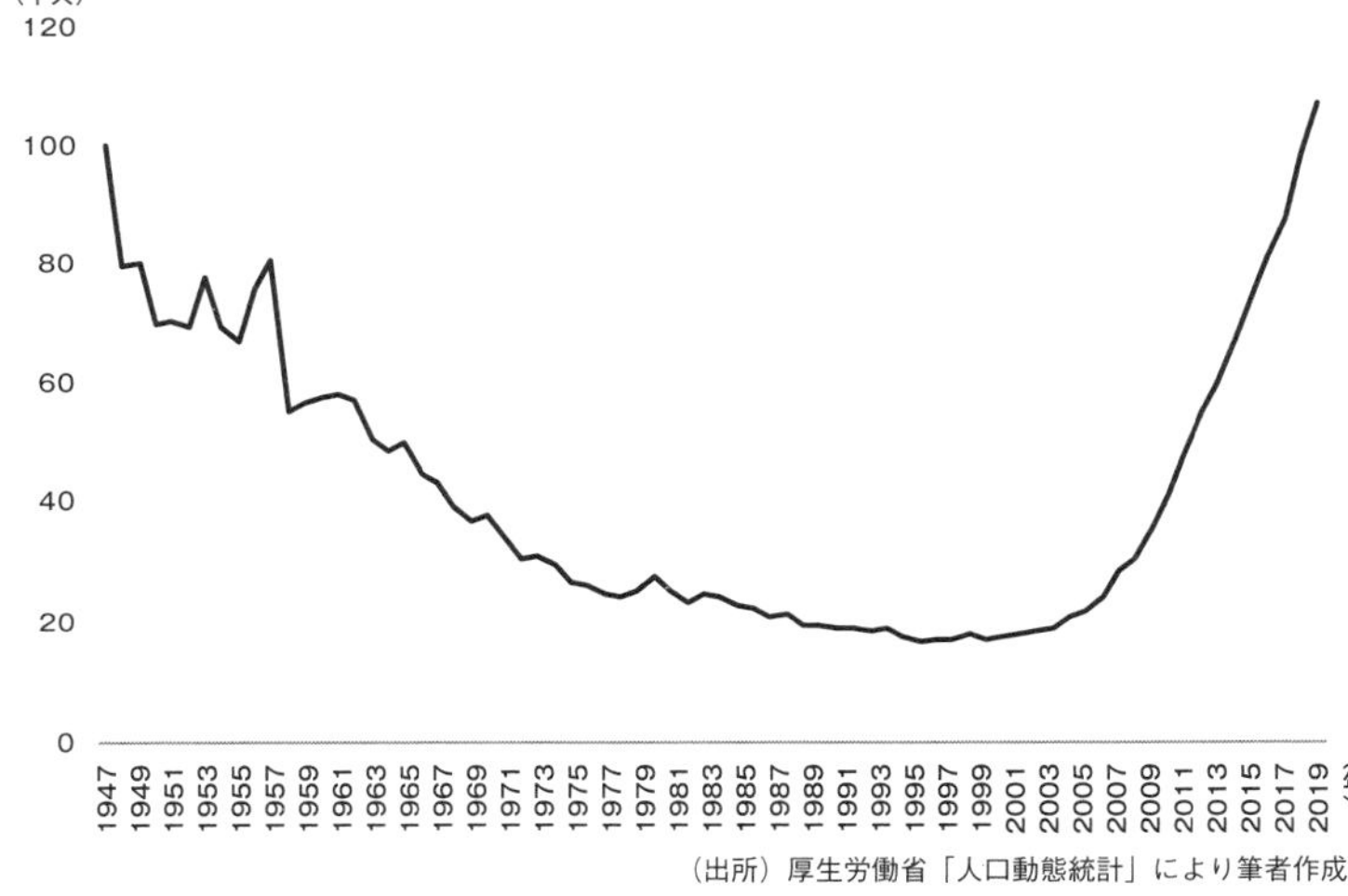

（出所）厚生労働省「人口動態統計」により筆者作成

市場（企業）の役割分担の変遷があった。

もちろん、日本の社会保障制度も例外ではない。より高いレベルの安心を求める国民・労働組合、国民らの期待に応えたい厚生当局、財政負担を気にする財政当局、票につなげたい政治家など多くの関係者間の妥協の積み重ねのもと、現在の制度があるのだから、直接国民に対して責任を取れない官僚には、これまでの歴史的経緯を無視して、白地のキャンバスに一から絵を描くような大改革は無理なのだ。大改革ができるのは、国民の後押しを受けた、政治家だけなのだ。官僚がやれるのは、あくまでいろいろな改革の素案を作って、政治家に示すところまでだ。

政治家は官僚が作った改革の素案の中から、各々の支持者（団体）が納得しそうな案を選び、決定していくことになる。ここで問題になるのは、やはりバラマキたがる政治とクレクレ民主主義だ。人口が減少し経済も低迷を続ける現代日本のような右肩下がりの社会では、社会保障制度改革は、高齢世代と若年世代もしくは現在世代と将来世代の間のゼロサムゲームでしかない。つまり、高齢世代の給付水準を維持しようと思えば若年世代の負担が膨らみ、若年世代の負担を軽減しようとするならば高齢世代の給付を削減せざるを得ない。あるいは、若年世代及び高齢世代の給付を増やすには将来世代の負担を増やすしかないし、将来世代の負担を軽減するには現在世代の負担を増やすしかない。したがって、社会保障制度改革で、どちらの側に立つにしても、必ず角が立つ。全ての利害関係者がハッピーになれる社会保障制度改革は残念ながら現代日本には存在しない。

こうした中で、財政制約を強く意識した社会保障制度改革を実行しようと思えば、どうしても（高齢世代の）民意と（現役世代の）民意のぶつかり合いにならざるを得ない。民意のぶつかり合いになれば、政治的に「弱い立場」にある若者世代が貧乏くじを引くことになる。

次章では、雇用問題や新型コロナウイルス対策に見る若者の貧乏くじについて検証を行う。

第5章

雇用、新型コロナウイルス対策でも貧乏くじを引かされる若者

日本的雇用慣行に苦しめられる若者

仕事が減っていく日本

これまで見てきたように、日本の若者はバラマキ政治とクレクレ民主主義が蔓延る中、バラマキ財政と社会保障制度は全世代型社会保障制度へとバラマキがよりバージョンアップされた結果、近い将来確実に訪れるものの、正確な日時が分からない経済破綻という貧乏くじを引かされる運命にある。

しかし、残念なことに日本の若者が引かされる貧乏くじは経済破綻だけではない。

かつては日本経済の強さの源泉ともいわれた日本的雇用慣行や、最近で言えば新型コロナウイルス対策もそれである。

総じてみれば、経済の成長（さらには物価上昇率）と雇用の創出との間には正比例の関係があるので、成長率が高いほど求人が多く、成長率が低いほど求人が少なくなる傾向がある。2019年

1月15日に厚生労働省の中長期的な雇用政策を議論する雇用政策研究会は、一定の前提のもと、今後もゼロ成長で推移するとすれば、2040年の就業者数が2017年の6530万人から最大で1285万人減少し、5245万人にまで落ち込む可能性がある一方、成長経済に転じるなどした場合には就業者数の減少は506万人にとどまり、6024万人を確保できるとの推計を公表した。

つまり、残念ながらこれからの日本では、豊富な仕事が全ての世代に供給されるような恵まれた状況にはならない可能性が非常に高い。そしてその貧乏くじを引くのは若者である。

より大きなマイナスの影響を被る新卒世代

リーマン・ショックや東日本大震災時点を底として回復基調にあった大学新卒者の就職状況は、2020年に98%となり1997年の調査開始以降、過去最高となったものの、新型コロナショックにより減少に転じ、95・8%となっている（図5－1）。

戦後の日本経済史を概観してみると、オイルショックやバブル崩壊、リーマン・ショック、新型コロナ禍など日本経済にネガティブなインパクトを与えるイベントが発生した時期には若年者の失業率が高まっていることが確認できる。

例えば、第一次オイルショック時には、全世代の平均失業率が1・9%のときに、新規高卒者を含む15～19歳は3・6%、新規大卒者を含む20～24歳2・9%、第二次オイルショック時には、同

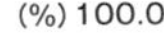

図5－1　大卒者の就職率の推移

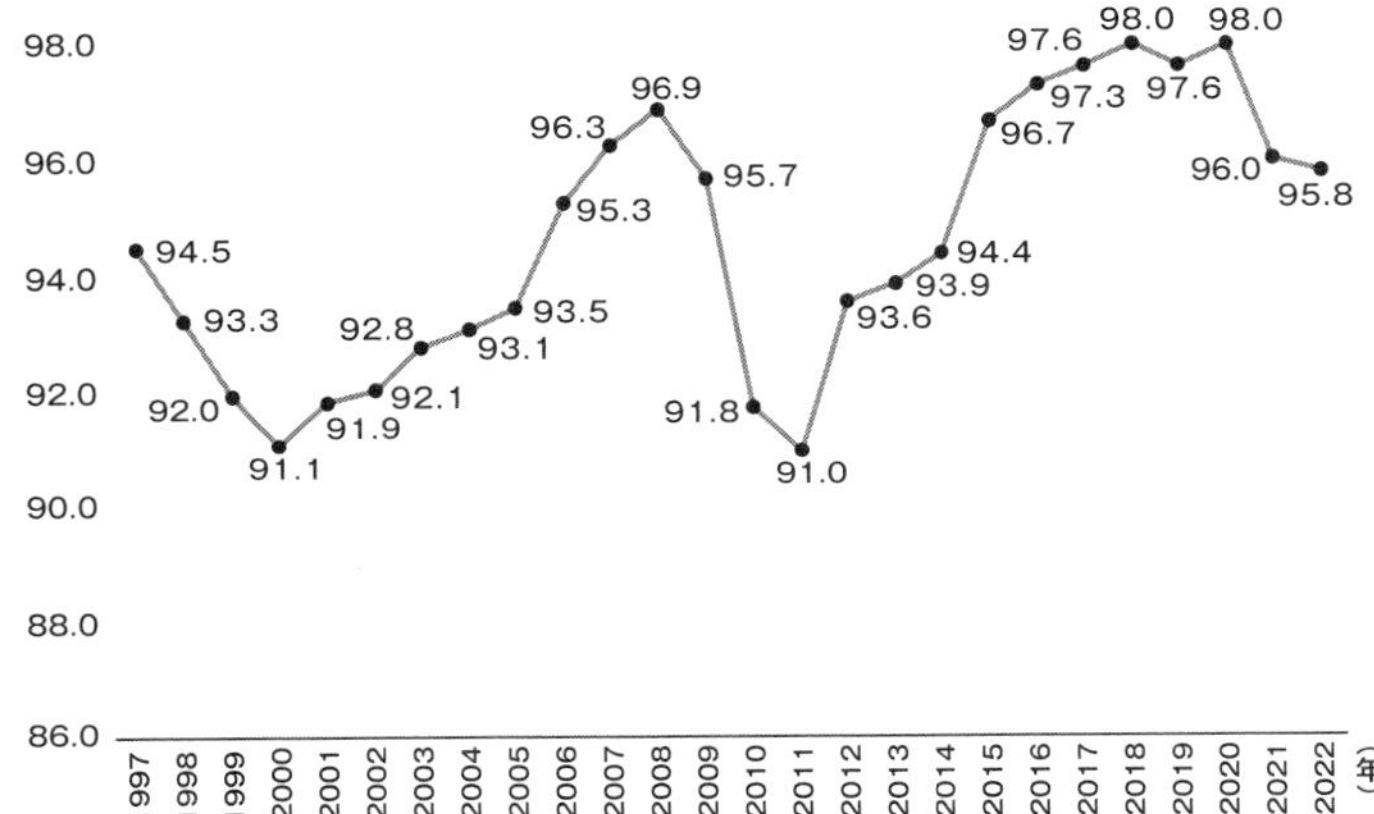

（出所）厚生労働省・文部科学省「大学等卒業者の就職状況」により筆者作成

じく順に2・2%、5・5%、3・6%、プラザ合意後の円高不況時は、2・8%、7・3%、4・6%、アジア金融危機・消費税率引き上げ時には4・7%、12・5%、8・4%、ITバブル崩壊時は5・4%、12・8%、9・3%、そしてリーマン・ショック時は5・1%、9・8%、9・1%、新型コロナ禍では2・8%、4・5%、4・6%と、新卒世代の失業率が他の世代よりも大幅に高くなっている。

このように経済が停滞すると、その後数年間失業率が高い期間が継続するが、より大きなマイナスの影響を被るのは、その時期に就職を迎える新卒者である。

しかし、「就職活動の時期がたまたま景気

の悪い時期と重なって運が悪かった」という簡単な話ではない。なぜなら、これまでのわが国の場合、新卒で正社員として採用されなかった場合、その後も非正規の仕事しか得られない可能性が非常に高くなる。つまり、高度成長期以降ずっと就職面で若者が貧乏くじを引かされているのだ。

アンフェアな若者批判

さらに理不尽なことに、仕事が見つからず困っている学生に対して、社会、大半は企業や組織でそれなりの地位にあったりすでに退職している世代から「会社の規模や、仕事を選びさえしなければ仕事はたくさんある。最近の若者は仕事の選り好みしているだけだ」という批判が浴びせられることがある。実は、かつて、筆者が世代間格差について取り上げたあるテレビ番組に出演した時に、当時、中央省庁の政務三役を務めていた政治家から発せられた言葉なのだ。しかし、こうした発言は実は幾つかの点でフェアとは言えない。

まず、最近の学生は会社や仕事を選り好みするというが、そもそも自分の好みや学歴に見合った就職先を選ぶのは悪いことだろうか。そういう発言をする者も就職の時点で自分の希望を優先したはずだ。現在の日本の雇用慣行では、首尾よく正社員として就職できた者は、よっぽどのことがない限り解雇される恐れがないという意味で、安定した「身分」が保証される。

つまり、一旦正社員になりさえすれば、内部はともかく外部との競争にさらされることのない立場である。自らが「選り好んだ」ポストは離さず、他人に選り好みするなというのは傲慢のそしりを免れないであろう。そのような批判をするのであれば、いつでも失職し、就職活動をしなければならなくなる可能性がある同じ土俵に立ってから行うべきだ。まるでイス取りゲームで音楽が鳴ってもイスに座ったまま、他人にはイスを探せといわんばかりである。

また、中卒者の7割、高卒者の5割、大卒者の3割が入社後3年に以内に離職する傾向があることが知られている。いわゆる「七五三問題」である。

実はこの割合は、長期的にほぼ横ばいで安定しており、現在の若者に限った傾向ではない。ただ最近では、こうした傾向を指して、「最近の若者は堪え性が足りない」と若者を批判するのに使われたり、若者の職業観の欠如と理解しキャリア教育の推進のために使われることもある。しかし、苦労して得た仕事を3年で辞めてしまう者が昔から一定割合でいるのだから、「選り好みするな」という批判は、若者の雇用を取り巻く環境の変化を検討しない限りあまり意味のあるものとはならないだろう。しかも、上の世代よりははるかに苦労して得たはずの「イス」をあっさり手放すのだから、そこには根深い問題があるはずで、能天気に若者批判をしていれば済むものでもない。

若い世代に押し付けられる経済停滞のツケ

さらに、就職環境の厳しさに関する世代間ギャップの存在も指摘できるだろう。つまり、現在すでに引退し、あるいはある程度の地位にある者が就職活動していた時期は、現在の高校生・大学生が直面する状況よりもはるかに恵まれた状況であった。

図5－2は世代別の失業率の推移を示したものであるが、この図から明らかなように、最近の若い世代ほどより高い失業率に直面していることが分かる。

失業率は労働市場の厳しさの代理指標と言えるから、失業率が低ければ就職がより容易であり、高ければ就職より困難な状況を示している。人は自分の経験を元に物事を判断することがままあるが、先のような発言をする者はまさにそうした罠に陥っている。

一体なぜ経済停滞のツケがその時々の若い世代に押し付けられてしまうのだろうか。それは戦後日本企業や労働界、そして法曹界が営々と築きあげてきた雇用慣行にその原因がある。そして、こうした雇用慣行は、たとえ能力が同じであったとしても、生まれた年で、差別的に扱っているのだから、企業にとっても個人にとっても大きな損失をもたらしている。なによりもそこに合理的な理由は全く見当たらない。

図5-2　世代別の失業率の推移

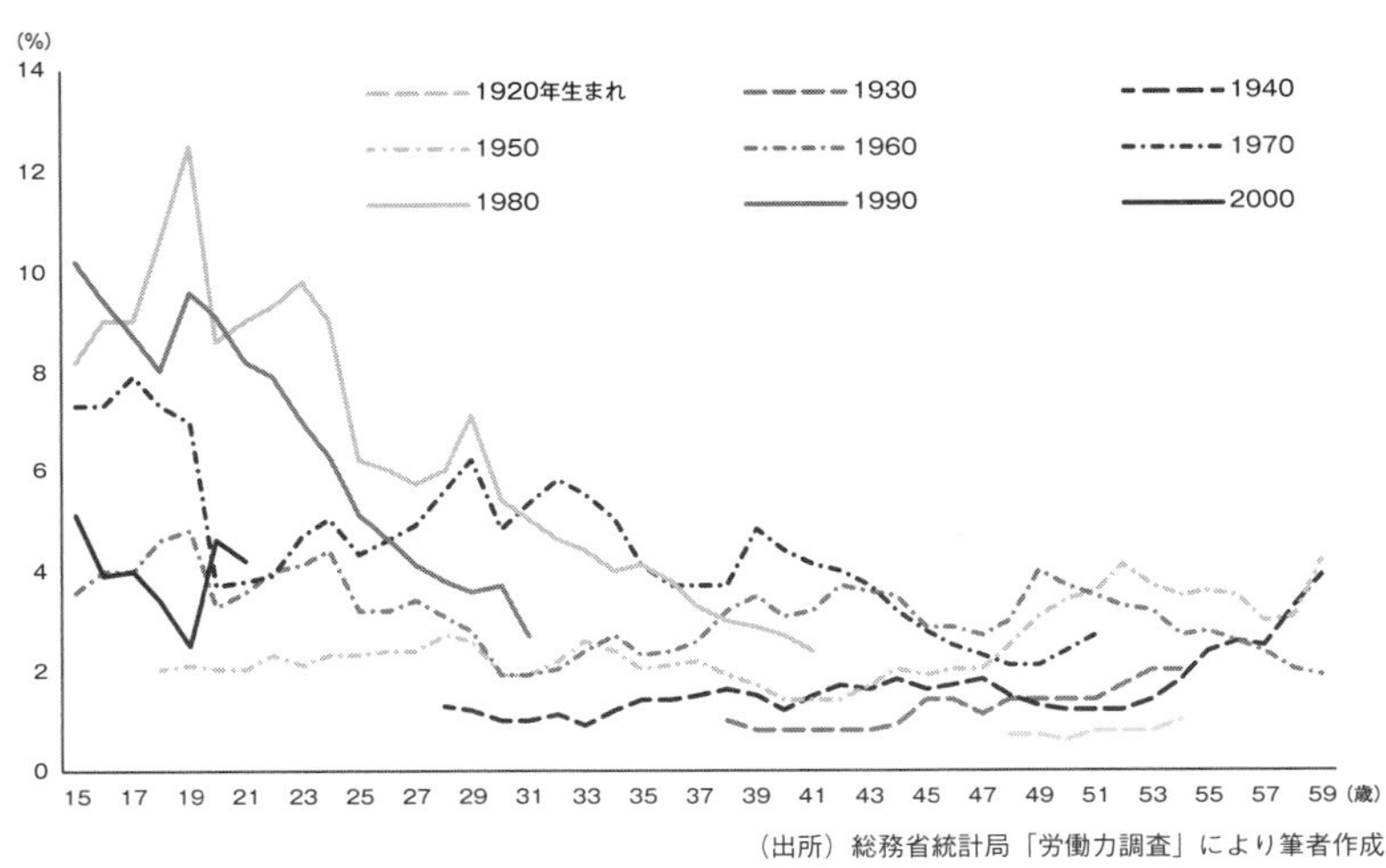

（出所）総務省統計局「労働力調査」により筆者作成

労働者数よりも雇用が速いペースで減っていく

現在、少子化の進行と経済の低迷により、日本の失業率は低水準で推移している。しかし、今後の日本経済の業績次第では、労働者の頭数自体の減少が進行しても、失業率が高まる可能性もある。つまり、労働者数が減少するのに、マクロの失業率が上昇するということは、雇用の減少の方が労働者数の減少よりも速いペースで進むことを意味する。つまり、イス取りゲームの参加者も減っているものの、それ以上の速さでイスの数が減っている状況である。

実際、先の雇用政策研究会によると、２０

17年の2・8%を出発点として、①経済成長と労働参加が進まないケースでは、2025年4・1%、2040年3・9%、②経済成長と労働参加が進むケースでは、2025年2・8%、2040年2・8%、③経済成長と労働参加が一定程度進むケースでは、2025年3・2%、2040年3・4%と、②のケースを除いて失業率が上昇する見込みとなっている。しかも、各ケースとも、29歳以下の若者は失業率が他の世代よりも大きく悪化する。つまり、労働者数が減少する中にあっても、若者の雇用が相対的に大きく失われるとの予測となっている。まさに、若者が貧乏くじを引く。

雇用を減らす短期的・構造的要因

このようなイスの数の減少は、短期的な要因と構造的な要因とに分けることができる。

一般的に、景気の良い時には雇用は増加し、悪い時には減少する。これは短期的な景気変動の影響だ。日本企業の景気変動に対する雇用調整は、通常、次の4つのステップを踏む。

第一段階は、労働時間による調整である。つまり、景気が悪化すると、企業はまず残業時間を減らすことで対応する。

第二段階はパート労働による調整である。残業時間の調整では対応しきれなくなると、人手の調整に進むこととなるが、まっさきに減らされるのはパートやアルバイト、派遣社員等の非正規雇用者である。2008年9月に発生したリーマン・ショックに際して、多くの企業が派遣切り・非正規社員のリストラを実行して社会問題化したことや、新型コロナ禍において飲食や宿泊業界で雇用が失われたことは記憶に新しい。

第三段階は新卒社員の採用の抑制である。例えば、1997年に起こったアジア金融危機とそれに続く大手金融機関の破綻により景気が悪化した際、そしてリーマン・ショック以降のいわゆる「就職氷河期」の再来に、多くの新卒者が職に就けない事態が発生した。

そして第四段階は正社員の削減である。景気後退が深刻化し、企業が設備投資計画の見直しに着手するようになると、正社員を削減するようになる。以上が短期的な要因（景気変動による雇用の減少）である。

次に、これまで日本は実質的には1990年代後半からデフレーションに苦しんできたが、このデフレも、企業の売上の減少という経路を通して、雇用を減少させる。実際、経済学では物価変化率と失業率の間にはマイナスの相関関係が存在するという「フィリップス曲線」という経験則が存在することが知られているが、これは現在の日本にも当てはまる。

また、現在様々な分野で中国や韓国等新興国との激しい競争が展開されており、日本企業の劣勢が報じられている。世界に名だたる大企業でも、事業の再編成や、国内生産拠点の縮小が行われている。こうしたことが直接雇用の減少をもたらすのは明らかだ。また、今後の事業規模維持に悲観的な企業が増えれば将来的な人員採用計画も下方修正されることになり、雇用の削減につながる。

さらに、少子化、高齢化の進行による社会保障負担、特に雇用主負担の増大も雇用維持にはマイナスの影響を及ぼす。

景気低迷期に就活を行う若者へのしわ寄せ

これらの短期的・構造的な要因が雇用（イス）を減少させるのは、売上を直ちに減少させたり、将来の減少を想起させるところが大きい。売上が減少してもコストがそれまでと同程度であれば、利益が減少してしまう。つまり、景気が悪化し企業の業績が悪化すると、利益の減少、場合によっては赤字の縮減を図るために、コスト削減を行うこととなるのだが、コストの中でももっとも大きく、6～7割を占めるのが人件費である。

したがって、そもそもの原因が売上の減少であっても、高齢化に伴う社会保障負担の増大であっても、内外企業との競争激化であっても、企業にとっては、存続のためには人件費の抑制が喫緊の課題となり、法制度的にも金銭的にも解雇しやすい非正規労働者や、そもそも社員でも何でもない新卒者が対象となってしまう現状がある。たまたま景気が低迷する時期に就職活動を行うことになった者にしわ寄せが及んでしまうことが、これまでの日本では繰り返されてきたのだ。

その時々の景気変動が若者の雇用に大きな影響力を持つのは、日本の雇用慣行として行われている「新卒一括採用」の影響が大きい。そもそも新卒一括採用は戦前に起源を持ち、戦後の高度成長期に一般化し、現在に至っている。ただし、こうした雇用慣行が存在するのは世界的に見ればごく少数である。もちろん、企業側には、低コストで効率的に大量の人員を確保できるメリットが、求職者には経験者と同じ土俵で争う必要がないといったメリットがあるのがこれまで続いてきた理由であり、合理的な理由もあるだろう。

しかし、先にも見たように、新卒一括採用は景気変動の影響をその時々の若者に押し付けるというデメリットを持っている。そして「新卒」という肩書きを失った瞬間に、労働市場で差別的な扱いを受けることになるのだ。いったん、既卒で無業、もしくは非正規社員となると、その後正社員となる確率は限りなく低くなってしまう。そして非正規社員は正社員に比べて雇用が不安定であり賃金も低く、社会保障や福利厚生の面でも不十分、そしてなにより技能の蓄積が困難となるので、生活自体が不安定化してしまう。

若者の生活が不安定化すれば、若者は自己防衛に走るのが当然である。最近、「若者の◯◯離れ」ということが喧伝されるが、なんのことはない、「お金の若者離れ」がその大きな原因であり、若者に消費させたければ安定した所得を生み出す安定した職を供給するのが一番の近道である。

正しく機能しているとは言い難い雇用調整助成金制度

イスに居座り続ける中高年労働者の存在は、政策的に政府が奨励しているのと、高度成長期以降企業が形成してきた雇用慣行を裁判所がサポートする結果であるところが大きい。

日本の企業はこれまで、企業特殊的な技能の形成を多額のコストを掛けて正社員に取得させてきたため、景気後退にともなう業績悪化の度に正社員を解雇していたのでは、割に合わなかった。

そこで、政府は、「景気の変動、産業構造の変化その他の経済上の理由により、事業活動の縮小を余儀なくされた事業主が、その雇用する労働者を一時的に休業、教育訓練又は出向をさせた場合に、休業、教育訓練又は出向に係る手当若しくは賃金等の一部を助成」を行う雇用調整助成金制度を提供している。これは今般の新型コロナウイルス対策においてもフル活用された。

このような助成金制度は確かに、例えばリーマン・ショックや新型コロナ禍の景気後退の深刻化による一時的な雇用の落ち込みに対しては緩衝材として機能し有効である。つまり、政府が景気や雇用を下支えしている間に、回復の機運が生じれば、元の職場に復帰できる可能性が高まるからだ。しかし、現行の雇用調整助成金制度における助成金支給期間は支給限度日数が原則として1年間で100日分、3年で150日分と長期間に設定されており、「一時的」な下支えとは言いがたい。

敢えて過激な表現を使うことをお赦しいただくと、こうした雇用調整助成金の対象者は「社内失業者」の立場に置かれているのであり、社内失業者を維持するために、企業及び政府、つまり国民の税金を投入するのは、マクロ経済的には資源の非効率性を助長することとなろう。

また、筆者の推計によれば、企業はコロナ対策による経済の人為的な抑制によって経済活動がストップする中、政府の雇用調整助成金を活用することで、２０２１年時点で３００万人程度の雇用保蔵を行っていると推計された(53)。

こうした補助金政策により下支えされた企業による雇用保蔵（最適な雇用者数と実際の常用雇用者数との差）の問題点は、①企業の事業再構築意欲を喪失させ、問題を先送りさせるインセンティブを与えてしまう②マクロ経済的には資源移動を阻害することで成長率の低下を招くことにある。

この結果、雇用保蔵がなければ、景気回復後元のイスには新しい参加者が座れた可能性を奪い、新しいイスの創出にも失敗することとなる。

年功序列型賃金と長期雇用の弊害

次に、わが国の雇用慣行の特徴、いわゆる日本型雇用慣行としては、年功序列型賃金と長期雇用（終身雇用）とが挙げられる。こうした雇用慣行は、企業の業績悪化により、新規参入者のためのイスの数の減少をもたらす。

つまり、企業のコストの大部分を人件費が占め、業績悪化とともに、人件費の削減が行われる。このとき、既存の雇用が維持される傾向が強ければ、当然新規参入者、つまり若い世代の雇用が削られる運命にあるのは自明の理だろう。長期雇用を前提とした企業の雇用慣行の広がりは、こうした既存の雇用を優先的に維持するインセンティブを強めることとなる。

さらに、既存の雇用維持は年功序列型賃金と相まって、一層の人件費の高騰・固定化を招く。つまり、その他の条件が一定であれば、従業員年齢の高齢化は賃金の高騰を招くものの、既存雇用の維持を優先させればそれだけ人件費の余裕分が減少してしまうからだ。

このとき、生産性が低いものの高給取りの労働者を容易に解雇できれば事情は異なる。例えば、年収800万円の生産性の合わない労働者を解雇して、年収350万円で、その年収に見合うかもしくはそれ以上の生産性を持った労働者を雇用できれば、企業としては人件費が浮かせることが可能となる。特に、景気後退期においては有能だが職のない人が多くいるので、そうした人材を雇用しやすい環境にあるだろう。

(53) なお、雇用保蔵とは企業が適正な規模を超えて雇用を抱え込むことであり、景気循環を見越しての合理的な行動である。ただし、雇用保蔵者は場合によってはリストラなど雇用調整の対象とされる可能性もあるため、失業者予備軍とも考えられる。したがって、企業内失業とか社内失業、過剰雇用などと呼ばれることもある。

「整理解雇の4要件」の存在

しかし、現在の日本の雇用慣行では、正社員の解雇は最後の手段であり、ことさら困難であるとも言える。すなわち、俗に言う「整理解雇の4要件」の存在である。

整理解雇の4要件とは、1979年に東京高等裁判所が東洋酸素事件の判決の中で示した整理解雇の4つの要件であり、整理解雇はこの要件に全て適合しないと無効（不当解雇）とされることとなる。その4つの要件とは、①人員整理の必要性、②解雇回避努力義務の履行、③被解雇者選定の合理性、④解雇手続の妥当性である。

こうした判例の趣旨を明文化したものとして、労働基準法、第18条の2は、「解雇は客観的に合理的な理由を欠き、社会通念上相当であると認められない場合は、その権利を濫用したものとして無効とする」がある。

現在では、こうした要件の厳格な運用は行われてはいないとされるものの、それでも正社員のリストラが日常茶飯事となっているというわけでもない。こうしたことをもって、解雇規制の存在が正社員の早期リストラを困難にし、結果として企業の存続そのものを危うくしていると評されることも多い。

雇用は市場に保障させる

結局のところ、日本経済というパイを大きくしない限り、つまり日本経済を成長させない限り、私たちは豊かにはなれないのだ。そして、日本のような少子高齢化、人口減少が続く経済にあっては人、特に若者こそが有効活用すべき稀少な資源と言える。

資源の効率的利用に威力を発揮するのが「市場」である。市場メカニズムの活用というと、小泉純一郎・竹中平蔵流の構造改革路線を想起する読者もいらっしゃるだろう。

そもそも、市場メカニズムを活用することで、価格をシグナルとして需要と供給が調整され、政府に指図されなくとも、消費者や生産者が利己的に振舞っていても、必要なところに必要なだけ資源が配分されていく。社会全体では、知らない間に稀少資源の効率的な利用が進み、国民の経済的な満足度が最大化されていく。このときに重要なのが、いかに経済学的に不必要な規制を減らしていくかということである。

少子化、高齢化、人口減少が続く日本経済にあって稀少性が増す資源は労働力である。枯渇する労働力を斜陽産業から成長産業へ移動させられるかが、持続的な成長のカギとなる。

さらに、制度導入当初はそれなりに合理性があった規制も時代の変遷とともにかえって新規産業の勃興を抑え、成長を阻害する要因となっていることが問題視されていた。実際、バブル崩壊後の1995年3月には規制緩和推進計画が閣議決定されている。

なお、当時の日本経営者団体連盟（日経連）により同年5月に出された「新時代の『日本的経営』」では、少子高齢化という制約がある中でいかに賃金高騰を抑えるかという至上命題に対して、労働形態を3分割（長期蓄積能力活用型（正社員）、高度専門能力活用型（専門職）、雇用柔軟型（非正規））した上で、雇用柔軟型労働力を活用することにより人件費を抑制することを提案している。

小泉・竹中構造改革はこうした問題意識や経済界の思惑の中に位置付けられる。

「非正規雇用の拡大」という貧乏くじ

実際、バブル崩壊以降、企業の多くがコスト削減を強いられる中で、新卒採用を急激に絞り込み、多くの若者が正社員として就職できないまま派遣社員などの非正規社員として労働市場に放り出される事態が進行した。

非正規雇用という「イス」は、正規雇用という「イス」に比べると、有期雇用であり賃金も3割以上も低い(54)など、とても座り心地が悪い。しかも、経営上の都合でいつイスが引き上げられるかも分からない運命だ。

図5-3　増える非正規雇用

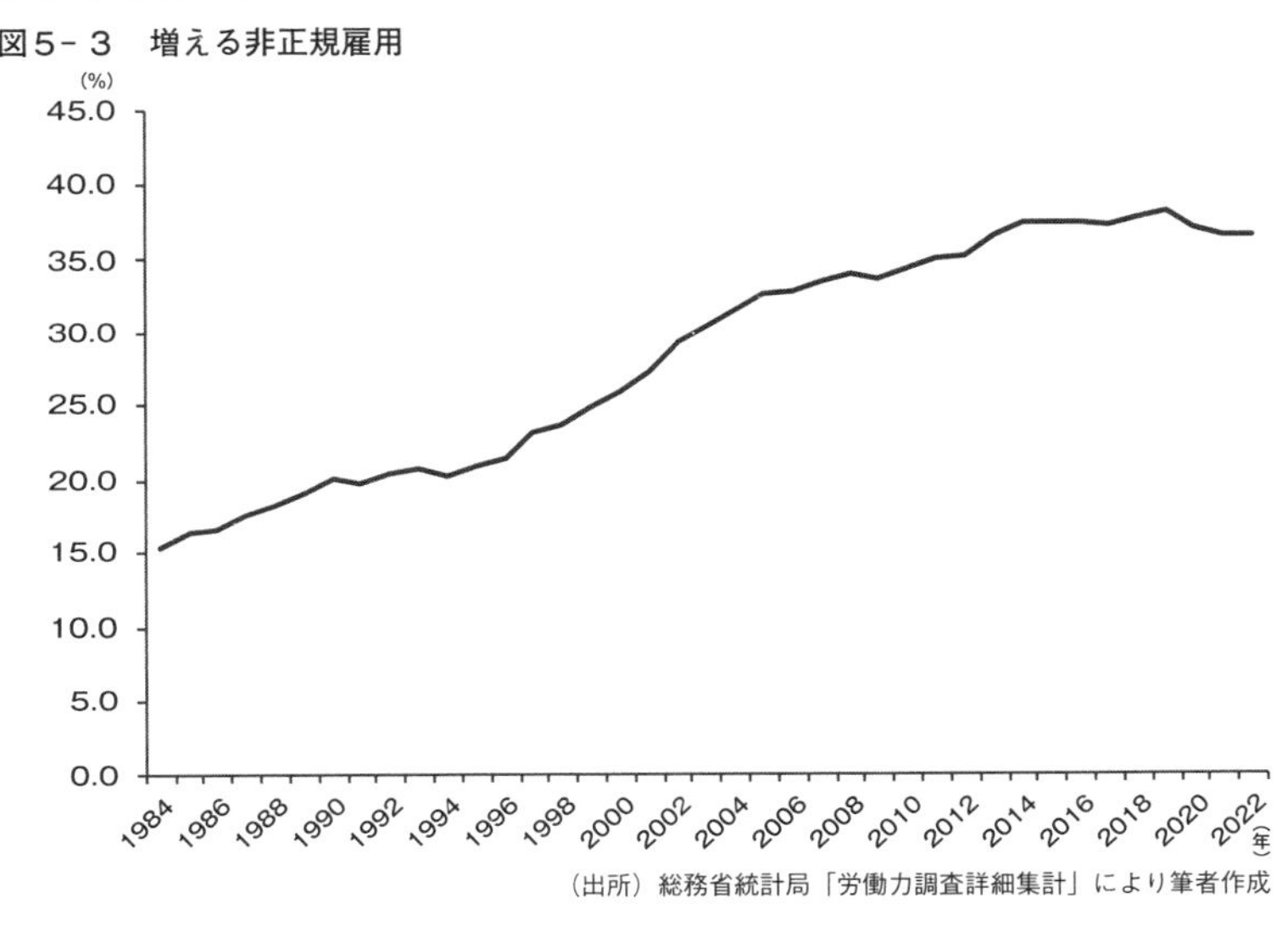

（出所）総務省統計局「労働力調査詳細集計」により筆者作成

しかも、日本型雇用慣行の弊害もあり、一度正社員になれずに労働市場に出てしまうと、正社員として登用される道は絶望的に狭く険しく、人員削減の必要性が生じた場合、真っ先に切られるのも非正規社員からであった。つまり、日本型雇用慣行のしわ寄せは、労働市場に参入するタイミングで景気の悪化に直面した若者世代が一手に引き受けることになる。その代表格が1990年代後半から2000年代前半までに労働市場に出た「就職氷河期世代」だ。

こうした非正規雇用の賃金を低く押さえ付

（54）厚生労働省「令和3年賃金構造基本統計調査」によれば、2021年現在、正社員の平均賃金が323・4千円であるのに対し、非正規社員は216・7千円となっている。

けている元凶が小泉内閣の下での改正により製造業にも適用範囲を拡大させた労働者派遣法であり、これを最大限利用しているのが、価格でしか世界と渡り合えない日本企業であり、派遣社員で利益を貪る派遣会社であり、解雇規制で守られている正社員である。

逆に言えば、正社員の働きが少々悪くても解雇されず高い賃金をもらえるのは、雇用と賃金の調整弁としての非正規社員が存在するからである。

もし、現在主流のメンバーシップ型雇用のように人に値札がつくのではなく、ポストに値札がついているジョブ型雇用であれば、同じ仕事は同じ賃金か、労働市場の需給バランスを反映し非正規雇用の方が賃金が高くなることもあるはずである。現状のように正社員に比べて非正規社員が一方的に賃金が低いということはあり得ない。解雇規制により正社員が非正社員を搾取する仕組みが日本社会に制度化されてしまっているのだ。

解雇規制の撤廃と市場メカニズムの貫徹を

つまり、小泉・竹中構造改革は、手厚く権利が保護された正規雇用の解雇規制を放置したまま非正規雇用の拡大に踏み切ったため、経済界の意図通り、低賃金雇用に雇用全体をシフトさせることで、稀少となる労働力の有効活用とそれに伴う賃上げが実現されず、高い賃金の正社員と低い賃金の非正規社員の間に埋めがたい格差を固定させ、非正規社員の多くが若い世代であることを勘案すると世代間格差をも惹起したのだ。郵政民営化など古い既得権益を打破したものの、人材派遣ビジネスなどの新たな既得権益を作り出すことになってしまっている。

したがって、日本経済のダイナミズムの回復と世代間格差の是正の二兎を追うためには、解雇規制を撤廃し、労働市場に市場メカニズムを貫徹させることにより、稀少となる労働力の企業間・産業間の自由な移動と自由な価格付けを実現することで、より必要とされる高技能＝賃金が高い職が視覚化され、人々がより高い賃金を目指して人的資本を磨き上げることで、賃金水準の底上げと社会全体にもポジティブな影響を与える。

いつ労働市場に参入したかでその後の稼ぎが概ね自動的に決まる世の中よりも、不断の努力によって稼ぎが決まる、より努力した人ほど報われる社会の方が、これからの時代を担う若者世代にとっては公平な社会であることは間違いない。

新型コロナウイルス対策が日本社会と経済に与えた大打撃

迷走した日本のコロナ対策

2019年12月に中国の武漢で発生した新型コロナウイルス感染症は、瞬く間に世界中に伝染した。2020年2月29日、シアトル近郊の病院に入院していた50代の男性が全米で初めての新型コロナウイルスによる死者として報じられて以降、死者の数は急増し、遺体が霊安室に収容できない悲惨な状況が日本でも盛んに報じられた。また、3月11日、世界保健機関（WHO）は新型コロナウイルス感染症のパンデミックを中国の顔色を気にしながら渋々宣言するなど、日本人の新型コロナウイルスへの恐怖心が掻き立てられた。

それから2年以上が経過し、米国をはじめとした各国では新型コロナウイルスからの脱却に向けて舵を切り、さまざまな規制緩和が実施され経済も人々の動きも活況を呈する中、長らくゼロコロナを堅持していた中国も突然脱コロナへとそれまでの政策を一変した。そうした世界的な潮流の変化もあって、日本もコロナに関する「規制」を緩和させてきてはいるが、そもそもエビデンスに基

図5－4　世界各国の新型コロナウイルス新規感染者数の推移

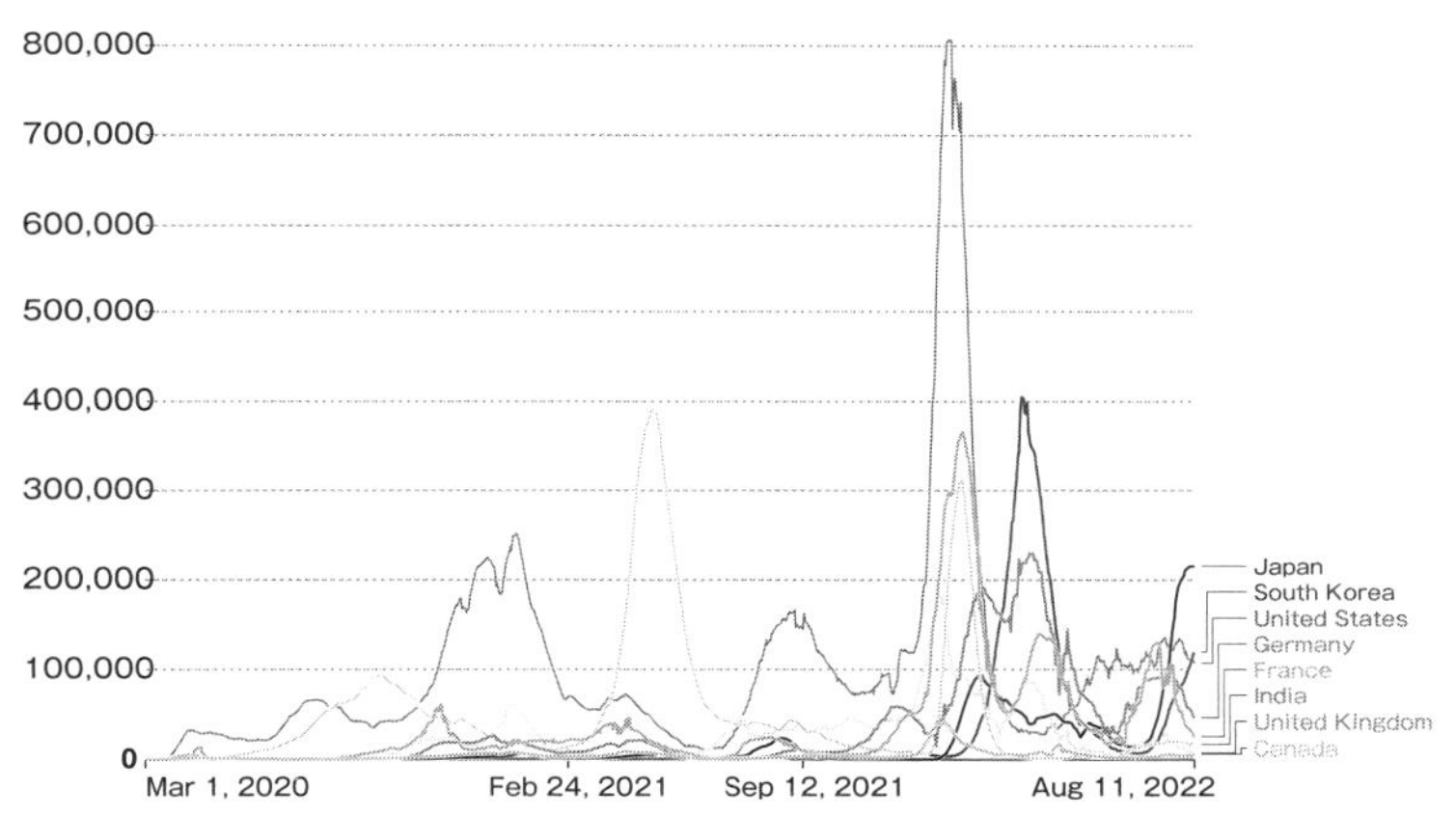

（出所）Our World In Data

づいた対策をしっかり実施してきた他の先進諸国とは異なり、エビデンスや法的根拠もあやふやな「空気」に基づく「規制」が多かった日本では、脱コロナへの歩みは遅々として進んでいない。

ここでは、日本の新型コロナウイルス対策が日本の社会や経済に与えた影響について考えてみることとしたい。

日本では、早くから新型コロナウイルス対策が徹底され、またワクチン接種率も高いにもかかわらず、2022年7月28日、日本の新型コロナウイルス感染症新規罹患者は23万3094人を数え、過去最悪の記録となると同時に、世界最悪の新型コロナウイルス「汚染国」となり、現在に至っている(55)。

厚生労働省「人口動態統計」によれば、2

021年の死因別に見た死亡は、第1位は悪性新生物〈腫瘍〉38万1497人（死亡率（人口100万対）は310・7）、第2位は心疾患（高血圧性を除く）21万4623人（同174・8）、第3位は老衰15万2024人（同123・8）、第4位は脳血管疾患10万4588人（同85・2）、第5位は肺炎7万3190人（同59・6）となっている。

「新型コロナウイルス感染症」は死亡者数が1万6756人（同13・6）であり、2021年の死亡者総数143万9809人の1・16%を占めるに過ぎない。新型コロナウイルスを特別視する理由があったとは到底思えない。

（55）なお、2023年1月31日現在、日本の人口100万人あたりの罹患者数は世界最悪の水準のままである。世界がマスクを外した今、もし、マスクがコロナ感染に効果があるのなら、なぜ、日本が世界最悪のままなのか説明がつかないと思うのだが、政府や専門家から納得できる客観的な根拠が全く示されていない。また、そもそも法的根拠に基づいた規制でもなく、「着ける、着けない」は元々個人の自由意思に任せられていたはずのマスクの着用に関しても、3月13日から個人の判断に委ねられるとの政府見解となっている。このようにエビデンスも法的根拠も無視した政策が行われてきても全く反抗もせず、言いなりでしかなかった日本国民も情けないとしか言いようがない。

経済対策で激増した財政負担

新型コロナウイルスが本格的に流行した2020年度、政府は、国民の命や暮らしを守り、未曾有の危機に対応するため、三度の補正予算（第1次補正予算25兆6914億円、第2次補正予算31

表５－１　医療の政府からの受け取り（兆円）

	2019年度	2020年度	増減額
保健	43.0	46.4	3.4
医療用品、医療用器具・設備	6.9	6.8	-0.1
外来サービス	16.6	16.3	-0.4
病院サービス	15.8	15.5	-0.3
公衆衛生サービス	2.7	3.4	0.8
R&D（保健）	0.1	0.1	0.0
その他の保健	0.9	4.4	3.5

（出所）内閣府経済社会総合研究所「国民経済計算年報」により筆者作成

兆９１１４億円、第３次補正予算19兆１７６１億円）が組まれた。こうした三度の補正予算での追加歳出総額は77兆円であり、国民一人当たりに換算すると61万円となる。

特に、家計や非金融法人企業（一般企業）での受け取りが大きく、家計では特別定額給付金等、一般企業では持続化給付金や雇用調整助成金等によるところが大きい。さらに、業種別に見ると、外食産業や宿泊業を支援するために実施されたＧｏ Ｔｏキャンペーンや時短協力金により、ホテル、レストラン、観光関係等の受け取りが前年度に比べて増加した。

また、新型コロナウイルスの感染拡大を背景に、病院等への受診を手控える動きがあったと報道されたこともあるように、保健産業で、「外来サービス」、「病院サービス」は減少したものの、新型コロナウイルス感染症緊急包括支援交付金により「その他」が大きく増加し、トータルで見れば3・5兆円前年度より受け取りが増加した。

こうして、財政負担は激増し、それは国債によって賄われているため、「60年償還ルール」と相まってその大部分は私たちの子供や孫たちの負担として引き継がれることになる。

さらに、コロナ禍で多くの中小零細企業が経営難に陥る中、いわゆるゼロゼロ融資（新型コロナウイルス禍で売り上げが減った企業に実質無利子・無担保で融資する仕組み）が大規模に執行された。本来増えるはずの企業倒産が抑制され続けてきた結果、今後「ゾンビ企業」の増加が懸念されている。帝国データバンクの調査によれば、国際決済銀行（BIS）の基準における「ゾンビ企業」率は2020年度で約11・3％、「ゾンビ企業」数は約16・5万社と推計されている。

日本経済新聞の報道(56)によれば、「コロナ予備費」のうち、国会に使途を報告した12兆円余りの9割以上に相当する11兆円が具体的にどう使われたか把握できないとのことだ。

東日本大震災のための復興予算が、反捕鯨団体シーシェパードの妨害活動対策費に使われたり、被災地とは無縁の官公庁の耐震対策改修費にまで使われるなど、「流用」や「目的外使用」が相次いで発覚したのと同様、新型コロナウイルス対策においても、緊急時であることを隠れ蓑にして、財政資金の無駄遣いがなされていることも忘れてはいけない。

大幅に減少し、いまだ回復しない日本のＧＤＰ

こうした異次元の財政出動に対して日本経済はどう反応したのだろうか(57)。

新型コロナウイルス流行後の日本の実質ＧＤＰの推移を見ると、依然として足元のＧＤＰは新型コロナウイルス流行直前の２０１９年10～12月期の水準を２％下回っていることが確認できる。

また、もし新型コロナウイルスが蔓延せず、緊急事態宣言やまん延防止等重点措置が発出されることがなく、日本のＧＤＰが平均成長率で成長したと考えれば、２０２２年１～３月期時点では、現実のＧＤＰはトレンドＧＤＰよりも14・５兆円下回っていると推計できる。

つまり、政府の思い切った経済対策にもかかわらず、ＧＤＰはいまだにコロナ前の水準まで回復できていない。

また、コロナによってインバウンド需要も消滅した。観光庁によれば、コロナ前の２０１９年の

(56) 日本経済新聞「コロナ予備費12兆円、使途9割追えず　透明性課題」(2022年4月22日)

(57) なお、ここでは2019年10月に消費税率が8%から10%に引き上げられたことに伴う駆け込み需要反動減を均すため、2019年7 - 9月期と同10 - 12月期の国内総生産(GDP)の平均値を2019年10 - 12月期のGDPとみなしている。

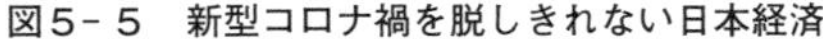

図5－5　新型コロナ禍を脱しきれない日本経済

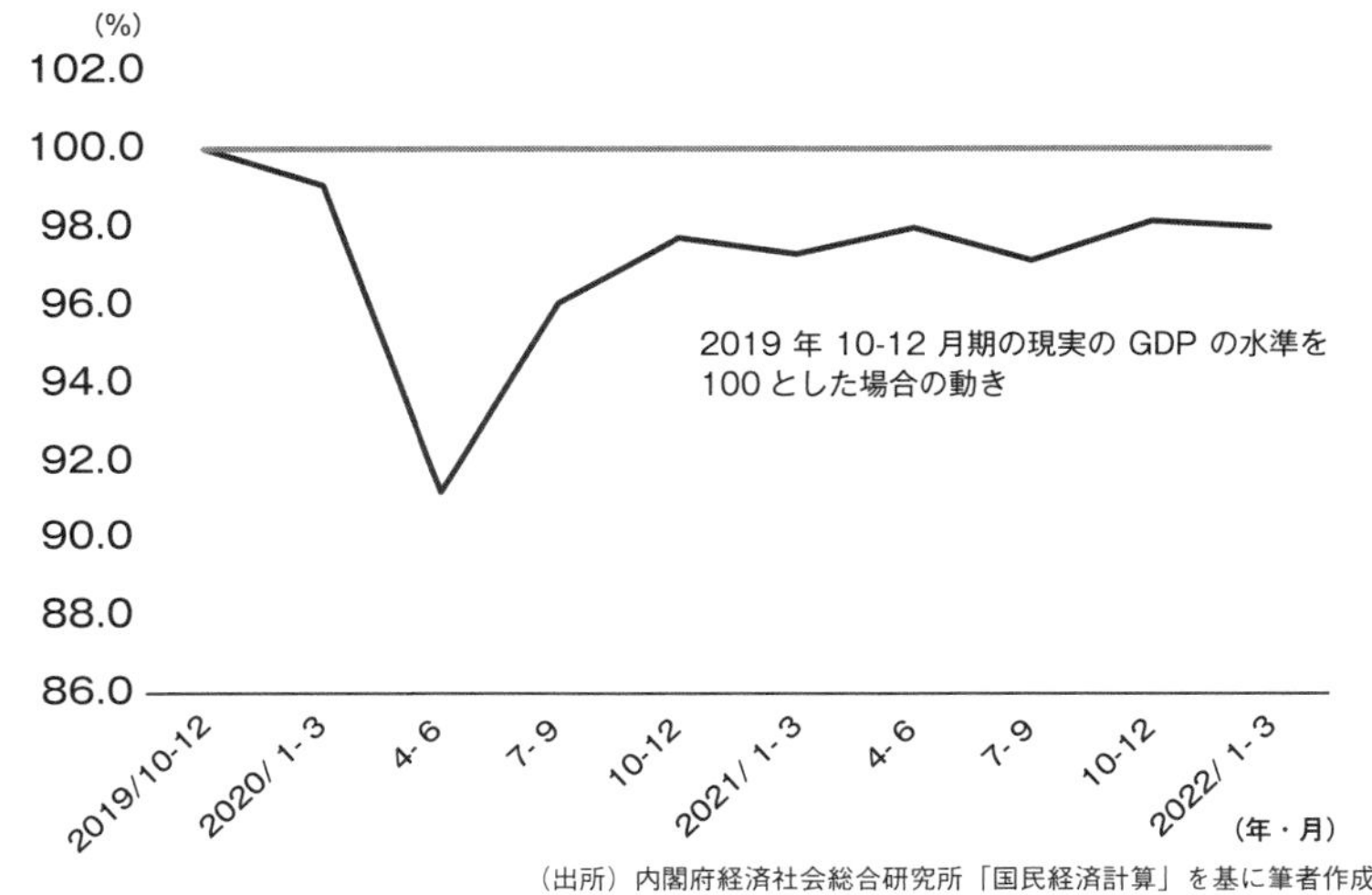

（出所）内閣府経済社会総合研究所「国民経済計算」を基に筆者作成

図5－6　トレンドを下回る日本経済

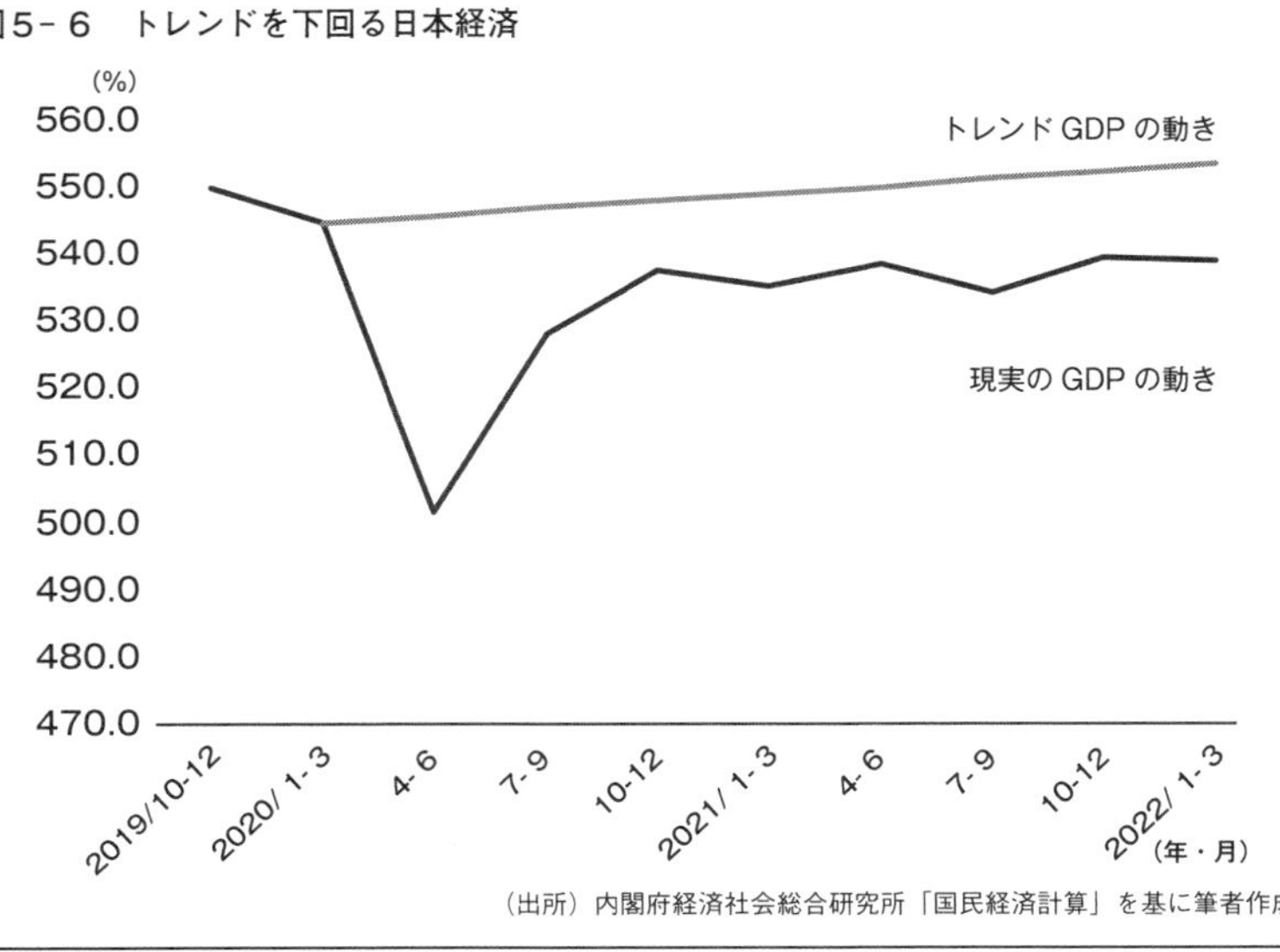

（出所）内閣府経済社会総合研究所「国民経済計算」を基に筆者作成

観光目的の入国者数は2800万人を上回る過去最高を記録した。1日当たり7万7000人が日本を訪れていた計算だ。しかし、2022年6月10日より観光目的の入国受入れ再開や段階的な水際措置の緩和がなされ、特に、本格的な受け入れ再開を行った10月以降顕著に回復傾向が見られたものの、結局、2022年の年間訪日外客数は383万1900人であり、コロナ前の2019年比では10％程度に過ぎなかった。

日本経済が低迷する中にあって地域経済を支えたインバウンド需要は回復せず、せっかくの円安によるインバウンド増の絶好の機会を全く生かし切れていない。

新型コロナウイルス対策と自殺者数

こうした日本経済の立ち遅れは、私たちの生活を直撃している。

先に見たように、2021年の「新型コロナウイルス感染症」は死亡数が1万6756人、人口10万人対死亡率は13・6であるのに対して、自殺者数は2万1007人、同16・8で、新型コロナウイルスによる死因を上回っている。

もちろん、2万人を上回る自殺者の全てが新型コロナウイルスを原因としたものではもちろんないが、東京大学の試算によれば、2020年3月から2022年6月にかけ、新型コロナウイルスが流行した影響により国内で増加した自殺者は8080人に上るとのことだ。年代別では、19歳以下では、377人に上り、このうち女性は282人だった。20代は1837人と最多で、20代の自殺者の約3割を占めた。うち、女性が1092人、男性が745人だった。試算を行った仲田泰祐東京大学准教授は「男性より非正規雇用が多い女性は経済的影響を受けやすく、若者の方が行動制限などで孤独に追い込まれている可能性がある」としている。

つまり、男女合わせて8000人の尊い貴重な命が新型コロナウイルス対策禍によって失われてしまった事実を物語る。

子どもたちへの悪影響は甚大

新型コロナウイルス禍での度重なる行動制限の結果、出会いの場が減少するなどして、婚姻率（人口千人対）はコロナ前の2019年4・8から2021年は4・1へと急減、出生数は81万1604人と1899年の調査開始以来過去最少を記録した。さらに、2022年の出生数は79万人と1899年の統計調査開始以来、はじめて80万人を下回ることとなった。日本の場合、婚姻と出生が密接な関係にあることに鑑みれば、少子化がさらに加速することは間違いない。

また、コロナ禍での臨時休校や学校行事の休止、部活動の制限などを受けて、子どもの自殺も過去最悪を記録した。2020年度には児童生徒の自殺は415人と、調査を開始した1974年以降で最多となった。

さらに、病気や経済的な理由以外で年間30日以上登校していない不登校の小中学生は、19万6127人でやはり過去最多となっている。

子どもは社会の宝である。多くの子どもたちにしてみれば、感染しても無症状や軽症で済む新型コロナウイルスを過度に恐れるよりも、学校で学んだり級友たちと生活することの方が何万倍も大事だ。

そろそろ子どもたちが新型コロナウイルスを気にせず普通の学校生活を送れる環境を取り戻すべきだろう。高齢者を守るために子どもたちを犠牲にし、教育や健全な成長の機会を奪うことを金輪際絶対に繰り返してはならない。

思い起こせば、先の大戦で、軍部の暴走を止めるどころか、軍部と一緒になって戦争を煽り、挙句の果てには学徒出陣で若者の生命を異国の地で散らせた状況と、政府や専門家と一緒になってエビデンスに基づくことなく「新型コロナは怖い」という漠然とした空気に依拠して旧態依然とした新型コロナ報道を続ける現在のメディアの姿勢がオーバーラップすると言えば、大袈裟だろうか。

新型コロナによる年代別死亡者数を見ると、70歳以上の高齢者が8割を占め、20代以下は0・2%に過ぎない。致死率で見ても、つまり、寿命に近い高齢者の命を守るために若者や子どもたちまで一律に行動制限をさせられたのである。新型コロナウイルス流行当初はデータもそろわず今となっては過剰と見える対策も仕方なかった面があるだろうが、徐々に内外のデータが揃っても日本では相変わらずエビデンス無視の過剰な対策が続けられた。

若者や子どもたちのかけがえのない青春の一ページを奪ったのは、新型コロナウイルスではなく、政府、専門家、メディアの三位一体となって煽った過剰な新型コロナウイルス対策である。若者は新型コロナウイルス対策でも貧乏くじを引かされたのだ。

次章では、若者がこれ以上貧乏くじを引かされることなく、安心して日本で暮らし続けられるために必要な施策について考えてみたい。

第6章

若者が貧乏くじを引かないために

選挙に行かないと何が起こる？

時代・衆参問わず低い若者の投票率

これまで、若者が貧乏くじを掴まされている現状とその原因が財政・社会保障を介したバラマキたがる政治と欲しがる国民にあること、そして今の貧乏くじは若者から次の若者へと先送りされていることを見てきた。

こうした貧乏くじ社会を変えることは可能なのか。可能だとすればどうすれば可能なのだろうか。その答えは、バラマキたがる政治と欲しがる国民の相乗りを可能にしている日銀のマネタイゼーション（財政ファイナンス）をいかにして止めるかにかかっている。バラマキを止め、欲しがるのを思いとどまらせる方法として①政治参加、②市場の力の2つを考える。

図6－1は2021年10月31日に行われた第49回衆議院議員総選挙の世代別の投票率を示したものである。

図6－1　第49回衆議院総選挙の世代別の投票率（%）

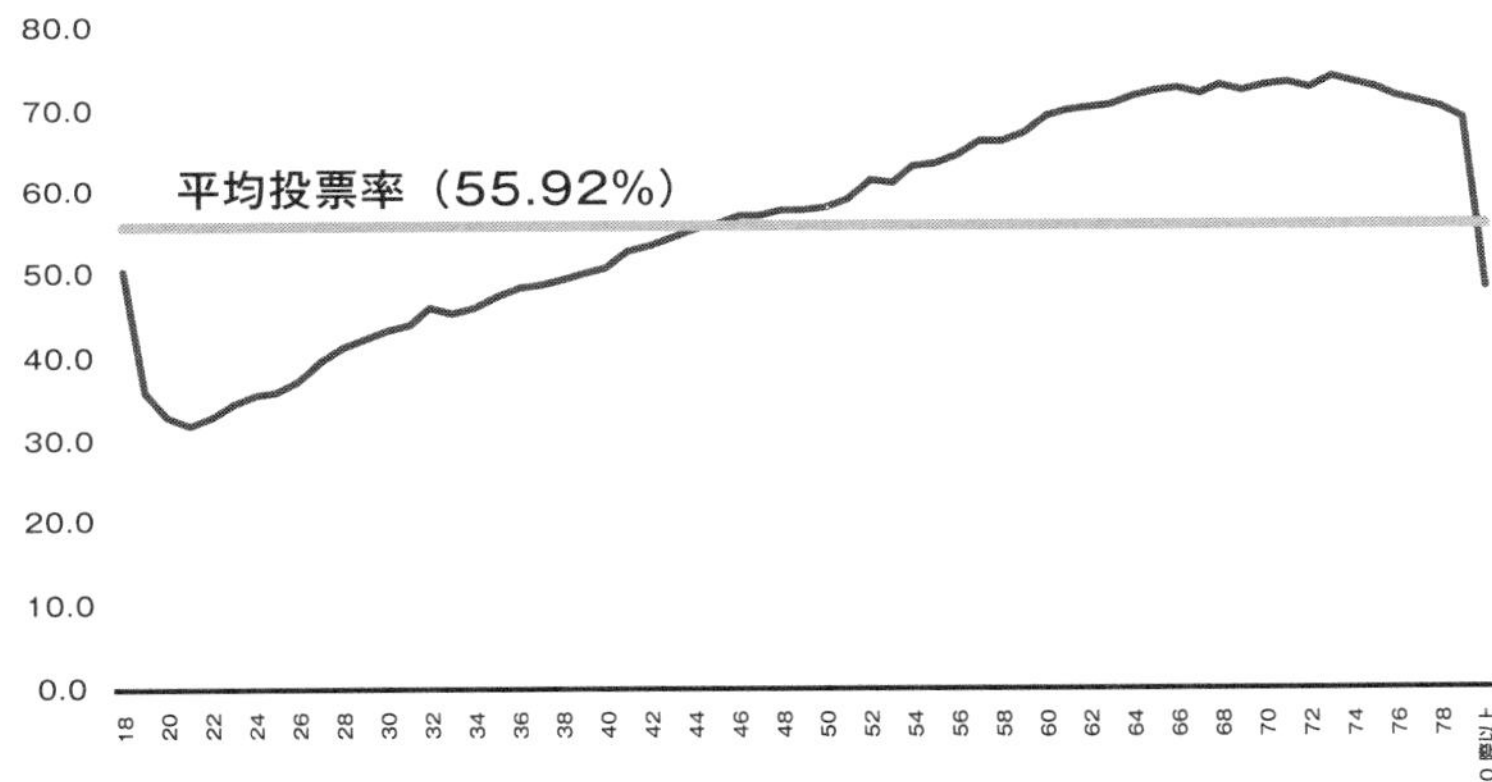

（出所）総務省自治行政局選挙管理課「衆議院議員総選挙・最高裁判所裁判官国民審査結果調」により筆者作成

総じて見れば、年齢が若いほど投票率が低く、加齢とともに投票率が高くなる。平均投票率を超えるのは45歳。70歳代前半あたりまで上昇を続け、それ以降は低下する傾向にある。

確かに、若者の投票率は他の世代よりも低く、高齢世代の投票率は若者より高い（58）。

実は、こうした年齢別投票率の動きは、時代や衆参の別を問わず、その時々において、

（58）ただし、18歳の投票率が50%程度であるのに対して19歳のそれは32%程度と18ポイントも急低下している。これは主に18歳の主力は高校生であるのに対して、19歳では、就職や進学で親元を離れ一人暮らしをしているものの、正当な理由がない限り違法とはいえ、住民票を移していない割合が高く、投票券が手元にないため。70歳を超えると投票率が低下するのは、健康上の理由であると考えられる。

図6－２　年代別投票率（%）

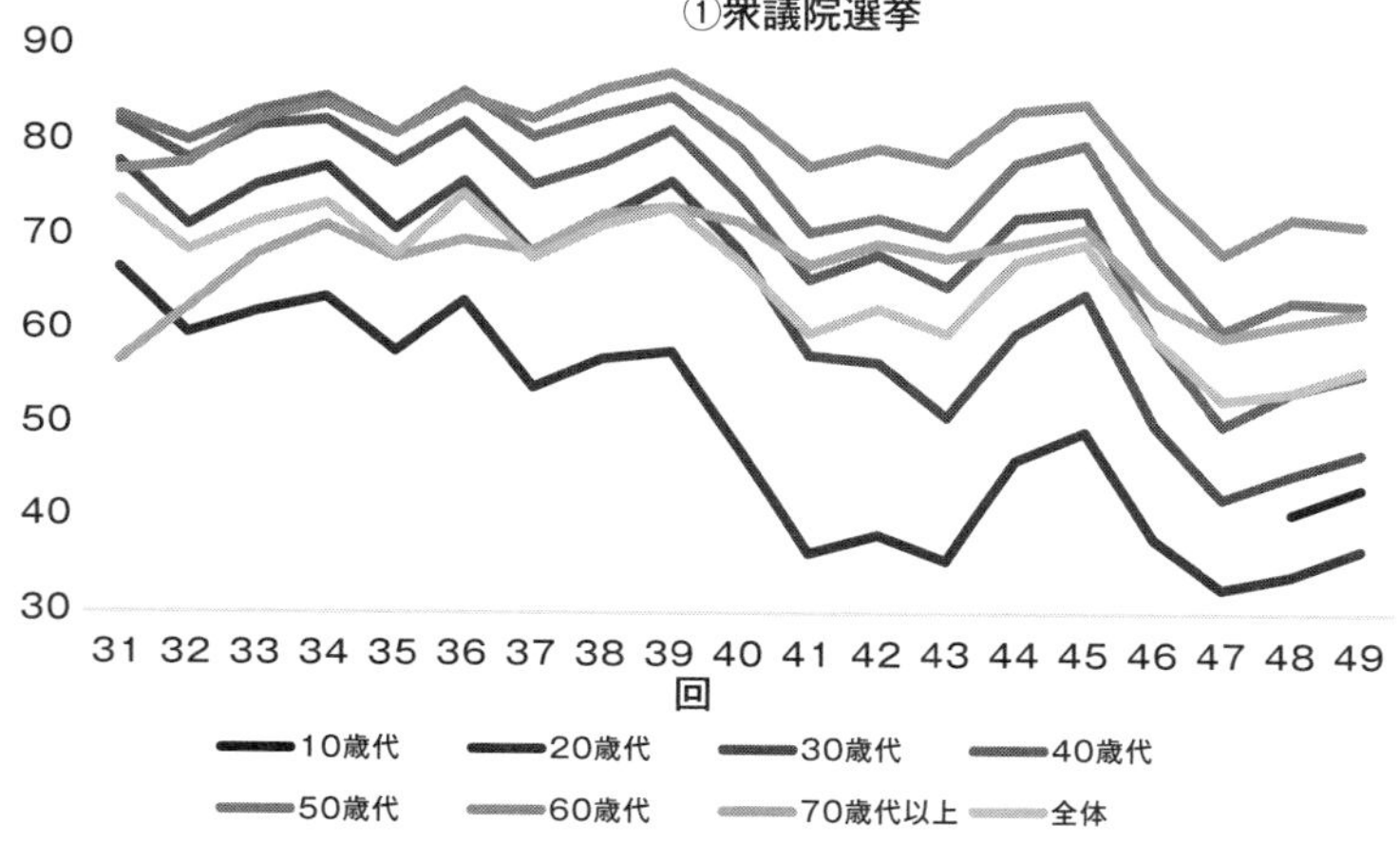

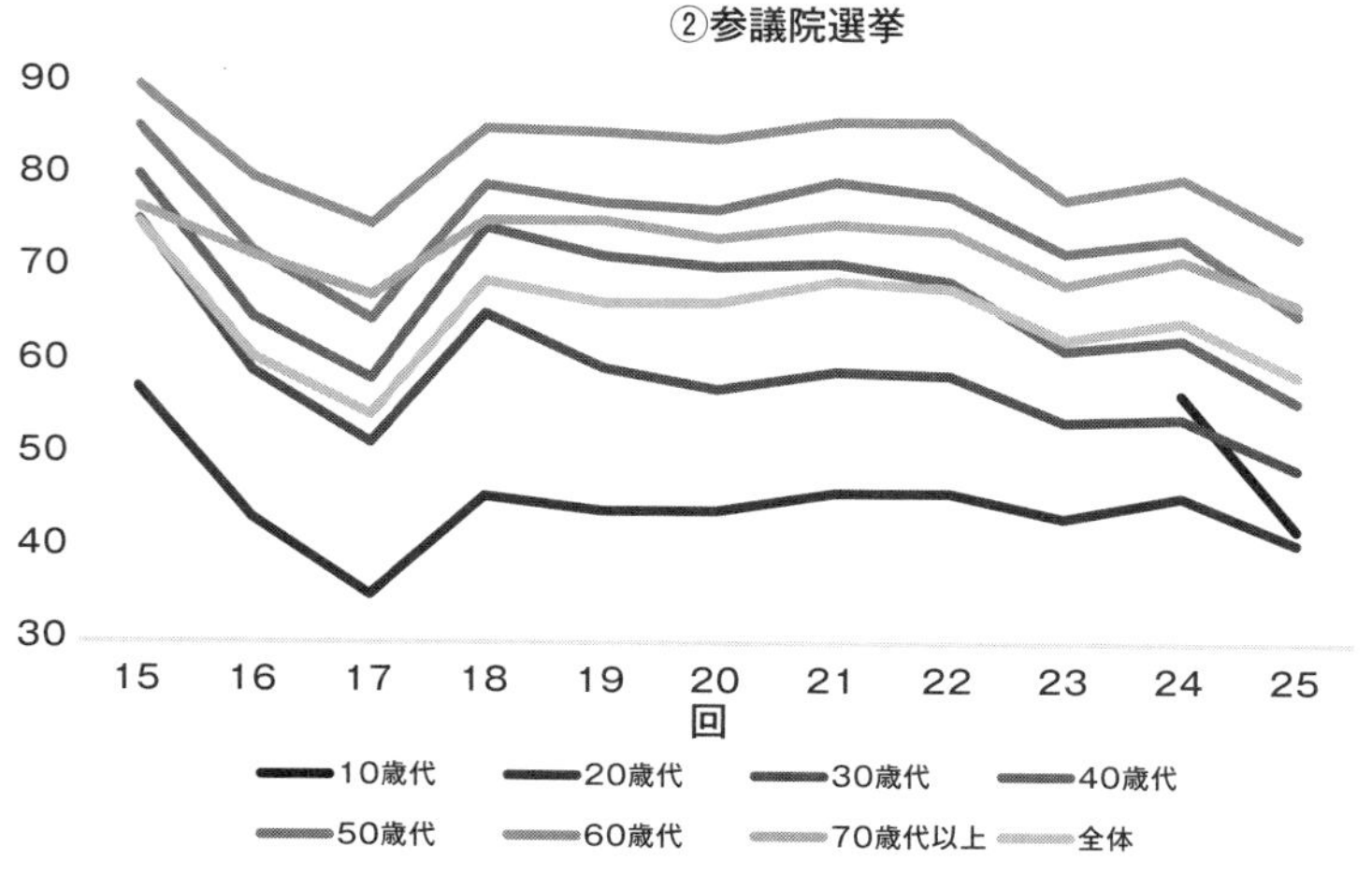

（出所）総務省自治行政局選挙管理課「衆議院議員総選挙・最高裁判所裁判官国民審査結果調」「参議院議員通常選挙結果」により筆者作成

若者の投票率が低く高齢者の投票率が高い傾向がみられる。

低投票率がもたらす世代間格差というツケの先送り

このように、今は投票率が高い高齢世代も、若者時代にはその時代の高齢者よりも投票率は低かった。ただし、当時のような若者のボリュームが大きい時代には若者の投票率は低くてもそれほど問題にされることはなかった。元々の頭数が大きいので少々投票率が低くても政治的な影響力を誇示できたからだ。しかし、若者の低投票率は、現代の日本社会にあっては世代間格差を助長する。つまり、若者は選挙に行かないことで貧乏くじを引いているのだ。

確かに、世代別の生涯純負担額と第49回衆議院議員総選挙（2021年実施）における年代別投票率の関係を見ると、概ね世代別投票率と負の相関関係があること、つまり、投票率が高い高齢世代ほど生涯純負担額が小さく、投票率が低い若者世代ほど生涯純負担額が大きく、若者は選挙に行かないことで貧乏くじを引いていることが確認できる（図6－3）。

18歳から64歳まで現役世代の生涯純負担額の変化額から求まるトレンド線を延長し、高齢世代の生涯純負担の増加額の実績値と比較すると、65歳以上世代ではそのトレンド線から大きく下方に位置することが分かる（図6－4）。

つまり、2022年6月に改選を迎えた参院議員の任期中、2019年の消費税引き上げなどに

図６－３　世代別の生涯純負担率と投票率の関係

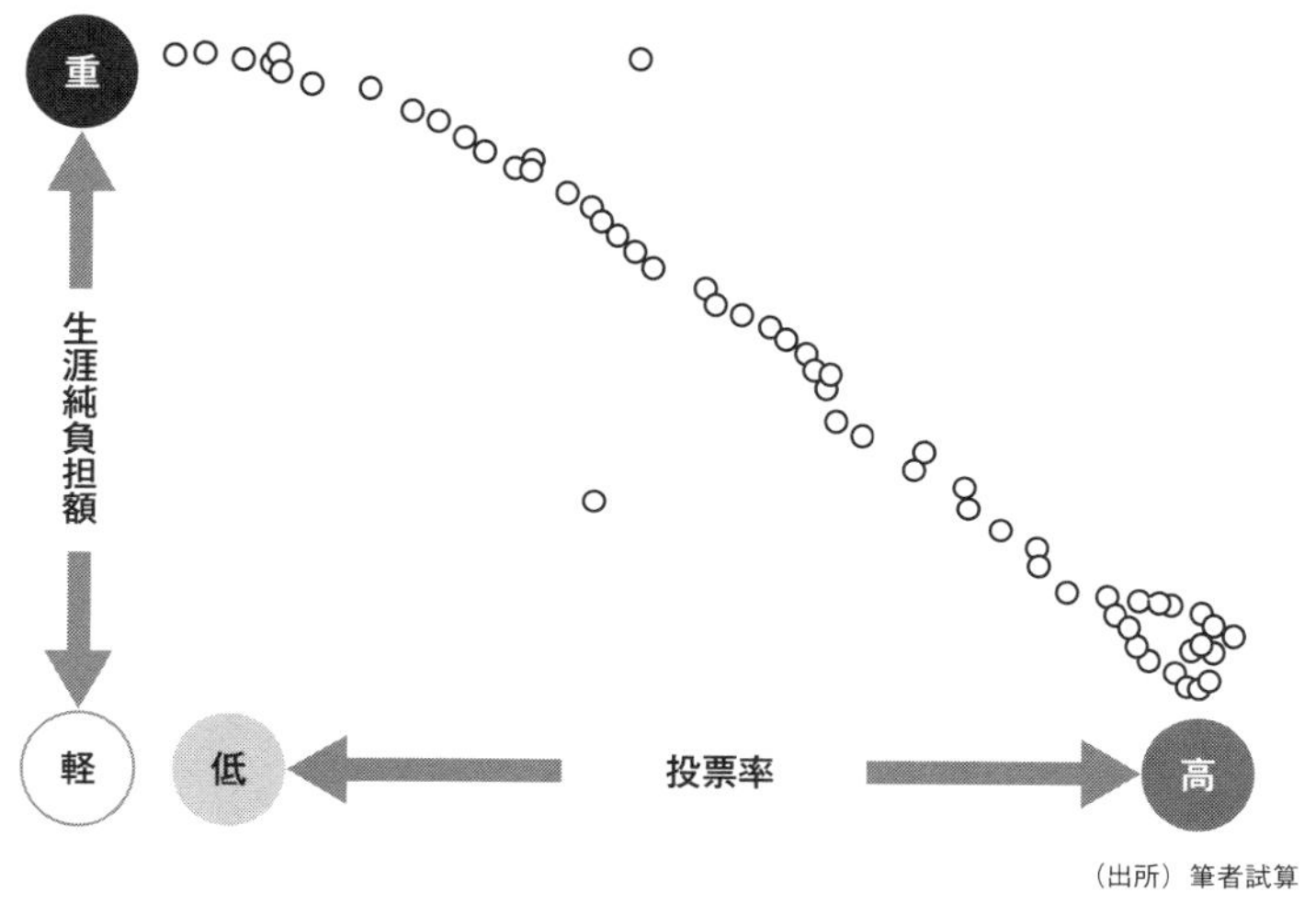

（出所）筆者試算

図６－４ 世代別生涯純負担額の増加幅（２０２２年／２０１６年）

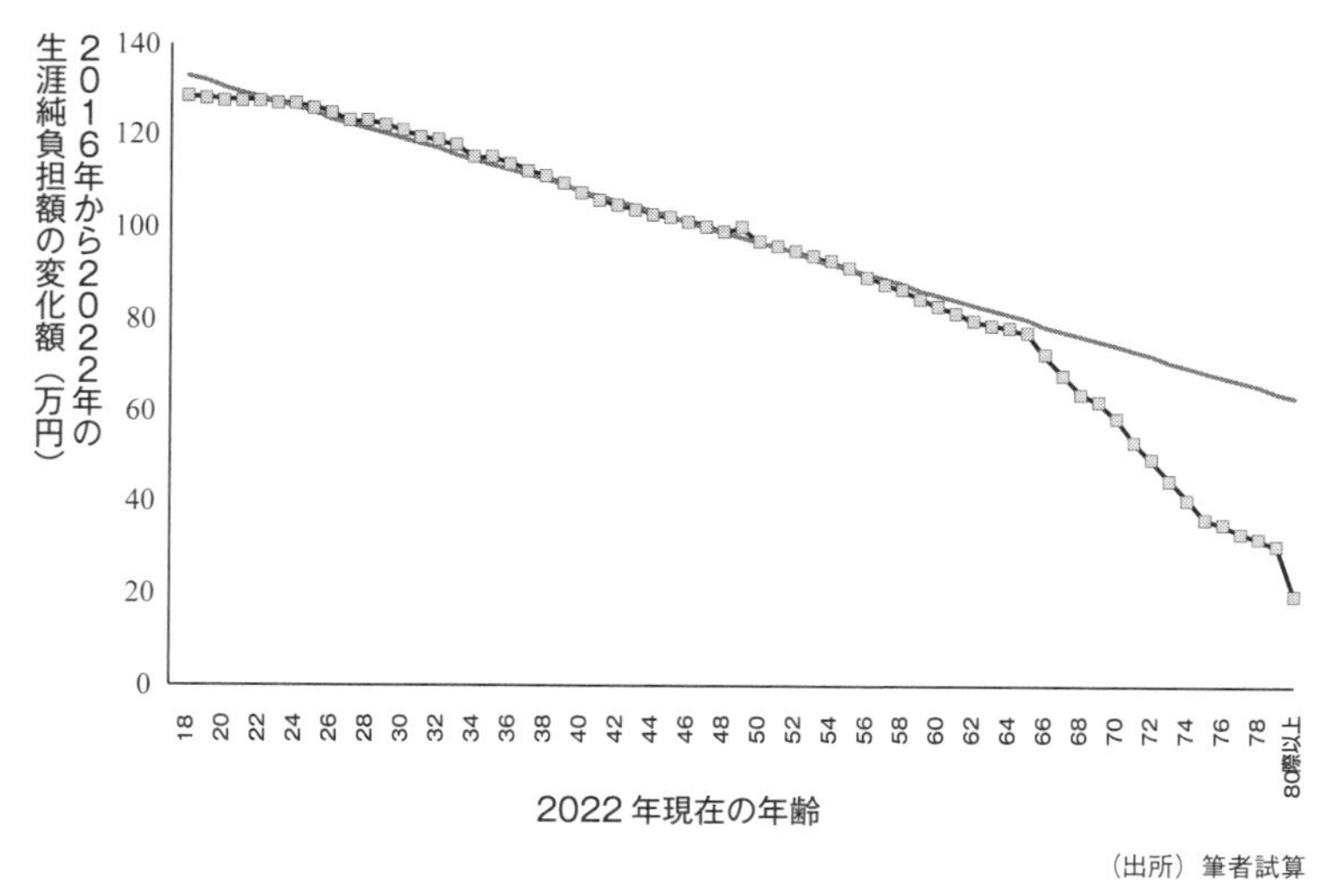

（出所）筆者試算

より全ての世代で純負担が増加したものの、給付金など財政拡大もあり、余命の短い高齢世代ほど消費増税による負担増加効果が削減され、高齢世代ほど純負担の増加が小さく、若者世代ほど純負担の増加幅が大きくなっていることが分かる。まとめると、65歳以上世代は他の世代よりも追加的な負担増加幅が小さかったのであり、特に高齢世代になるほど乖離が大きく、負担が軽減されている。

選挙を棄権した「罰金」

それでは、年代別の投票率の違いは、どの程度世代間での生涯純負担額の違いに影響を与えているのだろうか。

高齢世代の投票率とそれ以外の世代の投票率の違いが各世代の生涯純負担額に与える影響について、2022年現在の世代別純負担額と2021年の第49回衆議院選挙時の世代別投票率を用いて推計してみる。図6－5は65歳以上の高齢世代の生涯純負担額と各世代の生涯純負担額との差額と65歳以上の高齢世代の投票率と各世代の投票率の差の関係を示したものである。

同図からは、高齢世代の投票率より低い世代ほど生涯純負担額の増加幅が大きくなる傾向があることが分かる（図6－5中の斜めに走る点線）。さらに、18歳から39歳以下の若者世代（図6－5中の四角い点）と40歳から64歳までの中年世代（図6－5中ひし形の点）とで分けて高齢世代の投

図6－5 シルバー民主主義の実態

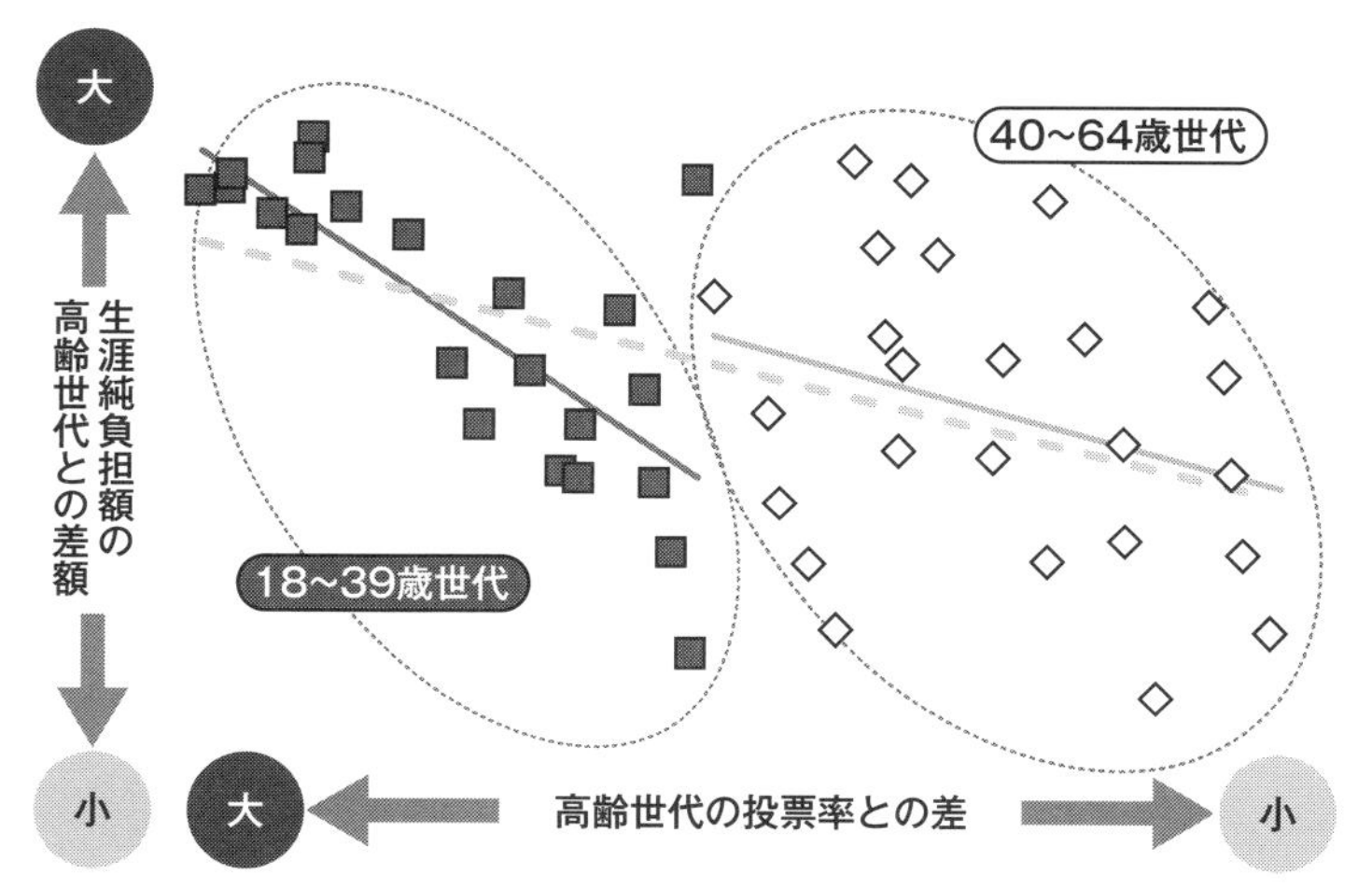

（出所）筆者作成

票率との違いが生涯純負担額に与える影響を見てみると、投票率がより低い若者世代によ り大きな負担＝貧乏くじが押し付けられていることが分かる。

さらに、若者世代（18歳以上39歳以下）と中年世代（40歳以上64歳以下）と高齢世代との投票率の差と生涯純負担の差額との関係を推計したところ、下記の回帰式が得られた。

若者世代：生涯純負担額の差＝１５１５・２－４４・０３５×投票率の差
中年世代：生涯純負担額の差＝９３５・６－１７・８３４×投票率の差

つまり、若者世代では、高齢世代より投票率が低いことで政治から不利に扱われ、１％

図6－6 世代別の選挙棄権のコスト（年額、万円）

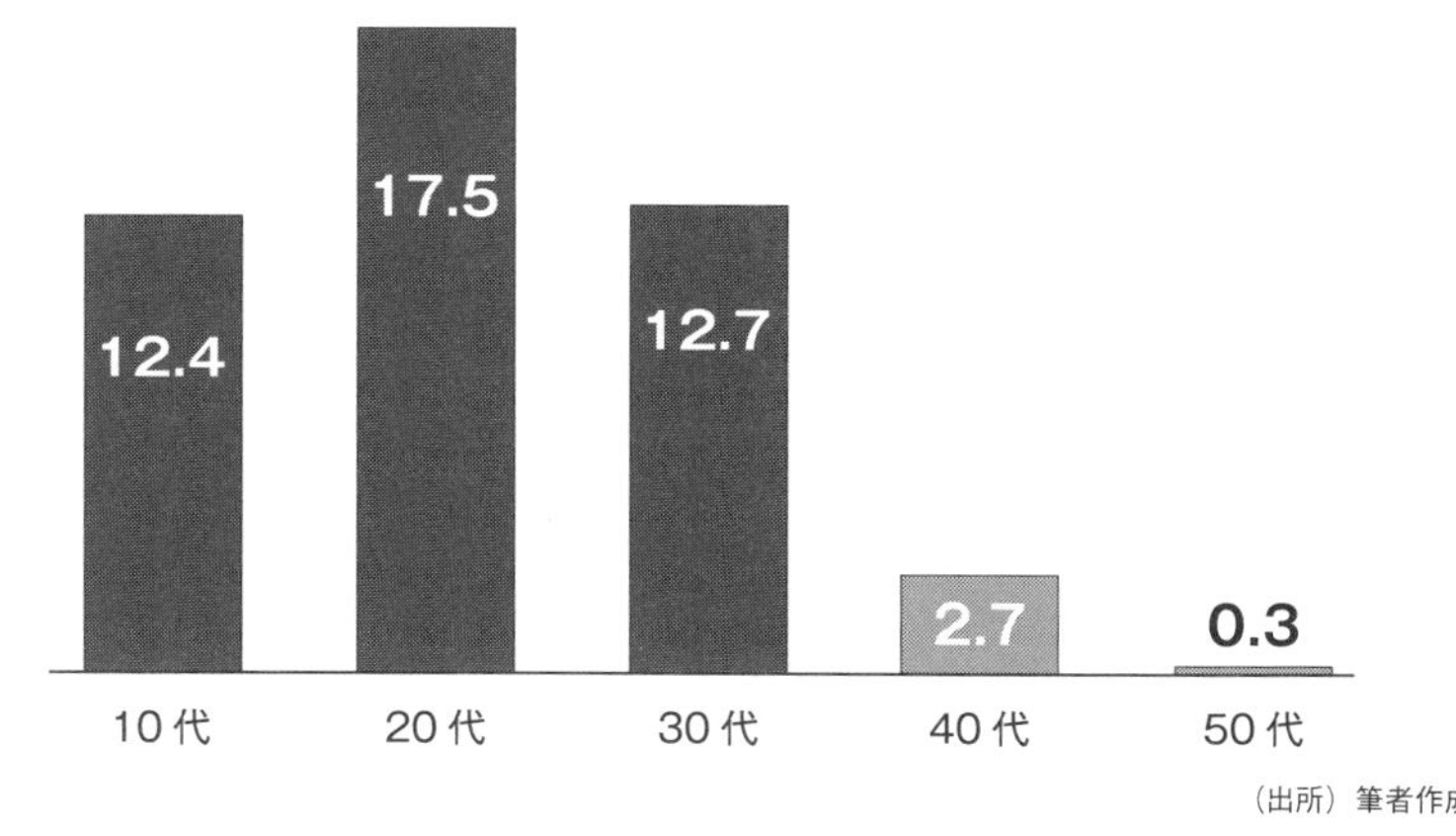

（出所）筆者作成

当たり生涯で44万円ほど高齢世代より「損」をしていること、中年世代は同様に17・8万円「損」をしていることが分かる。

また、各世代一人当たり年額の選挙棄権のコストを、（高齢世代の投票率－ある世代の投票率）×44・035（17・834）÷（平均寿命までの余命期間）という式を用いて求めると、10代12・4万円、20代17・5万円、30代12・7万円、40代2・7万円、50代0・3万円となった。これは、投票権を行使しないことによって失っている便益であり、コストである。若い世代ほど選挙棄権のコストが大きくなる傾向にあることが分かる。民主主義の全員参加の原則に立ち返って考えてみると、この選挙棄権のコストとは、選挙に参加すべきものが参加しなかったことに対する「罰金」と解釈することもできる。

つまり、若者の投票率が低いことで、財政・社会保障のバラマキが継続される結果、20代では毎年17・5万円の罰金を支払わされる羽目になっているのだが、これはある意味で自業自得と言える。

高齢者偏重の代償

若者が選挙を棄権することで、日本の高齢者偏重は猛威を増している。高齢者偏重は、現役世代の負担を重くすることで経済成長を停滞させ、また、若者から結婚の機会を奪うことで少子化を加速させるなど、日本経済・社会全体にとってもマイナスとなっている。

現役世代の社会保障に伴う負担に関して見れば、いわゆる団塊の世代が30歳になった今から40年前の1979年と2019年とで比較すると、保険料負担は一人当たりでは5倍、企業では4・1倍、さらに税負担（公費負担）は5・2倍となる一方、賃金は1・5倍にしかなっていない。団塊の世代に比べて現在の現役世代は激烈な負担を負わされていることが分かる。

また、企業は人件費負担を減らすため、雇用の非正規化を推し進めるなど、雇用の不安定化が進行し、若者は結婚したくても結婚できない状況下に置かれ、婚姻数も低下している。具体的には、団塊の世代が結婚適齢期（20代前半）だった1970年代前半では婚姻率は10％ほどだったのに対して、2019年では4・8％と半分にも満たない。

つまり、今の若者は団塊の世代に比べて半分も結婚できていないと言える。日本の場合、婚姻は出生の前提となるので、当然、少子化も同時に進行しているのは周知のとおりだ。

こうした少子化の動きに拍車をかけたのが新型コロナウイルス対策禍である。新型コロナウイルス発生当初は、感染力や毒性などに不明な点も多く慎重な対応が求められたが、ある程度知見も増え、ワクチンも完成して以降も、相変わらず「弱者」とされる高齢者を守るために、若者が犠牲にされた結果、出生数は最少記録を更新続ける結果となり、政府の予測よりも8年も早く少子化が進行するなど危機的な状況に陥っている。

選挙と民意の若返り

先細る若者の民意

現代の日本では、少子化、高齢化の進行によって有権者に占める高齢者の割合が高まり、また若いほど低く高齢になるほど高い政治参加とが相まって、民意の高齢化が進んでいることは第3章で見た。

若者の民意が先細る中、若者の民意を政治に反映させるため、識者やメディアは選挙の度に若者の投票率の低さを問題視する。しかし、既に指摘したように棄権があるからといって必ずしも選挙結果に民意が反映されていないわけではない。

しかしだからといって、若者の投票率が低いことに問題がないわけではない。若者が投票するしないにかかわらず選挙という儀式によって政権選択というプロセスの正統性が承認されるため、いったん選挙が成立すれば、政権をとった党の政策に賛成でも反対でも、当該結果に従わなければならないことが正当化されるのだ。

民主主義は、民意を集約し、意思決定するシステムである。たとえば、消費税増税が実行された場合、選挙で消費増税に反対した人たちもなぜ引き上げられた税率の下で商取引を行わなければならないかと言えば、それは少なくとも消費増税賛成反対という民意が選挙によって戦わされ、勝負がついたからに他ならない。

このとき、自分は増税に反対したからとか投票に行っていないから消費増税を受け入れないというのは、共同体の一員として生きていくのであれば通用しないし、認められない。認めれば、選挙の意味がなくなるし、ルールが守られなくなり、共同体が維持できなくなるからだ。

つまり、全員参加の選挙制度が存在している日本においては、若者が貧乏くじを引かされることに不満があるならば、選挙を通じて意思表明をしているはずだと推論される。繰り返し選挙が行われているにもかかわらず、相変わらず若者が貧乏くじを引き続ける仕組みが一向に改まっていないのであれば、相対的多数の民意が若者が貧乏くじを引き続ける社会を改める必要がないと断定しているからに違いなく、若者の意思が受け入れられなかったのであれば、共同体全体の意思決定に従う必要がある。

しかし、第3章でみたように、日本では与野党ともに、バラマキ優先で、若者世代への負担の先送り（逆に言えば、高齢世代の負担軽減）を是正し、財政再建を積極的に主張する政党は残念ながら見当たらない。日本はバラマキとクレクレ民主主義にすっかり覆いつくされているのである。

解決策を提示することもなく、貧乏くじ構造を放置したまま「選挙に行こう！投票しよう！」と若者に上から目線で言っても、結局、自分たちの利権構造を温存しつつ、「あなた方若者も投票した結果だから現状を受け入れるしかないよね」、という現状追認のアリバイ作りに利用されるだけだ。つまり、誤解を恐れず踏み込んで言えば「選挙に行こう！投票しよう！そして老人支配を追認しよう！」と言っているのに等しい。こう考えるならば、投票権を行使しても、棄権しても、結果からは逃れられないのだから、若者にとっては、投票とはどうあがいても貧乏くじを引き当てる選択肢しかない不公平な「ゲーム」に違いない。こうした状況でもやはり共同体の決定には従うべきなのだろうか。

過剰な機会・過小な民意

選挙は民意を表明する機会である。選挙が多ければ多いほど民意を表明するチャンスが増える。日本では、どの程度民意を表明する機会があるのだろうか。国政選が行われる頻度(59)を見てみると、全期間を通して1・58年に1回、小選挙区制以前では1・63年に1回、衆院において現在まで続く小選挙区比例代表並立制のもとで選挙が実施された1996年以降に限ってみれば1・50年に1回となる。民意を表明する機会は過剰とも言えるほど存在する。政治からみれば、これでは民意が気になって、次の選挙までに確実に結果を出せそうな短期的課題の解決を重視し、中長期的な政策課題に取り組む余裕はなくなるのも仕方ない。

では、近年では1・50年に1回行われる国政選において表明される民意はどのように集約されているのだろうか。

民意を集約する投票制度としては、小選挙区制と比例代表制とに分けられる。

小選挙区制は、多数代表制の一種であり、一つの選挙区から一人の代表が選出される。換言すれば、多数派がその選挙区の議席を独占することになる。その結果、二位以下の候補者に投じられた票は死票となる。

また、有権者の多数派の意思を極めて高く評価する方法であり、わずかな得票の差でもそれを大きな議席の差に拡大して変換する制度でもある。そのため、選挙の勝ち負けがハッキリつきやすく、二大政党間での議席数は伯仲しない結果、政局の安定や迅速な意思決定には多大な効果を持つ。しかしそれが、かえって少数派の意思を無視する傾向につながり、しばしば多数の横暴と指摘される

(59) ここでは、衆議院議員総選挙については、1947年4月25日に実施された第23回から2021年10月31日に実施された第49回、参議院議員通常選挙については、1947年4月20日に実施された第1回から2022年7月10日に実施された第26回までを考慮している。なお、1980年6月22日と1986年7月6日に実施された衆参同日選、同一年内に衆院選と参議院選が行われた1947年と1983年は1回とカウントしている。

事態も発生し得る。

さらに、「選挙区ごとにM人を選出する場合、候補者数が次第にM＋1人に収束していく」とするデュヴェルジェの法則によれば、「小選挙区制は二大政党制をもたらす」とされている。小選挙区制は、互いに政権交代可能な二つの政党を作り出し、投票による政権交代の可能性を大いに高める。

比例代表制は、衆議院の場合、有権者は政党名で投票し、各政党は得票数に比例して議席を得る。政党が得た議席に対しては、原則、あらかじめ用意された名簿の順位にしたがって候補者が割り当てられる選挙制度である。つまり、候補者ではなく、政党を選ぶ点に力点が置かれている。各政党の得票数に応じて議席が配分されるので、中小政党でもある程度の議席数を確保でき、つまり裏を返せば、死票を最小限に抑えることができ、政党の背後に存在する様々な集団の意思をその規模にかかわらず議会に反映させることが可能である。その結果、社会の変化に対応した新しいタイプの政党が比較的容易に出現できる。したがって、その時点その時点の民意の分布を鏡のように映し出すことになる(60)。

このように、日本で採用されている小選挙区制は民意を鏡のように映し出す比例代表制とは異なり相対的に多数の民意を拡大して議席数に反映させる仕組みであり、そもそも民意を的確に反映させるものではない。

では、民意はどの程度政権に反映されているのだろうか。

いわゆる55年体制が確立して最初の1958年5月22日に行われた第28回衆議院議員総選挙以降の与党得票率（有権者のうち与党に投票した者の割合）の推移を見ると、中選挙区制の時代には平均して34・8％だったものが小選挙区制導入以降は27・2％に低下している(61)。一方で、与党の議席占有率は55・3％だったものが62・9％に上昇している。つまり、小選挙区制では4人に1人強という過少な民意を2・3倍の議席数に拡大することで、政権与党は全議席の6割超を占めることができている。現在の日本の国会はまさに少数決となっている。

日本の選挙に関して言えば、民意を表明する機会は過剰にあるのに、そこで集められた民意は過

---

(60) ただし、イタリアの政治学者サルトーリが指摘するように、多党制には二種類あり、一つは穏健な多党制（限定的多党制）で、政党間のイデオロギーの距離が近い政党数が三から五つの場合には安定した連立政権が存在し、もう一つは、分極的多党制（極端な多党制）で、政党数が六から八つ、政党間のイデオロギー距離が大きく、政権交代軸が3極以上あり、有力な反体制政党が存在する場合には、確かに連立政権は不安定化する。したがって、日本では一部に比例代表制は小党分立による政治的混乱を招くとの拒否反応が根強くあるが、実際には比例代表制が多党制を生むからと言って、必ず政権が不安定化するとは限らないことに留意しなければならない。

(61) なお、投票者のうち与党に投票した者が占める割合で見ると、中選挙区制の時代には平均して49・0％だったものが小選挙区制導入以降は46・5％と低下はしているものの、有権者のうち与党に投票した者が占める割合ほどではない。

図6－7　与党得票率の推移（%）

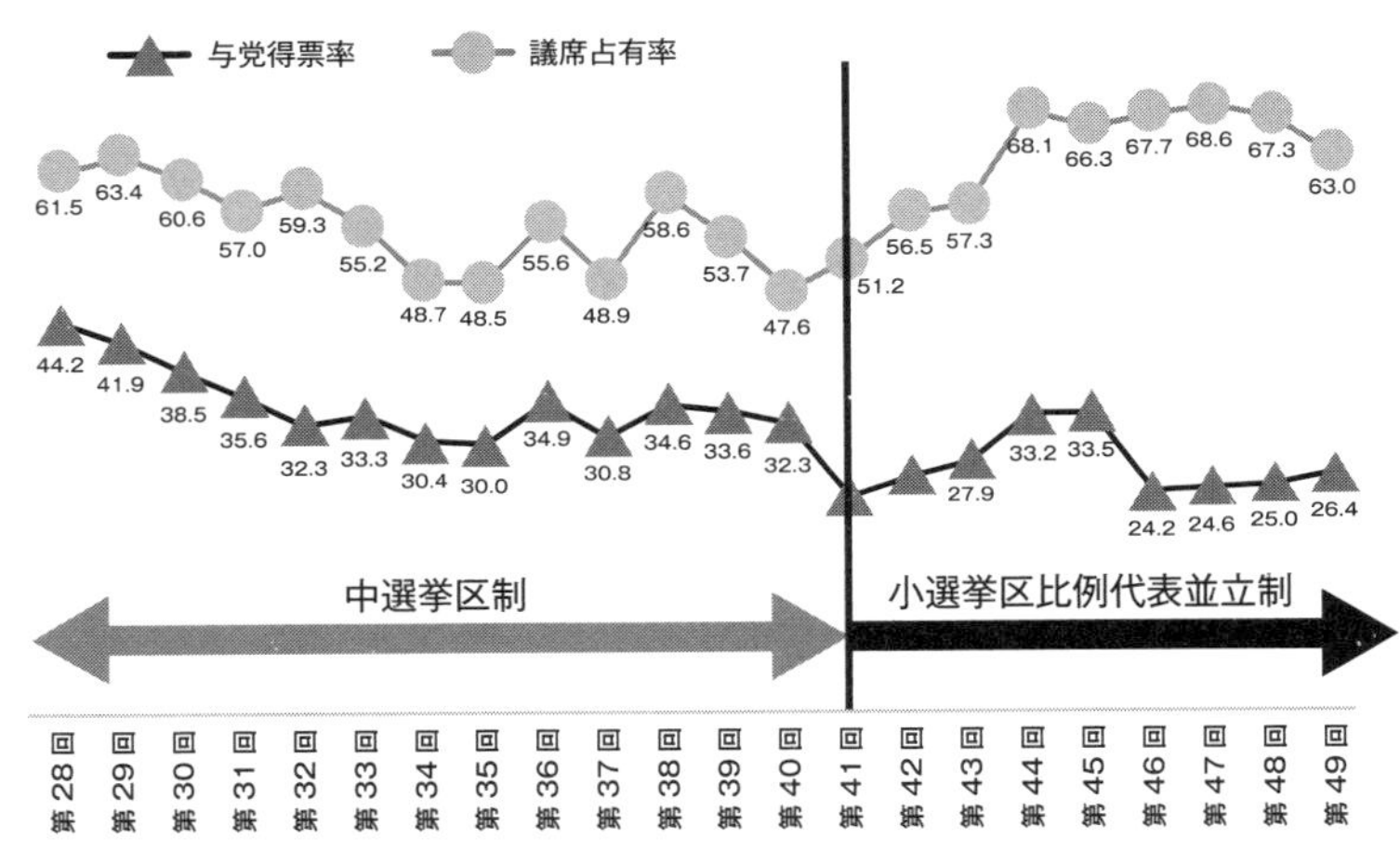

（出所）総務省資料により筆者作成

小だというなんとも奇妙な状況が出現している。逆に言えば、26・4%の過小な民意で政権を取れるのであれば、若者にもチャンスがあるのではないか。以下では、数的不利が増す中で若者が政治的影響力を保持する施策について検討したい。

民意の高齢化を反転させる手段

シルバー民主主義の猛威に対抗するためには、そもそも民意を高齢化させない手段も考えられる。つまり、投票制度改革により有権者に占める若い世代の割合を高め、民意の高齢化を反転させられれば、シルバー民主主義の解決に近付く。

こうした文脈の中で、シルバー民主主義に対抗して若者の政治的発言力を高めるための手段としてしばしば言及されるのが、有権者年齢に満たない子どもの数に応じて親に子どもの投票権を行使させる「ドゥメイン投票制度」、有権者の投票率ではなく年齢構成に応じて代表を国会に送る「年齢別選挙区制度」、そして一定年齢以下の有権者に平均余命と現在の年齢の差に応じた票数を与える「平均余命投票制度」が提案されている。18歳選挙権の導入もこうした流れの中に位置付けられる。以下では、こうした投票制度について検討する。

子どもの投票権を親が行使する「ドゥメイン投票制度」

アメリカの人口学者ポール・ドゥメインが１９８６年に発表した論文に端を発するのがドゥメイン投票である。この場合、投票権を実際に行使するのは子どもではなく親であることに注意する必要はあるものの、親は自らの子育て環境や子どもの将来を改善してくれる政党なり候補者に投票することが期待されている。もっとも、親が子どもの嗜好を正しく認識し投票する蓋然性は不明である。

晩婚化が進む社会にあって未成年の子を持つ親世代の区切りをどうするかという難しい問題はあるが、ここでは30歳から50歳未満世代を未成年の子を持つ親世代だと仮定し、２０２２年の第26回参議院議員通常選挙における年齢別投票率と２０１５年の国勢調査における日本人人口のデータを用いて試算すると、高齢世代と非高齢世代の勢力関係はどのように変化するかを見てみる。試算の結果、ドゥメイン投票制度導入前には、全有権者に占める50歳未満の非高齢有権者の比率は46%、全投票者に占める非高齢投票者の比率は36%といずれも過半数を下回ることが分かる。ただし、ドゥメイン投票制度導入後には、全有権者に占める50未満の非高齢有権者の比率は54%と過半数を超えるものの、全投票者に占める非高齢投票者の比率は34%と過半数を下回ることが分かる。さらに、選挙結果により大きな影響を与える中位年齢を比較すると、ドゥメイン投票制度導入前と導入後では、有権者、投票者ではそれぞれ52歳と57歳、45歳と52歳と試算される。つまり、ドゥメイン投票制度の導入により民意は若返ることが確認できる。

結局、今後世代別の投票率が如何様に推移するかにもよるが、ドメイン投票制度は中位年齢を若返らせ、民意の高齢化を和らげる効果を持つことが分かる。

各世代の代表を議会へ送り込む「世代別選挙区制度」

井堀利宏東京大学教授と土居丈朗慶應義塾大学教授が提案した世代別選挙区制度も参考になる。世代別選挙の発想はかなり明快であり、年齢別の投票率の高低にかかわらず、有権者の年齢構成に応じた一定の世代代表を議会へ送ることを目的とした制度である。18から30歳代の有権者を母集団とする選挙区を青年区、40から50歳代を壮年区、60歳代以上を老年区とし、こうした三つの世代別に区分した選挙区を考える。例えば、議員定数が300人、有権者総数が9000万人、青年世代、壮年世代、老年世代の人口（人口比率）が、それぞれ1800万人（20％）、2700万人（30％）、4500万人（50％）の場合、それぞれの世代別選挙区に割り当てられる議員数は、青年区300×0・20＝60人、壮年区300×0・30＝90人、老年区300×0・50＝150人となる。有権者総数を議員定数で割ると一小選挙区当たりの有権者数が30万人と求められるので、青年区、壮年区、老年区は、それぞれ日本全国で60、90、150に分けられる。

このやり方に従うと、有権者人口の年齢構成と各々の代表構成が投票率にかかわらず対応し、特に、棄権しがちな若い世代の利害を代表する政治家を必ず選出することができるようになる。つまり、民意を議会に鏡のように映し出す比例代表制の一種と考えることも可能だ。ただし、有権者人口の年齢構成の高齢化がシルバー民主主義をもたらすことになるのだから、有権者人口比率に応じて代表数を決めるのであれば、シルバー民主主義を避けるのが難しい。そこで、例えば、改変型として、代表の数を人口構成に応じて割り当てるのではなく、各世代別選挙区一律100にするという方法も考えられるだろう。

もちろん、こうした3つの世代の有権者の人口が同一地域内で同じであることはありえないので、各世代別選挙区の地域範囲は年齢ごとに異なることになるし、区割りは年齢構成の変化とともに変わっていくため固定されない。その結果、「地元」という概念自体が崩れてしまい、これまでの日本で問題になっていた利益誘導型の地元優先の政治活動の弊害や、しばしば現職政治家に有利になりがちで世襲政治家を生み出す要因ともなっていた選挙地盤の固定化が是正されるというメリットも併せ持つことになる。

余命によって票の重みが変わる「平均余命投票制度」

最後に、平均余命投票である。竹内幹一橋大准教授や小黒一正法政大学教授が提唱しているこの制度に従うと、例えば、現在18歳の男性の平均余命は厚生労働省の「第23回生命表（完全生命表）」によれば63・86年なので64票を与え、24・12年の平均余命を持つ60歳の男性には24票与えるか、あるいは平均余命の長さの違いでウェイト付けする（18歳の票は60歳の票の2・6倍の重みを与える）ことも考えられる。

こうした制度改革によって若者の声は政治の場に届くのか、一定の仮定のもとに試算した結果によれば、これまで通りの一人一票方式のもとでは50歳未満の全有権者に占める割合は46％に過ぎないが、平均余命投票では67％と過半数を超えることとなる。これは投票者で見ても同様で59％となる。さらに、中位年齢で見ても41歳と大幅に民意が若返ることとなり、確かに、若者の声を政治の場に届けることが可能となる。

しかし、もし、政治がシルバー民主主義に席巻されているのならば、このような高齢者の政治的プレゼンスを脅かす改革案は絶対に採用されることはないだろう。なぜなら、シルバー民主主義はその定義から「高齢者の既得権を守ろうとする」ものであり、高齢者の既得権を脅かす改革は、誰も言い出すはずはないし、言い出しても通ることはあり得ない。逆に言うと、もしこうした改革案が決定されるとすれば、そこにはシルバー民主主義は存在していないと言える。

つまり、「シルバー民主主義が存在すれば高齢者の政治的パワーを削ぐ投票制度改革は実現しないし、実現するのであればシルバー民主主義は存在しない」という意味で、シルバー民主主義のパラドクスが存在するのだ。

投票への過度な期待はやめるべき

シルバー民主主義のパラドクスからも分かる通り、投票を通じてシルバー民主主義を改革するのは不可能だ。しかも、投票によりシルバー民主主義をひっくり返そうとすれば、一人一票の原則に反し、一票の格差を拡大させる必要がある。これは現在「一票の格差」訴訟で積み上げられている判例にも抵触するため、実現は困難だろう。では、日本という国はこのまま若者に貧乏くじを引かせ続ける国であり続けるのだろうか。

実は、政治に影響を与える手段としては、投票以外にも様々な手段があるにもかかわらず、団塊の世代が熱中し過激化した学生運動の反動からか、なぜか日本では投票が強調されすぎるきらいがある。

確かに、投票が政治参加の重要で主要な手段であることを否定するつもりは毛頭ないが、本来「政治参加」とは、オリンピックとは違って、数年に一度の選挙期間だけに限られるものではなく、その時々の社会的な課題に応じて行われるべきものだ。つまり、解決が急を要する重大な課題であればあるほど、選挙を待っていられないはずなのだ。

政治やメディアが世代間格差に対して見て見ぬふりをし、抜本的な解決策を示さないのであれば、どんなに若者に投票を勧めても、若者の投票行動は徒労に終わるばかりか、逆に、若者の「貧乏くじ」を正当化するアリバイ作りに利用されかねない。

内閣府「我が国と諸外国の若者の意識に関する調査（平成30年度）」によると、「あなたは、今の自国の政治にどのくらい関心がありますか（政治参加意欲）」「社会をよりよくするため、私は社会における問題の解決に関与したい」「将来の国や地域の担い手として積極的に政策決定に参加したい」「私の参加により、変えてほしい社会現象が少し変えられるかもしれない（政治的有効性感覚）」と答えた日本の若者（満13歳から満29歳までの）は、調査対象の7カ国中（日本、韓国、アメリカ、イギリス、ドイツ、フランス、スウェーデン）最下位となっている。投票以外も若者の政治参加は低調だ。

図6－8は、政治参加意欲と政治的有効性感覚の間の関係を見たものだ。同図から、政治的有効性感覚が低いほど政治参加意欲も低くなる傾向にあることが分かる。つまり、若者に政治参加を促

図6-8　政治参加意欲と政治的有効性感覚の間の関係

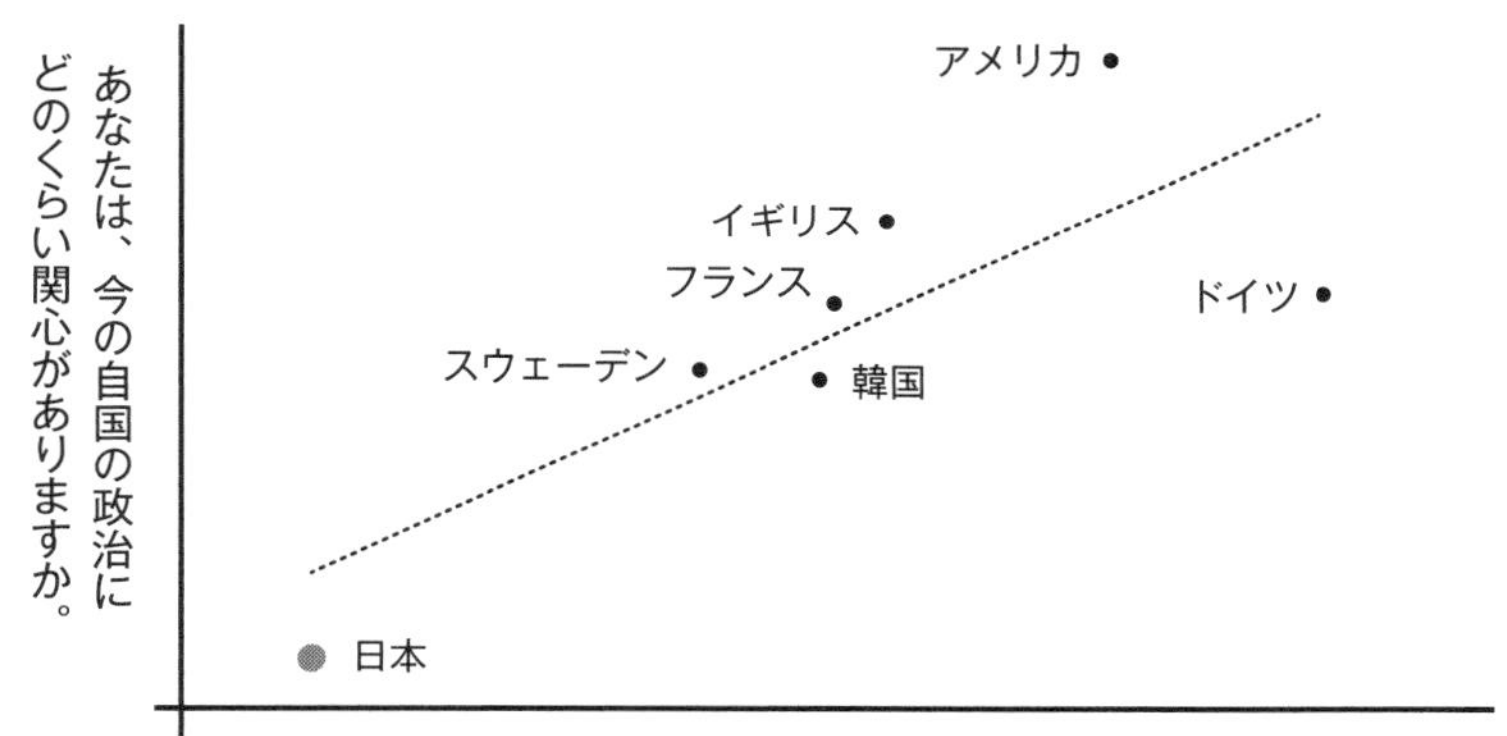

（出所）内閣府「我が国と諸外国の若者の意識に関する調査（平成３０年度）」により筆者作成

せたいのなら、「自分たちが政治に働きかければ、政治がしっかり自分たちの声を受け止め、動いてくれる」という成功体験を持たせることが必要であり、例えば、ＳＮＳを活用したロビー活動、大規模抗議デモなどそうした機会を増やしていくことだ。

情けは人の為ならず

ところで、シルバー民主主義は、高齢者が他世代の窮状を顧みることなく利己的に振舞っているとしても、それが民主的な枠内に収まっている限り、問題はないはずだとの指摘にも説得力はある。なぜなら、日本をはじめとする多数決型民主主義を採用する国家では、政治的な意思決定を多数決に委ねているため、その時々の多数派が支持する政策が採用されるのは当然の帰結であり、それを問題視するのは民主主義の精神に反するとも言えるからである。確かにその指摘にも一理あるが、少子化、高齢化が進行し、同時に経済の低迷が続く中で、高齢者重視の政治が続くことは、勤労世代の生活を不安定化させ、ひいては財政と社会保障制度の持続不可能性リスクを顕在化させてしまう。財政や社会保障制度の破綻により大きな被害を受けるのは、収入の大半を年金などの世代間所得再分配に依存する高齢世代であることは論を待たない。「老人栄えて国亡ぶ」もさりながら「国滅べば老人亡ぶ」も真なのだ。投票に行かないから政治に無視される、自業自得だと上から目線で説教して悦に入っている人々は実は自分たちは他の世代を顧みない利己的人間であることを自白しているのに等しい。なぜなら、他者に共感できる利他的な人間であれば他の世代が投票する／しないにかかわらず、必要に応じて何らかの対策で救おうと試みるはずだからだ。

「情けは人の為ならず」とはよく言ったもので、己の欲望に忠実であるよりも他の世代に情けをかける方が結局は自らを救うことになるだろう。

全世代型社会保障は解決策にはならない

第1章では、若者ほど重い世代間格差の存在を見た。こうした世代間格差の解決策としては、社会保障をスリム化することで高齢世代の給付を減らし若者の負担を減らす方法と、もう一つ高齢世代の給付はそのままに若者世代の給付を増やす方法が考えられる。残念ながら日本では社会保障のスリム化は政治的な抵抗が大きく実行されていない。そこで現在政府によって進められているのは後者の方法で、全世代型社会保障がそれだ。転機はリーマン・ショックによる経済的な混乱に乗じた政権交代があった２００９年にある。このとき、子ども手当や若者への生活保護の適用拡大など、現役世代へのバラマキも票になることが、「発見」され、全世代型社会保障へと結実していく。全世代型社会保障は、世代間対立を防ぐため、「年齢にかかわらず能力に応じて負担をし、必要に応じて給付を受ける」ことのできる制度として提案された(62)。

「必要に応じて給付を受ける」ということは、フローの所得だけで判断される場合、ほとんどの年金受給者と現役世代の一定割合も給付を受け取る側に回るということだ。そして日本経済が今より

---

(62) 第7回全世代型社会保障構築会議（2022年9月28日）において、清家篤座長は「……実は全世代型社会保障という言葉を、多分最初に議論したのは……社会保障制度改革国民会議だったと思います。そのときの議論を思い出しますと、……何で全世代型と言うかというと、それは社会保障の問題というのが、その当時はともすると世代間対立のような議論になってしまっていたので、そういうようにしないためにも、年齢基準の制度ではなく。つまり、年齢にかかわらず能力に応じて負担をし、そして、必要に応じて給付を受ける、という意味だったということです。高齢者であっても負担能力があれば負担をする。それから、もちろん若い子育て世代も必要であれば十分な子育て支援給付を受けられるようにする、それがまさに全世代型という意味で、能力に応じて負担をし、必要に応じて給付をするというと当たり前ではないかというように言われるかもしれませんけれども、……幹の部分は何なのだというときに立ち戻るべき視点ではないかなというようにも思った次第です」と発言している。

低迷を続けるとすれば、給付を受け取る現役世代が増えることは確実だし、なによりバラマキたがる政治とクレクレ民主主義に毒された国民は給付の範囲をどんどん拡大していくのは目に見えている。

安定財源が確保されないまま新型コロナウイルス対策名目でのバラマキにより、社会保障給付費は膨張し、大きなツケを残している。こうした大きなツケの後始末として、現在、現役世代のみならず、高齢世代の負担増加策も議論されている。

今後も全世代型社会保障が進められていくとすれば、社会保障の一層の膨張はとどまるところを知らないだろう。ニスカネンが指摘するように、縄張りや役割が拡大するのは官僚にとっても願ったり叶ったりなので、現在精力的に全世代型社会保障が推進されている(63)。子ども家庭庁もそうした流れの中に位置付けられる。子育て世代向けの予算が増えることで歓迎する向きも多いみたいだが、負担のない給付はあり得ないので、気が付けば過大な負担を負わされているだろう。2001年に導入された介護保険は、それ以前の公的費用は0円だったものが、3・3兆円から始まり、現在は10・7兆円、そして2040年には25・8兆円と、たった40年で7倍以上にまで膨張すると見込まれていることは覚えておくべきだ。

異次元の少子化対策の罠

異次元の少子化対策には財源が必要になる。もし合計特殊出生率が人口の置換水準である2・07を超えて上昇するのであれば、人口も減少から増加に転じるため、後に生まれる世代ほど負担は減り、異次元の少子化対策、そして全世代型社会保障の恩恵を被ることになる。なぜなら、高度成長期のような右肩上がりの人口・経済が再来するからだ。では、異次元の少子化対策によって、人口は増加に転じるのだろうか。

残念ながら、4章「やってるふりの少子化対策」(186ページ)で見たシミュレーションのいずれのケースによっても合計特殊出生率は2・07を超えなかった、つまり、「異次元の少子化対策」では人口は増加に転じることはないだろう。

このシミュレーション結果はとても重要だ。なぜなら、少子化対策を拡充したとしても人口は増加に転じないのだから、後に生まれる世代ほど負担が重くなる状況も同じだからだ。つまり、世代間格差が維持されたまま、政府の規模だけがいたずらに肥大化していくことになる。要すれば、言葉は悪いが、異次元の少子化対策によるバラマキに目がくらんで尻尾を振って受け入れるさまは、高齢世代が手厚い給付を手放そうとしないのと同根であり、より後から生まれてくる世代を搾取する共犯者でしかないのだ。

高齢世代の既得権を批判していた現役世代が今度は自分たちも既得権側に寝返ってしまうのだから、バラマキ政治とクレクレ民主主義の闇は深いと言わざるを得ない。

世代間格差の是正の目的は、現役世代の活力を取り戻すことにあったはずだ。しかし、現状では、世代間格差是正は自己目的化してしまい、若者世代の負担軽減は忘れられている。必要なのは全世代の負担が際限なく増え続ける全世代型社会保障制度などという世代を問わないバラマキではなく、社会保障のスリム化であり、適正化である。さもなければ、膨張し続ける社会保障の負担で日本全体が押しつぶされてしまうだろう。

（63）Niskanen, W. A., 1971, Bureaucracy and Representative Government, New York: Aldine Atherton.

市場の力を利用する

無謀な財政運営を市場が罰する

日本がこれまで財政規律を無視した放漫財政を続けてこられたのは、日銀が事実上のマネタイゼーションを行い、かつ国債金利が上昇しないように、YCC(64)を合わせて実施しているからだ。この結果、どんなに大量の国債を発行しようとも日銀が人為的に金利を押さえつけているため金利上昇圧力が働かない。したがって財政規律も働かない。

政府の無謀な財政運営を市場が罰した例としては、最近ではイギリスのトラス政権が有名だろう。トラス政権は、大規模な減税政策やエネルギー価格抑制策を掲げたが、財源が不明だったため、財政不安が広がり、国債金利が急騰した。その結果、債券安、通貨安、株安の「トリプル安」を招くなど、政権発足からわずか44日で辞任とイギリスの長い憲政史上最短となったが、財政規律を脅かす政策に対して市場規律が働き、財政破綻を免れた点は高く評価できる。

財政健全化は待ったなし

日本でも、投票による財政規律が働かないのであれば、市場による財政規律を選ぶしかなく、そのためにもYCCの放棄が必要だ。これは日銀の一存で決められるので、投票による財政健全化よりもハードルが低いし、実効性がある。

問題は、YCCを外した場合、国債金利がどこまで上昇するかである。現在のような巨額な債務のもとで金利が急上昇すれば、利払い費が雪だるま式に増えに増え、デフォルトだろうがハイパーインフレだろうが、財政破綻は不可避となる。

そこで日本の少子高齢化、マクロ経済や財政・社会保障の現状と整合的な金利水準をシミュレーションモデルを用いて推計したところ、9%との結果が得られた(65)。

現状0・87%の国債金利がYCCを外した結果9%になったからといって、国債利払い費も一気に9倍になるわけではないが、近年は国債の短期化が進んでいるので、高金利が高利払いに転じるまでの猶予は長くなく、財政健全化は待ったなしとなる。財政健全化は早ければ早いほど若い世代に先送りされる負担が軽減されるので、世代間格差是正の観点からも望ましい。雪だるま式に増えゆく利払い費を賄うには、大幅な歳出削減か増税が必要になるため、日本政府がこれまでのような赤字国債に頼る財政や社会保障政策を修正せざるを得なくなる。そうなれば、バラマキたがる政治と欲しがる国民の相乗り体制は自然と崩壊する。

この「Xデー」に備えて、全国民が互いに歩み寄り、まだ生まれていない世代の利益にも配慮しつつ、平和裏に世代間の利害調整を行える政治の仕組みや、民意の尊重と民意の遮断を調和させる制度をいかに混乱なく構築し、様々な課題を解決していくか、日本国民と政治の覚悟が問われている。

(64) 日本銀行が2016年9月に導入した短期政策金利と長期金利の誘導目標を定め、その水準を実現するように国債の買い入れを行う「長短金利操作付き・量的質的金融緩和 (Yield Curve Control)」。現在は短期金利をマイナス0・1%、長期金利を0%程度に誘導している。

(65)使用したシミュレーションモデルの詳細は、"Shimasawa and Sadahiro(2009)"Policy reform and optimal inflation rate for Japan in computable OLG economy" Economic Modelling pp.379 - 384を参照のこと。

おわりに

本書では、危機的な状況にある財政や社会保障の問題を見てきた。

元々戦前・戦中世代を救うための社会保障制度が、そうした世代よりは恵まれていたはずの団塊の世代や私たちがそっくりそのまま引き継がれてしまったことも問題なのだが、その上、新たな制度を継ぎ合わせ、給付を上乗せしてしまった。その結果、少子高齢化が進む中にあって、若者たちは、今の高齢者ほど経済的に恵まれているわけでもないのに、金銭面でも就業面でもあたかも高齢者の奴隷であるかのような地位に貶められているのが現代日本に他ならない。

若者が生活苦に喘ぐのは、経済がかつてほど成長しない上に、給与が伸びてもそれ以上に社会保険料が伸びているからだ。こうした「ゼロ成長経済」に対しては、バブル崩壊以降の失われた30年を経て日本だけが経済成長から取り残されたのは、政府の財政出動が足りないからだとの主張もある。

そして日本が成長しないが故に所得が伸び悩む現役世代からは、「高齢者だけ手厚い給付を受けられるのは不公平だ。経済・社会を支え、次世代の育成も担っている自分たちにも給付をよこすべきだ」との声も強まっている。

こうした国民の声を利用して、政府は、高齢者への寛大な給付はそのままに、低所得化が進む現役世代向けの給付も拡充する全世代型社会保障の構築を嬉々として進めている。再分配強化を求める声は、政治家にとっても、政府にとっても実に好都合なのだ。

政治家は他人のカネをバラマキたがるし、役人は権限や天下り業界の拡大が見込めるので、財政や社会保障が際限なく膨張する危機に直面している。新型コロナウイルスがその流れに棹をさしたのは間違いない。

しかし、「給付あるところ負担あり」なので、遅かれ早かれ負担増加策があれこれ理由をこじつけて実施されるだろう。さもなければ財政が持たないからだ。

本来は私たちの暮らしを支えるはずの財政や社会保障制度が、主従逆転し、財政や社会保障制度を支えるために私たちの暮らしがあるかのようだ。

現状ではまだ高齢者が社会保障制度の主人として若者を奴隷にしているが、全世代型社会保障制度が確立すれば、若者も高齢者もその奴隷とされるだろう。

財政も社会保障も誰かが稼いだお金を他の誰かに移すだけなので、新たに富を生み出すことはない。極端なことを言えば、現役世代や赤字国債を発行して集めた資金が高齢者に財政・社会保障制度を介してバラまかれるが、そのバラまかれたお金は高齢者の銀行口座にブタ積みされるだけだ。それが遺産として残るから問題ないとの立場もあるが、わざわざ若者の懐からお金を巻き上げてそれを遺産として残してやったというのはまさに高齢者の自己満足にすぎない。元々若者のお金なのだから、高齢者を介さず、はじめから若者が自由に使うべきなのだ。

財政出動は私たちを豊かにしない。

理由は明らかで、飢餓に直面したタコが飢えを凌ぐために自分の手足を食べたとしても、生命は保てるかもしれないが、成長できるわけがないのと同じだ。

私たちやその子、孫の生活を豊かにするには、際限なく膨張を続ける財政や社会保障制度にタガをはめ、子や孫のお金は子や孫に返さなければならないのはもちろんのこと、経済を今一度成長軌道に復帰させなければならない。

そのためには、政府依存からの脱却が必要だ。岸田総理は内閣の基本方針として「新自由主義からの脱却」を掲げるが、日本が新自由主義だった事実はない。それどころか、日本には市場競争が不足している。

繰り返すが、財政出動は富の創出にはつながらない。あくまでも財政出動は、企業の投資が出てくるまでのつなぎでしかないからだ。富の創出は民間部門によって実現される。そのためには、市場競争を日本の隅々にまで張り巡らせ、市場競争を通じて企業と労働者の新陳代謝を高め、頑張りに応じた分配を徹底する必要がある。

低成長下の財政赤字による財政出動は有限の資源の中での前借りに過ぎない。問題はいかにして私たちが利用可能な資源を増やすかである。利用可能な資源を生み出すものこそ、投資（機械設備、教育、研究開発）を中心とした生産活動である。

政府による積極的な財政出動も賢い政府支出も、結局は、政府は民間よりも賢く行動することができるとの社会主義的な発想に基づいている。もし、政府が民間よりも賢く行動できるのであれば、民間の自由な行動、創意工夫、切磋琢磨、アニマルスピリッツに基礎を置く資本主義はとうの昔に地球上から駆逐され、現在、世界には社会主義体制の国しか存在していないはずだ。しかし、現実は異なる。世界は市場経済で覆われている。それはなぜか。市場に政府を出し抜くことはできても、政府が市場を超えることは絶対にないからだ。

現在のように、円安が進行している間は企業利益が増加して日本企業が復活したかのような錯覚を覚えるが、これは一時的な現象にすぎない。しかし、日本の現実は、国民は給付を欲し、企業は投資を放棄し補助金を求め、労働組合は闘争を放棄し、政府への依存を強める一方である。給付金まみれになった家計は自助努力をやめ、補助金漬けになった企業はアニマルスピリッツを捨てた。政府が肥大化するわけである。

実は、日本国民の政府への信頼度は極めて低い。２０２２年にＯＥＣＤ（経済協力開発機構）が実施した政府に対する国民の信頼度に関する調査によると、日本は調査対象20カ国中19位の低さである。政府は信頼しないのに、政府が運営している制度は信頼するというのはどういうことなのか。いや、政府も制度の信頼できないからこそ、お金に全幅の信頼を置き、もらえるものはもらえるうちにもらっておこうというクレクレ国民を多数生み出したのかもしれない。

政府依存の体質が、財政や社会保障の際限のない膨張を生み、国民の奴隷化を達成した。

筆者は、所詮は他人のカネを財布から抜き取って別の他人の懐に移すだけの政府介入ではなく、自助努力により、産業構造の転換や競争力の改善を実施すべきだと思うが、読者の皆さんはどう考えるだろうか。

読者の忌憚のないご意見を賜れれば幸いである。

2023年4月

島澤　諭

島澤 諭（しまさわ・まなぶ）

関東学院大学経済学部教授。富山県魚津市生まれ。東京大学経済学部卒業後、経済企画庁（現内閣府）で、経済分析（月例経済報告、経済白書、経済見通し）、経済政策の企画・立案に携わる。2001年内閣府退官。その後、秋田大学准教授等を経て現在に至る。マクロ経済・財政、世代間格差、シルバー・デモクラシー、人口動態に関するデータ・シミュレーション分析が専門。主な著書に『若者は、日本を脱出するしかないのか』（ビジネス教育出版社）、『年金「最終警告」』（講談社現代新書）、『シルバー民主主義の政治経済学』（日本経済新聞出版社）がある。

教養としての財政問題

2023年5月19日　第1刷発行

著　者　　島澤　諭
発行者　　江尻　良
発行所　　株式会社ウェッジ
〒101-0052 東京都千代田区神田小川町1丁目3番地1
NBF小川町ビルディング3階
電話03-5280-0528　FAX03-5217-2661
https://www.wedge.co.jp/　振替00160-2-410636

装幀・組版　佐々木博則
図版製作　株式会社リリーフ・システムズ
印刷・製本　株式会社シナノ

※定価はカバーに表示してあります。
※乱丁本・落丁本は小社にてお取り替えいたします。

ISBN978-4-86310-263-7　C0033